**Chronologie
du Québec**

**Jean Provencher**

# Chronologie du Québec

*Édition mise à jour*

BIBLIOTHÈQUE QUÉBÉCOISE est une société d'édition administrée conjointement
par les Éditions Fides, les Éditions Hurtubise HMH et Leméac Éditeur,
et qui bénéficie du soutien financier du Conseil des Arts du Canada et
de la Société de développement des entreprises culturelles du Québec (SODEC).

Maquette, typographie et montage :
Dürer *et al.* (MONTRÉAL)

*Données de catalogage avant publication (Canada)*

Provencher, Jean, 1943-
Chronologie du Québec
2ᵉ éd.
Comprend des réf. bibliogr.

ISBN 2-89406-126-9

1. Québec (Province) – Histoire – Chronologie.
2. Chronologie historique. I. Titre.

FC2911.P76 1996    971.4    C96-940202-3
F1052.95.P76 1996

DÉPÔT LÉGAL: PREMIER TRIMESTRE 1997
BIBLIOTHÈQUE NATIONALE DU QUÉBEC
© Les Éditions du Boréal, 1991
© Bibliothèque québécoise, 1997, pour cette édition

*À mes chers enfants,
Sébastien et Emmanuelle.*

## Introduction

Si, par la magie de l'histoire, on pratique une coupe verticale en un point précis de la trame vivante du temps, un monde multiforme prend vie devant nos yeux. À quelque époque que ce soit, des gens besognent, occupés à assurer leur vie quotidienne. D'autres, chanceux ou habiles, créent, inventent ou s'embarquent pour des continents inconnus. Quelques-uns s'emparent du pouvoir politique par la force, tandis que d'autres encore y sont portés par la volonté de leurs concitoyens. La vie des hommes et des femmes est jalonnée par les événements qui marquent leur communauté ou le monde. Leur existence est parfois bouleversée par des cataclysmes naturels ou par les revers de fortune qui caractérisent les institutions humaines. Ils subissent également l'influence de leurs contemporains.

Mais parce que l'histoire témoigne d'une réalité en perpétuelle transformation, les noms et les dates qui hantent nos mémoires ne prennent toute leur signification que lorsqu'on les place en perspective. La grande vertu d'une chronologie du genre de celle qui vous est présentée ici est de traduire sur le plan visuel, donc dans un langage immédiatement compréhensible, les rapports complexes et subtils qui relient les divers événements historiques.

Voici donc une vaste chronologie du Québec depuis 35000 av. J.-C., date approximative de l'arrivée des Indiens en Amérique, jusqu'à

1995. Même si ce n'est pas là son premier objectif, elle saura probablement vous divertir. Le poète et philosophe américain Henry David Thoreau disait : « Le temps est un ruisseau dans lequel je vais pêchant. » Cet ouvrage vous invite à pêcher dans le ruisseau du temps. Vous en rapporterez peut-être des choses que vous saviez déjà, mais il est sûr aussi que vous y ferez des découvertes qui vous rempliront d'étonnement.

Pour le Québec, dont l'isolement spatial s'est longtemps traduit par un « retard » correspondant, ce genre d'ouvrage est particulièrement révélateur. En 1614, alors que Québec a six ans, que Trois-Rivières naîtra dans 20 ans et Montréal dans 28, l'Écossais John Napier, à la recherche de nouvelles méthodes de calcul numérique, invente les logarithmes. En 1673, alors que le gouverneur Frontenac interdit de nourrir et d'entretenir des bêtes à cornes en ville, Louis Jolliet et Jacques Marquette descendent le Mississippi jusqu'à la frontière de l'Arkansas et de la Louisiane, et Molière meurt après une représentation du *Malade imaginaire*.

Par contre — et probablement en grande partie à cause de cela même — l'accélération de l'histoire qui a marqué le xxe siècle s'est incarnée de façon spectaculaire dans le Québec de l'après-guerre. Quand le FLQ fait sauter ses premières bombes, on parachève la nationalisation de l'électricité et on fonde la revue *Parti Pris*. Quand le Parti québécois tient le référendum, c'est l'élection de Ronald Reagan à la présidence des États-Unis et la naissance en Pologne du syndicat libre Solidarité.

Voilà bientôt 20 ans que je recueille des dates, toutes sortes de dates, dans les ouvrages les plus divers, avec l'idée de publier un jour le présent ouvrage. Assurément, il a fallu faire un choix. J'ai privilégié le Québec d'abord, puis la vie en Occident depuis le XVIe siècle. Bien sûr, le choix des événements retenus est personnel. Peut-être que l'intérêt du lecteur naîtra de l'inattendu et, qui sait, du côté arbitraire de ce choix ?

De même, il a fallu répartir ces dates selon certaines catégories. J'ai choisi les quatre grandes rubriques suivantes : « culture et société québécoises », « politique québécoise », « Amérique du Nord », « monde ». Le défi consistait à créer des catégories qui puissent s'appliquer aux diverses périodes de l'histoire d'un continent qui a connu de nombreux découpages politiques en même temps qu'elles donnaient une version cohérente d'événements fort divers. Bien sûr, d'autres modes de découpage auraient été possibles et auraient jeté un éclairage différent sur les événements rapportés. Encore là, j'espère que la liberté dont je me suis prévalu en découpant ainsi la réalité fera naître de rafraîchissantes perspectives dans l'esprit du lecteur.

*Jean Provencher*

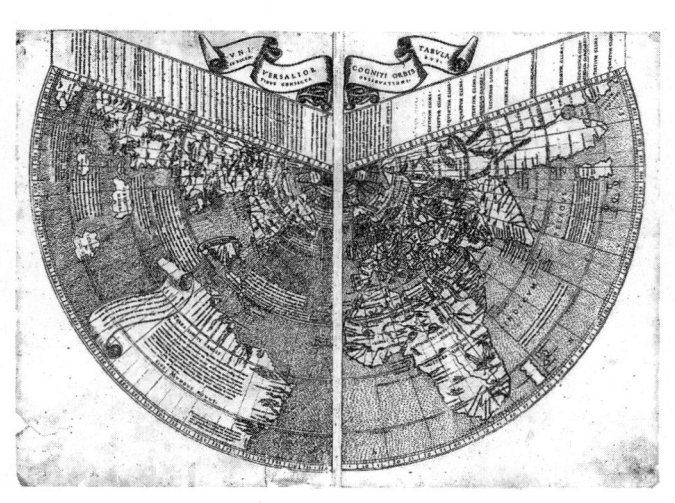

# Quelques dates importantes avant 1534...

**35000 av. J.-C.**
Arrivée des premiers Asiatiques en Amérique à travers le détroit de Behring, alors un isthme.

**12000 av. J.-C.**
Âge des ossements humains les plus anciens découverts en Amérique.

**8000 av. J.-C.**
Premiers chasseurs et cueilleurs attestés dans le sud de la Patagonie. • Vestiges d'une civilisation archaïque au Pérou.

**Vers 4000 av. J.-C.**
Invention de l'écriture en Égypte.

**Vers 2400 av. J.-C.**
Les Inuit arrivent de la Sibérie et occupent l'Arctique canadien.

**Vers 500 av. J.-C.**
Naissance de la civilisation maya.

**100**
Début des relations maritimes entre l'Extrême-Orient et l'Amérique centrale.

**700-800**
Chez les Mayas, progrès décisifs en astronomie et en arithmétique.

**800-925**
Effondrement de la civilisation maya.

**Vers 980**
Début du règne des Incas au Pérou.

**Vers 1000**
Les Vikings de Leif Ericsson ont probablement débarqué à Terre-Neuve, sur les rives du golfe Saint-Laurent et même de l'estuaire.

**1291**
Voyage depuis Gênes vers l'ouest des frères Vivaldi.

**1348**
Première grande épidémie de « peste noire » en Europe.

**1400-1500**
Décadence et guerres civiles en pays maya.

**1431**
Née en 1412, Jeanne d'Arc meurt sur le bûcher.

**1440-1469**
Moctezuma I$^{er}$ est au pouvoir en Amérique centrale. C'est le début du règne de la confédération aztèque.

**1451**
Naissance de Christophe Colomb.

**1454**
Parution de la Bible de Gutenberg.

**1474**
Voyage de Christophe Colomb dans les îles grecques.

**1480**
Léonard de Vinci dessine une machine en forme de vis et dont la voilure tourne autour d'un axe vertical. On dit qu'il a conçu alors l'hélicoptère.

**1491**
Naissance de l'explorateur Jacques Cartier à Saint-Malo, en France.

**1492**
Christophe Colomb arrive en Amérique aux îles Lucayes, aujourd'hui les Bahamas.

**1494**
Christophe Colomb explore les côtes de Cuba. L'Espagne et le Portugal se partagent le Nouveau Monde à l'occasion du traité de Tordesillas. • Naissance du futur roi de France, François I$^{er}$.

**1497**
L'Italien Giovanni Caboto explore la côte Est de l'Amérique du Nord et vraisemblablement le golfe du Saint-Laurent. • Partant de Lisbonne, Vasco de Gama se rend en Inde en contournant le cap de Bonne-Espérance.

**1506**
Christophe Colomb meurt en Espagne.

**1508**
Les Espagnols commencent l'occupation de Puerto Rico.

**1509**
Premier établissement portugais permanent au Brésil par Diego Alvarez Correa.

**1512**
Nicolas Copernic affirme le premier que la Terre n'est pas le centre de l'univers, mais qu'elle tourne autour du Soleil.

**1513**
Ponce de Leôn explore la côte de la Floride. • Le 13 septembre, Vasco Nunez de Balboa découvre la mer du Sud (l'océan Pacifique) après avoir franchi le détroit de Darién, entre le Panama et la Colombie.

**1515**
François I$^{er}$ devient roi de France.

**1519**
Fernand Cortes débarque au Mexique. •
Départ de Magellan pour les
Philippines.

**1521**
Goridllo y Guijos explore la côte de la
Floride jusqu'au cap Hatteras.

**1524**
L'Italien Giovanni da Verrazzano fait au
nom du roi de France un voyage sur les
côtes de l'Amérique du Nord.

**1525**
Domination des Espagnols en
Amérique centrale. • Fin de la dynastie
aztèque.

**1529**
Piero Valeriano importe le haricot
d'Amérique pour le pape Clément VII.

**1532**
Francisco Pizarro conquiert l'empire
inca en Amérique du Sud, au moment
où le dernier roi Tarasque est exécuté
en Amérique centrale.

# La Nouvelle-France
## 1534-1760

## 1534

L'explorateur Jacques Cartier prend possession du Canada au nom du roi de France.

*Le 24 juillet 1534, Jacques Cartier fait planter une croix dans la baie de Gaspé.*

L'Espagnol Ignace de Loyola fonde la Compagnie de Jésus.

## 1535

Second voyage de Jacques Cartier au Canada, alors qu'il se rend jusqu'à Montréal. L'hiver passé à Stadaconé (Québec) est très dur. Jacques Cartier perd 25 de ses 110 hommes d'équipage.

Fondation de l'ordre des Ursulines par l'Italienne Angela Merici.

**1536** — **1539**

De retour en France après une absence de 14 mois, Jacques Cartier présente un rapport au roi François I<sup>er</sup>, affirmant avoir trouvé une rivière de 800 lieues (le Saint-Laurent) qui peut conduire à l'Asie. • Michel-Ange entreprend de peindre le *Jugement dernier* sur le mur du fond de la chapelle Sixtine.

Mort en France du chef de Stadaconé, Donnacona. • Tenue d'une première loterie publique en France.

**1540** **1541**

*Frénétiques dans leur recherche d'or, quelques centaines d'Espagnols réussissent à conquérir d'immenses territoires en Amérique centrale et à les piller de leurs trésors.*

Soumission des Mayas du Yucatan à Francisco de Montejo.

Troisième voyage de Jacques Cartier au Canada.

| | 1542 | 1543 |
|---|---|---|
| **CULTURE ET SOCIÉTÉ** | | La narration de Jacques Cartier est publiée sous le titre de Brief récit, & succincte narration, de la navigation faicte es ysles de Canada, Hochelaga & Saguenay & autres, avec particulieres meurs, langaige, & cerimonies des habitants d'icelles: fort delectable à veoir. *Fusain de Theophile Hamel.* |
| **POLITIQUE** | | |
| **AMÉRIQUE DU NORD** | Sur ordre du roi de France, Jean-François de La Rocque de Roberval s'amène au Canada avec mission de fonder une colonie et de répandre la foi catholique. | |
| **MONDE** | Jacques Cartier retourne en France avec une importante cargaison qu'il croit de diamants et d'or. À l'examen, cela se révèle être du quartz et de la pyrite de fer, d'où le proverbe « faux comme un diamant du Canada ». • Mise en place du tribunal de l'Inquisition à Rome par le pape Paul III. | Le froid, la famine et la maladie obligent de La Rocque de Roberval et tout son équipage à rentrer en France. • Le navigateur et mécanicien espagnol Blasco de Garay soumet à Charles V les plans d'un navire à vapeur. |

**1545** | **1547**

L'explorateur Jacques Cartier publie à Paris la relation de son second voyage.
• Première assemblée du Concile de Trente pour faire face aux progrès de la Réforme protestante.

Mort de François Ier. Henri II devient roi de France.

| | 1553 | 1557 |
|---|---|---|

**CULTURE ET SOCIÉTÉ**

En s'inspirant du récit de Cartier le Vénitien Ramuzio illustre Hochelaga: double rangée de palissades, marins accueillis par le chef devant l'entrée et le mont Royal (Monte Real) à gauche.

**POLITIQUE**

**AMÉRIQUE DU NORD**

Fondation de l'Université de Mexico.

**MONDE**

Mort de l'explorateur Jacques Cartier à Saint-Malo.

| 1559 | 1560 |

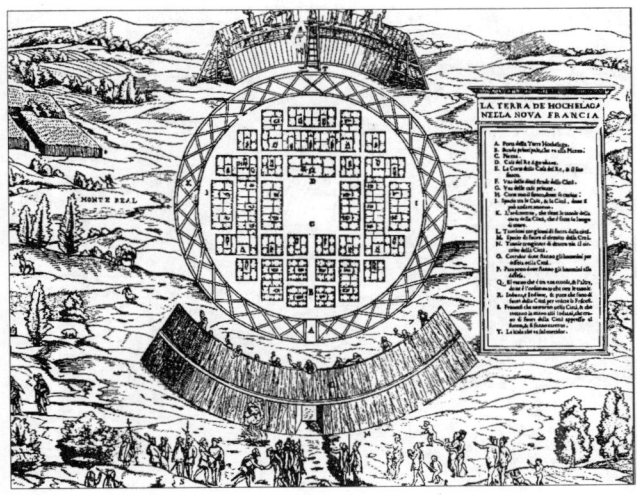

L'anatomiste italien Realdo Columbo décrit pour la première fois les positions et les gestes du fœtus humain.

Charles IX devient roi de France. • Jean Nicot importe en France des plants de tabac d'Amérique.

| 1565 | 1574 |

Fondation de San Augustin, en Floride.

Henri III devient roi de France.

## 1576 — 1581

*S'ils choisissent en connaissance de cause la vie périlleuse et épuisante de matelot, les hommes du XVIe siècle n'ignorent pas que l'expédition peut se terminer par un naufrage.*

Le navigateur anglais Martin Frobisher découvre au Canada la baie qui portera son nom. • Grande épidémie de matlazahualt au Mexique : plus de la moitié de la population autochtone est anéantie.

Des marchands de Saint-Malo, de Rouen et de Dieppe organisent des expéditions à la recherche de fourrures dans le golfe du Saint-Laurent à des fins purement commerciales.

| 1583 | 1584 |

Des Malouins équipent cinq navires pour le commerce des fourrures le long du Saint-Laurent. Ils en retirent un tel avantage qu'ils doublent aussitôt le nombre de bâtiments.

Le marchand de Rouen Étienne Bellenger fait rapport de son exploration du golfe du Saint-Laurent et ramène en France des fourrures qui rapportent du dix pour un.

## 1589 | 1600

*Gravure de 1775 représentant les combats entre Indiens en Nouvelle-France.*

Avec François Gravé du Pont, le capitaine de marine Pierre de Chauvin de Tonnetuit fonde Tadoussac, site stratégique pour la traite des fourrures avec les Montagnais.

Assassinat de Henri III. Henri IV devient roi de France.

William Shakespeare publie *Hamlet*. • On joue à Florence, à l'occasion du mariage de Henri IV et de Marie de Médicis, le premier opéra de l'histoire, *Euridice*, une création de Jacopo Peri. • Des opticiens hollandais inventent le télescope. • Pour la première fois, on utilise la harpe dans les orchestres.

### Le développement par les compagnies

Au XVIe siècle, le manque de capitaux entrave la France dans ses tentatives de s'implanter en Amérique. La colonisation aux frais de l'État se révèle un fardeau excessif pour un roi engagé dans les guerres de religion. Le commerce des fourrures, bientôt florissant, permet de trouver une solution à ce problème : en retour d'un monopole exclusif octroyé par l'État, une compagnie privée assumerait, à même ses bénéfices, le fardeau du peuplement du territoire. D'où l'origine du système des compagnies utilisé d'abord par Henri IV.

La compagnie a le pouvoir de peupler et fortifier le pays, de faire le commerce avec les autochtones et de prescrire des lois et des ordonnances. Elle délègue ses pouvoirs à un lieutenant, qui prend le titre de gouverneur en 1635. Mais, en 1663, la colonie, peu peuplée et mal administrée, vit encore dans un état précaire. Force est de constater que les diverses compagnies qui se sont succédé au fil du temps — celles des Marchands, du Canada, de Caen, des Cent Associés, de Rouen et la Communauté des Habitants — ont failli à la tâche. Le roi Louis XIV, poussé par son ministre Colbert, reprend en main la colonisation française en Amérique et effectue une profonde réorganisation administrative. La Nouvelle-France acquiert alors ses institutions administratives essentielles (gouverneur, intendant, conseil souverain) et les compagnies qui seront formées par la suite ne détiendront que des monopoles commerciaux.

### 1602

*Samuel de Champlain lieutenant du vice-roi.*

*Illustration sur la bordure d'une carte de 1593 représentant l'Amérique du Nord.*

Les premiers rails pour le guidage des roues font leur apparition dans des mines de la région de Newcastle en Angleterre.

| 1603 | 1604 |

Le capitaine de marine François Gravé du Pont et l'explorateur et géographe Samuel de Champlain remontent le Saint-Laurent jusqu'au sault Saint-Louis et se livrent à un nouvel inventaire des lieux.

Pierre du Gua de Monts et Samuel de Champlain explorent l'Acadie. • Fondation de Port-Royal.

Grave épidémie de « peste noire » en Angleterre.

1605 — 1606

Le baron Jean de Biencourt de Poutrincourt et de Saint-Just devient commandant de Port-Royal, le premier établissement fondé en Acadie.

Miguel de Cervantes publie la première partie de *Don Quichotte*. • William Shakespeare publie *Macbeth* et *Le roi Lear*. Abraham Verhoeren fait paraître à Anvers *De Nieuwe Tijdinghen*, le premier journal à connaître une périodicité régulière.

## 1607

*L'Abitation de Québec sert à la fois de logement, d'entrepôt et de réduit de défense.*

La Compagnie de Londres fonde Jamestown, en Virginie, premier établissement anglais sur le continent nord-américain.

Claudio Monteverdi crée *Orfeo*, le premier opéra, considéré comme un chef-d'œuvre et toujours interprété aujourd'hui.

## 1608

Le 3 juillet, Samuel de Champlain fonde Québec et y construit un agglomérat de bâtiments qu'il appelle l'« Abitation » de Québec. La ville compte alors 28 personnes. • Jean Duval, un serrurier, est pendu haut et court à Québec pour avoir projeté de tuer Champlain afin de livrer Québec aux Basques et aux Espagnols et de faire ainsi fortune. • Au cours de l'hiver, 20 des 28 hommes meurent.

Fondation à Londres du club de golf Royal Blackheath, toujours en exploitation. Le premier club, le St. Andrews, avait été fondé en 1552.

| | 1609 | 1610 |
|---|---|---|
| **CULTURE ET SOCIÉTÉ** | Au printemps, quand les navires reviennent de France, les survivants sont affaiblis par la sous-alimentation et le scorbut. | |
| **POLITIQUE** | Champlain conclut une alliance avec la nation huronne. | |
| **AMÉRIQUE DU NORD** | On donne le nom de Nouvelle-France au Canada. • Aux États-Unis, Henry Hudson explore la baie de Delaware et la rivière Hudson. | L'explorateur Henry Hudson découvre la baie d'Hudson et la baie de James. • John Guy, en provenance de Bristol, s'installe avec un groupe de colons à la baie de la Conception, à Terre-Neuve. |
| **MONDE** | Du thé en provenance de Chine est expédié en Europe pour la première fois par l'intermédiaire de la Dutch East India Company. • Galilée met au point son télescope. | Assassinat de Henri IV. Louis XIII devient roi de France. |

## 1611

*Iroquois pilant le maïs dans un mortier. Dessin dans* Voyages *de Champlain.*

Arrivée à Port-Royal, en Acadie, des pères Biard et Massé, les deux premiers Jésuites en terre d'Amérique. • L'infortuné explorateur Henry Hudson meurt, abandonné de son équipage en révolte.

## 1612

Samuel de Champlain est nommé lieutenant de la Nouvelle-France ; il devient ainsi le plus important personnage du pays.

Naissance en France du fondateur de Montréal, Paul de Chomedey de Maisonneuve. • En Angleterre, on brûle des hérétiques pour la dernière fois.

| 1613 | 1614 |

## CULTURE ET SOCIÉTÉ

*Illustration figurant sur la «Carte géographique de la Nouvelle-France faicte par le Sievr de Champlain Saint Tongois capitaine ordinaire pour le roy de la marine».*

## POLITIQUE

## AMÉRIQUE DU NORD

Les colons anglais de la Virginie, dirigés par Argall, détruisent les établissements français à Port-Royal, en Nouvelle-Écosse, et empêchent la colonisation française au Maryland.

## MONDE

Champlain publie à Paris ses *Voyages*. On commence à utiliser de la monnaie de cuivre en Occident.

Fondation de la Compagnie des Marchands par des négociants de Rouen et de Saint-Malo à qui l'on accorde le monopole de la traite des fourrures en Nouvelle-France. • L'Écossais John Napier, à la recherche de nouvelles méthodes de calcul numérique, invente les logarithmes.

## 1615 — 1616

Arrivée en Nouvelle-France des quatre premiers Récollets, missionnaires religieux qui continueront leur œuvre pendant près de deux siècles.

Champlain gagne la Huronie en empruntant l'Outaouais, la Mattawa, le lac Nipissing et la rivière des Français. Bientôt il découvre le lac Huron, la « mer douce », et revient à Québec au printemps de 1616. • Entrée en exploitation de la Compagnie du Canada.

*Détail de la bordure d'une carte de la Nouvelle-France publiée en 1612.*

En France, le duc de Richelieu devient secrétaire d'État. • Première comparution de l'astronome italien Galilée devant le tribunal de l'Inquisition.

**1617** — **1618**

**CULTURE ET SOCIÉTÉ**

Louis Hébert, surnommé plus tard « le premier agriculteur du Canada », s'établit à Québec avec son épouse, Marie Rollet, et leurs trois enfants.

**POLITIQUE**

Champlain présente un mémoire à Louis XIII, dans lequel il fait valoir sa vision d'une colonie française dont le centre serait Québec.

**AMÉRIQUE DU NORD**

**MONDE**

## 1619 | 1620

L'une des filles de Louis Hébert et de Marie Rollet donne naissance au premier enfant à survivre dans la colonie.

Champlain fait construire le fort Saint-Louis à Québec, au sommet du cap Diamant.

Arrivée en Virginie des premiers esclaves noirs en Amérique.

Les franchises de la Compagnie du Canada détenant le monopole de la traite des fourrures pour la région supérieure de la vallée du Saint-Laurent, soit à partir de Matane, passent aux mains d'une nouvelle société, la Compagnie de Caen. • Les 120 *Pilgrim Fathers*, partis d'Angleterre sur le *Mayflower*, débarquent au Massachusetts et fondent Plymouth, le premier véritable établissement européen aux États-Unis.

|            | 1621 | 1622 |
|---|---|---|
| **CULTURE ET SOCIÉTÉ** | Construction du couvent des Récollets à Québec. | |
| **POLITIQUE** | |  |
| **AMÉRIQUE DU NORD** | Tentative anglaise de coloniser Terre-Neuve et la Nouvelle-Écosse. Aux États-Unis, on tient en novembre le premier *Thanksgiving Day*. | |
| **MONDE** | On plante des pommes de terre en Allemagne pour la première fois. | En France, le duc de Richelieu est nommé cardinal. |

| 1623 | 1624 |

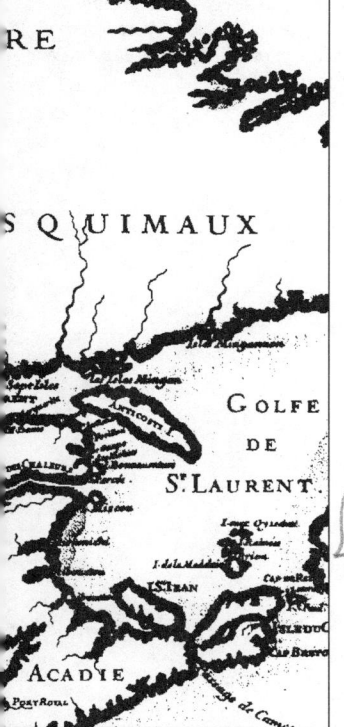

*Partie d'une carte de 1616 dédiée « À Monseigneur le Marquis de Seignelay et Lonré ».*

Les Hollandais fondent la Nouvelle-Amsterdam (New York).

Une loi sur les brevets est adoptée en Angleterre pour protéger les inventeurs.

Le cardinal Richelieu devient ministre du Roi.

|  | 1625 | 1626 |
|---|---|---|
| **CULTURE ET SOCIÉTÉ** | À l'invitation des Récollets, arrivée de cinq missionnaires jésuites chargés d'établir une mission de la Compagnie de Jésus en Nouvelle-France. Les Jésuites comptent alors 13 112 membres répartis dans 32 pays du monde. Le Huron Ahuntsic, aspirant catholique, est précipité dans la rivière des Prairies avec le père Viel, missionnaire récollet. | Champlain fait construire au cap Tourmente une habitation comprenant deux corps de logis et une étable « à la façon de Normandie ». |
| **POLITIQUE** | Champlain est à nouveau confirmé dans ses fonctions de lieutenant de la Nouvelle-France. Il doit « commettre des officiers pour la distribution de la Justice & entretien de la Police, Reglemens & Ordonnances » et on l'encourage à continuer de chercher le chemin de la Chine. | |
| **AMÉRIQUE DU NORD** | | |
| **MONDE** | Fondation à Paris des Sœurs de la Miséricorde par Vincent de Paul. • Londres met sur pied le Colonial Office. | Le Récollet Joseph Le Caron, premier missionnaire chez les Hurons, publie à Paris un violent réquisitoire contre la Compagnie de Caen, qui, selon lui, n'aide pas à l'évangélisation et limite la colonisation. • En France, Richelieu concentre tous les pouvoirs entre ses mains. • Pierre Minuit achète l'île de Manhattan des chefs amérindiens pour un lot de marchandises évalué à 24 $. |

## 1627

La Nouvelle-France compte un peu moins de 100 habitants, dont moins d'une douzaine de femmes.

Le cardinal Richelieu abolit la Compagnie de Caen pour lui substituer la Compagnie des Cent Associés, obligée dorénavant de travailler au peuplement de la colonie. Un décret royal réserve la Nouvelle-France aux seuls catholiques ; on tolérera un petit nombre de protestants, mais les cérémonies religieuses leur seront interdites.

## 1628

Durant l'hiver, c'est la famine pour les habitants français de la colonie. Le 27 avril, pour la première fois en Nouvelle-France, on laboure « avec le Soc & les bœufs », travail qui auparavant devait se faire à bras d'hommes.

*Même avant le début de la colonie, le castor joue un rôle important en Amérique, déjà objet de troc entre les Algonquins et les Iroquois.*

Fondation à Londres de la « Company of Adventurers to Canada » dans le but de chasser les Français du Canada et d'établir une colonie anglo-écossaise à Tadoussac. • La guerre éclate entre la France et l'Angleterre. • Fondation de l'Œuvre de la propagation de la foi.

| 1629 | 1630 |

### CULTURE ET SOCIÉTÉ

*La prise de Québec par les frères Kirke, ainsi que l'a vue un artiste de l'époque.*

### POLITIQUE

La Nouvelle-France tombe aux mains des Anglais : en juillet, les frères Kirke — David, Lewis, Thomas, John et James — mettent le siège devant Québec. Champlain doit capituler. Il quitte la colonie avec tous les officiers administrateurs, 60 des 80 colons, de même que les Récollets et les Jésuites. Les frères Kirke occuperont Québec pendant trois ans.

### AMÉRIQUE DU NORD

John Winthrop, leader puritain, débarque au Massachusetts avec 1000 colons, fonde Boston en septembre et devient le premier gouverneur de cette colonie.

### MONDE

Le roi de France, Louis XIII, demande à l'Angleterre la restitution du Canada. • Le traité de Madrid met un terme à une autre guerre franco-anglaise.

## 1631 | 1632

Retour des Jésuites dans la colonie, qui obtiennent le monopole des missions canadiennes. Jusqu'en 1673, ils rédigeront leurs *Relations*. • Le site de ce qui sera Trois-Rivières est définitivement adopté pour la rencontre annuelle des Amérindiens et des trafiquants de fourrures à l'intérieur de la colonie.

Le 13 juillet, la Nouvelle-France et l'Acadie retournent à la France en vertu du traité de Saint-Germain-en-Laye signé entre les rois de France et d'Angleterre.

Parution de la *Gazette de France* de Théophraste Renaudot. • Éruption du Vésuve.

Champlain publie à Paris les *Voyages de la Nouvelle-France*, un ouvrage qui contient une rétrospective depuis 1504, un récit de ses propres voyages de 1603 à 1629 et une relation de ce qui s'est passé en 1631. Champlain joint à ce livre son *Traité de la marine et du devoir d'un bon marinier*.

|  | 1633 | 1634 |
|---|---|---|
| CULTURE ET SOCIÉTÉ | Le 23 avril, le pont de glace se brise devant Québec. Il s'agirait de la première mention d'un pont de glace à cet endroit depuis le début de la colonie. • Champlain fait construire aux frais de la Compagnie des Cent-Associés l'église Notre-Dame de la Recouvrance sur le cap aux Diamants, à Québec. | Les Iroquois recommencent leurs incursions dans la colonie. • Le père Jean de Brébeuf part pour la Huronie avec trois autres missionnaires. |
| POLITIQUE | Le 1er mars, Champlain devient à nouveau lieutenant de la Nouvelle-France et représentant de Richelieu dans la colonie. | Sur les ordres de Champlain, le sieur Laviolette, un employé de la traite des fourrures, fonde une habitation à Trois-Rivières. Il fait construire une palissade à l'intérieur de laquelle on érige quelques maisons pour servir de logements et de magasins. Trois-Rivières est alors un lieu très fréquenté par les Montagnais, les Algonquins et les Hurons. |
| AMÉRIQUE DU NORD |  | Jean Nicollet de Belleborne, interprète et commis de la Compagnie des Cent-Associés, visite les Amérindiens de la baie des Puants (Green Bay) et explore le Wisconsin. Il est le premier Européen à explorer la région du Nord-Ouest américain. |
| MONDE | Galilée est forcé par l'Inquisition d'abjurer les théories de l'astronome polonais Copernic sur la rotation de la Terre. Le tribunal déclare que tout cela est contraire aux Écritures et Galilée de s'écrier : « Et pourtant, elle se meut ! » |  |

## 1635

Fondation du collège des Jésuites à Québec, le premier collège régulier en Amérique du Nord, une école primaire pour les jeunes garçons.

Le 25 décembre, mort de Champlain, premier gouverneur de la Nouvelle-France, au fort Saint-Louis. Le missionnaire jésuite Charles Lalemant l'assiste dans ses derniers moments.

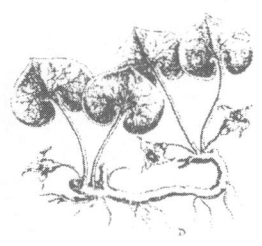

Les Français s'installent à la Guadeloupe. • Jacques Cornut publie à Paris sa *Canadiensium Plantarum Historia*. • Fondation par Richelieu de l'Académie française. • Entrée de la France dans la Guerre de Trente ans. • En France, seuls les apothicaires peuvent vendre du tabac et sur ordonnance médicale seulement.

## 1636

À Québec, les Jésuites font installer devant l'église un carcan pour punir les coupables « de blasphèmes, de s'enivrer, de perdre la Messe et service divin aux jours de Feste ». • « Un ouvrier, écrit un auteur des *Relations*, mange par semaine deux pains de six à sept livres. » Le pain est l'élément de base dans la nourriture de la population.

Charles Huault de Montmagny est nommé premier gouverneur et lieutenant général de la Nouvelle-France, dont la population s'élève alors à 400 habitants. • Le Jésuite Paul Le Jeune écrit que Québec n'est plus, contrairement aux années 1620, « ce petit coin caché au bout du monde ».

Fondation du collège Harvard à Cambridge, au Massachusetts.

*L'« azaret du Canada » était utilisé comme médicament par les Iroquois.*

Le thé fait son apparition à Paris. Pierre Corneille publie *Le Cid*.

| 1637 | 1638 |
|---|---|

**CULTURE ET SOCIÉTÉ**

Les Jésuites établissent la « réserve » de Sillery, la première tentative méthodique en Amérique du Nord en vue de franciser les indigènes.

Le 11 juin, tremblement de terre qui étonne les Amérindiens « de voir leurs plats d'écorce se choquer les uns contre les autres et l'eau sortir de leurs chaudières ».

**POLITIQUE**

**AMÉRIQUE DU NORD**

Les Suédois arrivent au Delaware.

**MONDE**

René Descartes publie *Le discours de la méthode*. • Extermination de la chrétienté au Japon. Les livres étrangers et les contacts européens sont désormais défendus. • Les commerçants anglais s'établissent à Canton, en Chine.

La torture est abolie en Angleterre.

## 1639

Arrivée à Québec des Ursulines, financées par M<sup>me</sup> de Chauvigny de la Peltrie. Elles s'établissent dans la basse-ville où elles fondent un «séminaire de filles». Nouvellement arrivées elles aussi, les Hospitalières augustines fondent l'Hôtel-Dieu de Québec. • Jérôme Le Royer de la Dauversière contribue à mettre sur pied la Fondation de la Société de Notre-Dame de Montréal pour la «conversion des sauvages» qu'on veut rassembler dans l'île.

## 1640

Le théâtre fait son apparition à Québec. Piraube, le secrétaire du gouverneur Montmagny, tient le premier rôle dans une tragi-comédie.

Les Cent-Associés concèdent l'île de Montréal à la société de Notre-Dame de Montréal pour la conversion des sauvages.

Le père Jérôme Lalemant entreprend la construction de Sainte-Marie-des-Hurons, une mission fortifiée non loin du littoral de la baie Georgienne. • Les Hollandais d'Orange (Albany, N.Y.) commencent à troquer aux Iroquois des arquebuses contre du castor. Les armes à feu donnent alors aux Iroquois, rivaux des Hurons dans le commerce des fourrures, une incontestable supériorité militaire. • La première presse à imprimer en Amérique du Nord entre en exploitation à Cambridge, Massachusetts.

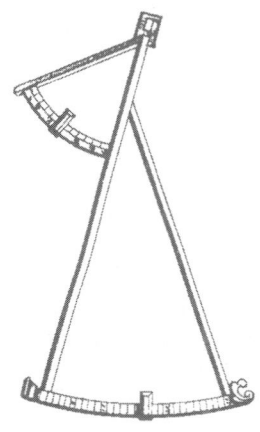

|  | 1641 | 1642 |
|---|---|---|
| **CULTURE ET SOCIÉTÉ** | La Nouvelle-France compte moins de 500 habitants. • Paul Chomedey de Maisonneuve arrive de France avec Jeanne Mance. | En décembre, le fleuve sort de son lit à Montréal et menace la sécurité des colons. Maisonneuve promet de se rendre au sommet du mont Royal en portant une croix sur ses épaules, si les eaux se retirent sans aucun dommage, ce qui survient effectivement. • À Montréal, Jeanne Mance préside à la fondation de l'Hôtel-Dieu. |
| **POLITIQUE** | Les Iroquois déclarent officiellement la guerre aux Français. En juin, le gouverneur Montmagny parlemente vainement avec eux à Trois-Rivières. Les négociations dégénèrent en un bref combat dont le gouverneur sort victorieux. | Le 17 mai, fondation de Ville-Marie, une ville missionnaire, par un laïque dévot, Paul Chomedey de Maisonneuve. • En août, pour lutter contre les Iroquois, le gouverneur Montmagny se hâte de bloquer le Richelieu, leur route traditionnelle. Il emploie 40 soldats à construire le fort Richelieu, sur l'emplacement de la future ville de Sorel. |
| **AMÉRIQUE DU NORD** | Le Jésuite Charles Raymbant atteint le site de Sault-Sainte-Marie. | |
| **MONDE** | On commence à fabriquer des produits de coton à Manchester, en Angleterre. Pour la première fois, l'arsenic est prescrit comme médication. | On introduit en Angleterre l'impôt sur le revenu et la propriété. • Mort du cardinal Richelieu. Le cardinal Mazarin lui succède comme premier ministre. |

## 1643

Le 9 juin, les Iroquois commencent à harceler la petite communauté de Montréal, se livrant à une guerre d'embuscade dans laquelle ils sont passés maîtres. Ils tuent cinq colons. • Sur ordre du gouverneur et par crainte de la famine dans la colonie, on doit procéder à l'inventaire des blés et au contrôle de leur consommation.

Mise sur pied de la Confédération de la Nouvelle-Angleterre formée par les colonies du Connecticut, New Haven, Plymouth et Massachusetts.

Décès de Louis XIII, roi de France. Lui succède Louis XIV, qui règnera jusqu'en 1715. • Guerre civile en Angleterre qui durera jusqu'en 1646. • La consommation de café devient populaire à Paris.

## 1644

Les maisons de Québec sont presque toutes en colombage pierroté et on fait venir des artisans de France pour les construire. On trouve sur place la chaux, le sable et la brique. • Le 30 mars, à Montréal, de puissants dogues que l'on a fait venir de France pour effrayer les Iroquois repoussent 200 d'entre eux.

Fin de la dynastie des Ming en Chine. Début de la dynastie manchoue au pouvoir jusqu'en 1912. René Descartes publie ses *Principia philosophicæ*, dans lesquels il écrit : « Je pense, donc je suis. »

## 1645

**CULTURE ET SOCIÉTÉ**

Le 6 mars, par arrêt royal, les Cent-Associés cèdent leur monopole de commerce à une société coloniale, la Communauté des Habitants de la Nouvelle-France. En retour, celle-ci s'engage à verser chaque année, comme redevance seigneuriale, 1000 livres pesant de fourrures de castor, à payer les dépenses de l'administration du pays et à établir 20 personnes chaque année au Canada. Pour la première fois, le grand commerce des fourrures va se pratiquer sous la direction et pour le profit direct des commerçants établis dans la colonie. Ceux-ci vendront leurs pelleteries sur le marché métropolitain par des intermédiaires rochelois. N'importe quel colon peut participer à la traite. Malgré son succès relatif, cette Communauté est à l'origine des grandes familles commerçantes du Régime français. • Le gouverneur Montmagny conclut à Trois-Rivières un traité de paix avec les Agniers de la nation iroquoise.

## 1647

Construction de l'église Notre-Dame de Québec. • Les propriétaires de navires sont tenus de transporter un immigrant par tonneau de fret. • Arrivée du premier cheval dans la colonie, à l'usage exclusif du gouverneur Montmagny.

**POLITIQUE**

Le Conseil du roi édicte un règlement pour « établir un ordre et police en Canada ». L'arrêt crée un conseil composé du gouverneur, du supérieur des Jésuites et du gouverneur de Montréal. Le conseil nomme le général et les capitaines de la flotte, les commis et les contrôleurs de la traite, ainsi qu'un secrétaire pouvant agir comme notaire public. Désormais, le conseil a juridiction sur tout ce qui concerne la traite et l'intérêt général du pays. • La ville de Québec compte désormais un syndic, élu chaque année au scrutin, pour représenter sa communauté.

**AMÉRIQUE DU NORD**

**MONDE**

## 1648

Le 19 septembre, à Québec, Jacques Boisdon reçoit du Conseil de la Nouvelle-France la permission « à l'exclusion de tout autre […] de tenir boutique de patisserie et hostellerie pour tout allans et venans ». C'est la plus ancienne législation relative à la tenue des auberges et des cabarets au Canada. • Les Iroquois attaquent la Huronie. Deux mille Hurons se joignent bon gré mal gré aux Iroquois ; les autres sont massacrés. Environ 300 d'entre eux viennent se réfugier à Québec sous la commande de leurs missionnaires jésuites.

## 1649

L'inventaire des blés et le contrôle de leur consommation se poursuit par crainte de la famine. • Jeanne Mance revient d'Europe à Ville-Marie avec des défricheurs et « quelques vertueuses filles ».

---

Révolution de Cromwell en Angleterre. • Éclatement de la Fronde en France. • De 17 millions qu'elle était en 1618, la population de l'Allemagne est maintenant tombée à 8 millions à cause de la guerre, de la famine et des épidémies.

L'Angleterre met de l'avant l'idée d'un Commonwealth. • En Angleterre aussi, l'anglais devient la langue officielle pour tous les documents légaux à la place du latin.

|  | 1650 | 1651 |
|---|---|---|
| **CULTURE ET SOCIÉTÉ** | Le Jésuite Ragueneau dit que Québec est « un misérable bourg d'une trentaine de maisons dispersées dans aucun ordre ». • Le gouverneur fait ériger à Trois-Rivières de nouvelles fortifications pour protéger le bourg contre d'éventuelles attaques iroquoises. | Au printemps, fréquentes et violentes attaques des Iroquois contre les colons de Montréal et de Trois-Rivières. Les habitants deviennent fort pieux. • Frappée durement par les nombreuses attaques iroquoises et par la petite vérole, la Huronie s'écroule. |
| **POLITIQUE** | | Jean de Lauson est nommé gouverneur. • Après le tribunal établi par Champlain pour rendre la justice civile et criminelle, Québec devient le siège d'une sénéchaussée, composée d'un lieutenant général, d'un lieutenant particulier et d'un procureur fiscal. |
| **AMÉRIQUE DU NORD** | | |
| **MONDE** | On estime la population du monde à 500 millions. | Dans le commerce du livre, on commence à distinguer l'éditeur et l'imprimeur. • Dans sa carte de la lune, l'astronome italien Giovanni Riccioli introduit plusieurs des noms lunaires modernes. |

## 1653

Le 22 septembre, Maisonneuve revient de France avec 100 soldats venus principalement du Maine et de l'Anjou pour défendre Montréal contre les Iroquois. On rapporte que n'eût été leur présence, Montréal tombait aux mains des Iroquois. À bord du navire se trouve également Marguerite Bourgeoys. Elle dit qu'à Québec tout est si pauvre que cela fait pitié. À son arrivée à Montréal, elle ne trouve pas d'enfants d'âge scolaire à cause de la forte mortalité infantile.

## 1654

La reine de France envoie en Nouvelle-France « quelque nombre de filles fort honnestes » sous la conduite d'une religieuse hospitalière de Quimper. • Médard Chouart Des Groseilliers fait vers l'ouest du Canada son premier voyage en quête de fourrures; il devient ainsi un des premiers coureurs de bois.

L'Acadie passe aux mains des Anglais jusqu'en 1667.

*Marguerite Bourgeoys.*

Fin en France des troubles politiques connus sous le nom de la Fronde. • Les premières boîtes aux lettres sont mises en place à Paris.

Décès en France d'Hélène Boullé, l'épouse de Samuel de Champlain. • Couronnement du roi Louis XIV à Reims. • Les Portugais expulsent de façon définitive les Hollandais du Brésil.

|  | 1655 | 1656 |
|---|---|---|
| **CULTURE ET SOCIÉTÉ** | Les Iroquois signent avec les colons de Montréal une paix momentanée. | La Communauté des habitants est au bord de la faillite et des réformes ramènent les Cent-Associés dans l'administration de la traite des fourrures. • Après des années d'une émigration rationnelle dans le choix des métiers et judicieuse dans le choix des recrues, les marchands commencent à amener de France des émigrés d'une qualité professionnelle douteuse, pour la plupart journaliers ou garçons de service, souvent fort jeunes. Les contrats témoignent du changement par leur caractère bâclé, insolite. |
| **POLITIQUE** | | |
| **AMÉRIQUE DU NORD** | Les Anglais s'emparent de la Jamaïque. | |
| **MONDE** | | Blaise Pascal publie *Les Provinciales* contre les Jésuites. • Spinoza est excommunié. • Rembrandt déclare banqueroute ; ses biens sont mis en vente. • Ouverture d'une première maison de l'opéra. |

## 1657

Arrivée à Montréal des Sulpiciens qui viennent assurer le ministère spirituel. • Par corvée, Marguerite Bourgeoys fait bâtir la chapelle Notre-Dame-de-Bon-Secours, la première église de pierre sur l'île de Montréal.

Pierre de Voyer d'Argenson est nommé gouverneur.

Pierre-Esprit Radisson et Médard Chouart Des Groseilliers découvrent la haute vallée du Mississippi et atteignent le Minnesota, au sud-ouest du lac Supérieur.

L'homme de science hollandais Christiann Huygens met au point le premier pendule pour les horloges.

## 1658

M$^{gr}$ François de Laval est nommé par Rome vicaire apostolique en Amérique du Nord. • Déclenchement d'une nouvelle guerre des Iroquois qui rôdent autour de Québec. • À Montréal, Marguerite Bourgeoys inaugure sa première école et fonde la Congrégation Notre-Dame, une communauté de religieuses enseignantes.

*M$^{gr}$ François de Laval.*

La Société des Missions étrangères est fondée à Paris. • Le médecin anglais Sir Thomas Browne se fait l'apôtre de l'incinération pour les morts. • Le financier suédois Johann Palmstruck met au point les premiers chèques émis par la Banque d'État de Suède.

| 1659 | 1660 |

## CULTURE ET SOCIÉTÉ

Deux cents personnes s'embarquent à La Rochelle en direction de la Nouvelle-France, l'effort le plus considérable fait à ce jour pour peupler la colonie. Ce groupe comprend des personnes recrutées pour Ville-Marie et des immigrants qui passent en Amérique à leurs frais. Mais, comme on néglige de prendre à bord des navires les précautions hygiéniques indispensables, un bon tiers meurt sur l'océan et on ne débarque à Québec que des malades, ce qui a pour conséquence d'introduire dans la colonie la petite vérole.

## POLITIQUE

• L'arrivée de M$^{gr}$ de Laval crée un conflit de juridiction et de pouvoir avec l'abbé de Queylus, nommé depuis 1657 vicaire général au Canada de l'archevêque de Rouen. • Arrivée à Montréal des premières Hospitalières de Saint-Joseph.

## AMÉRIQUE DU NORD

• La Communauté des Habitants vend son monopole sur la traite des fourrures à une compagnie de Rouen, qui achètera tout le castor à six livres. Cette compagnie doit verser à la Communauté des Habitants 50 000 livres comme droit sur le castor. • Des Groseillers et son beau-frère Pierre-Esprit Radisson entreprennent un long voyage de traite à l'ouest et au nord des Grands Lacs.

Au jour de l'An, à Québec, salve de fusils, souhaits échangés dès le point du jour, remise de cadeaux et d'étrennes.

## MONDE

Molière publie *Les précieuses ridicules*. • Le médecin anglais Thomas Willis décrit pour la première fois la fièvre typhoïde.

On trouve des actrices pour la première fois sur des scènes anglaises et allemandes. • Fondation de l'Académie d'architecture de Paris. • Francis Staedtler fonde une fabrique de crayons à Nuremberg. • En Angleterre, les premières toilettes à chasse d'eau sont importées de France.

## 1661

Les Iroquois sèment à nouveau la terreur dans la colonie, tuant une centaine de personnes. Pierre Dubois D'Avaugour, le nouveau gouverneur, s'amène au pays avec 100 soldats pour lutter contre les Iroquois. En septembre, il publie un édit interdisant la vente de l'eau-de-vie aux Indiens sous peine des sanctions les plus sévères. Le mois suivant, deux hommes convaincus d'avoir contrevenu à l'édit sont fusillés et un troisième est fouetté sur la place publique à Québec. • Pour favoriser l'entrée d'espèces métalliques dans la colonie, le Conseil supérieur décrète que les pièces d'or et d'argent vaudront 25% de plus que sur le marché métropolitain. D'où l'origine de l'appellation «valeur monnaie du pays». • À la demande du roi, le contrat avec la compagnie de Rouen est annulé. La Communauté des Habitants reprend tous ses droits. • Début des apparitions du Diable à Catherine de Saint-Augustin à Québec. Elles se poursuivront jusqu'en 1667. • À Québec, on pend un meunier de Beauport pour sorcellerie.

---

Mort du cardinal Mazarin. Début du règne personnel de Louis XIV et du ministre des finances Jean-Baptiste Colbert.

### La menace des Iroquois

Au printemps 1660, année particulièrement agitée, Adam Dollard des Ormeaux et ses 16 compagnons partent en expédition sur l'Outaouais combattre les Iroquois. Au pied des rapides du Long-Sault, ils ont à peine le temps de remettre en état un vieux fortin abandonné qu'ils doivent faire face à 800 assiégeants. Après trois jours de combat, les 17 Français sont massacrés. On fera un héros de Dollard des Ormeaux, mais, chez les historiens, les témoignages divergent sur le but de cette expédition du Long-Sault. Certains allèguent que les 17 Français allaient défendre Montréal contre les Iroquois, d'autres que cette opération était avant tout de caractère économique, les Français cherchant à briser les routes de fourrures des Iroquois.

Panique générale à Québec : la rumeur veut qu'une armée d'Iroquois s'approche de la ville, résolue à massacrer tous les Français. Les habitants des environs quittent leurs terres et leurs maisons pour gagner les réduits de la ville. Contre les Iroquois, une douzaine de grands chiens gardent les portes du monastère des Ursulines.

Six Iroquois capturés à Québec sont torturés et exécutés au bûcher.

L'évêque de Québec, François de Laval, annonce qu'il excommuniera *ipso facto* quiconque se livrera à la vente de boissons enivrantes aux Amérindiens. Pour amadouer les femmes iroquoises, les Ursulines de Québec leur font festin et leur remettent de petits présents : images, canifs, ciseaux, petits miroirs...

## 1662

**CULTURE ET SOCIÉTÉ**

**POLITIQUE**

**MONDE**

Molière publie sa comédie *L'école des femmes*. • On commence la construction du palais de Versailles. André Lenôtre conçoit les plans du parc et des jardins de Versailles.

## 1663

Dissolution de la compagnie des Cent-Associés. Prise en main de la colonie par le roi de France et envoi de secours accueilli avec joie et soulagement. • Fondation du Séminaire de Québec. • Important tremblement de terre, le plus violent de l'histoire de la Nouvelle-France.

Comme il le fait à l'époque pour Saint-Domingue, le roi de France institue à Québec un Conseil souverain, sous l'autorité de deux chefs, le gouverneur et l'évêque. Le Conseil a le pouvoir de réglementer « toutes les affaires de police publiques et particulières de tout le pays ». Le Conseil obtient aussi du roi un droit de contrôle sur le gouvernement de la colonie et — ce qui est encore plus important — il « ordonne de la dépense des deniers publics ». Bientôt, ce petit parlement de Québec ne cesse de faire de l'opposition au gouverneur, à l'intendant et même au roi. Et la coutume de Paris demeure la loi de la Nouvelle-France. • À la suite de querelles, le vicaire apostolique François de Laval obtient le rappel du gouverneur d'Avaugour et choisit lui-même son successeur, Saffray de Mézy.

Les écrits de René Descartes sont mis à l'index.

## 1664

Pour le peuplement de la colonie, concurrençant ainsi les navires royaux, des marchands rochelois mettent sur pied des entreprises de navigation. • Pierre Boucher publie *Histoire véritable et naturelle des mœurs et productions du pays de la Nouvelle-France*.

---

Dissolution de la Communauté des Habitants de la Nouvelle-France, totalement ruinée. Le roi de France concède désormais la colonie en fiefs et seigneuries à la Compagnie des Indes occidentales. L'administration de la colonie relèvera désormais du roi par l'intermédiaire de ses ministres.

---

Les Anglais s'emparent de Nouvelle-Amsterdam et la renomment New York. Ils s'emparent aussi de Fort Orange qui devient Albany.

### Les coureurs de bois

Pendant 200 ans, le commerce des fourrures est la grande activité économique du pays. Au début, Québec, Trois-Rivières et Montréal tiennent des foires annuelles de fourrure en mai et en juin. Les Amérindiens s'amènent alors, les canots chargés de peaux. Ils établissent leur campement sur un terrain vague, bordant le fleuve ou une rivière. Les commerçants qui transigent avec eux élèvent des « boutiques volantes » qu'ils doivent démolir, sitôt la foire terminée.

À compter des années 1660, ce sont plutôt les coureurs des bois qui partent en forêt chercher les fourrures. Ils travaillent à leur compte ou pour de riches commerçants. On les dit dans la force de l'âge, les vieillards étant incapables de supporter pareilles fatigues. « Nous étions des Césars, raconte Pierre-Esprit Radisson, contre qui personne n'élevait la voix. » À l'occasion, des messagers que le gouverneur envoie parmi les nations indigènes pour ravitailler les missionnaires font office de coureurs des bois. Même des explorateurs transigent au cours de leurs voyages.

En 1690, on estime à environ 700 le nombre de coureurs de bois. C'est beaucoup. Aussi, pour soutenir le prix de la fourrure sur les marchés européens et inciter la jeunesse du pays à cultiver la terre plutôt que de courir les bois, le gouverneur et l'intendant tenteront, à maintes reprises et de diverses manières, de réglementer ce commerce.

| | **1665** | **1666** |
|---|---|---|
| **CULTURE ET SOCIÉTÉ** | Le premier recensement : 3215 habitants. • Le gouvernement français envoie des « filles du roi » (orphelines élevées aux frais du roi) et oblige les célibataires à se choisir une épouse parmi elles. Jusqu'en 1673, il en vient 900 qui trouvent un mari dès leur arrivée. • Arrivée du lieutenant de Tracy et du régiment de Carignan-Salières pour réprimer l'Iroquoisie. | Premier recensement nominatif dans l'histoire du Canada : la ville de Québec compte 747 habitants. • La Compagnie des Indes occidentales prélève un droit de 25% sur le castor et de 10% sur les peaux d'orignal et accorde aux particuliers, en retour, le droit de vendre sur le marché métropolitain. |
| **POLITIQUE** | Daniel de Remy de Courcelle est nommé gouverneur. • La Nouvelle-France se voit dotée d'un gouvernement bicéphale : au gouverneur reviennent la direction des activités militaires et les relations extérieures (ce qui comprend les affaires indiennes), à l'intendant, la justice, la police et les finances. • Jean Talon, l'homme de confiance de Jean-Baptiste Colbert, contrôleur général du roi, est nommé le premier intendant de la colonie. Cet homme dynamique et enthousiaste veut étendre ici le royaume de France. C'est le début d'une lutte de pouvoir entre le Conseil souverain et l'intendant. | Une armée de 1300 hommes l'emporte sur les Iroquois. La confédération qui s'ensuit reconnaît la souveraineté du roi de France et cette victoire assure à la colonie 16 années de développement pacifique. |
| **AMÉRIQUE DU NORD** | | |
| **MONDE** | | Molière publie *Le misanthrope*. • Isaac Newton mesure l'orbite lunaire. • On met au point le premier fromage cheddar. • Colbert fonde à Paris l'atelier des Gobelins. |

*Jean Talon, intendant de 1665 à 1668, redevient intendant en 1670.*

## 1667

En février se tient un carnaval particulièrement joyeux à Québec, après des années de guerre contre les Iroquois. • Le 5 avril, le ministre Colbert écrit à l'intendant Talon que le roi envoie par le soin de la Compagnie « quatre cents bons hommes ». Talon lui répond le 26 août qu'il n'en a reçu que « cent vingt sept, très foibles, de bas âge et de peu de service ». • L'intendant amorce et inaugure le commerce avec les Antilles. • La colonie exporte pour près de 550 000 livres de pelleteries ; c'est une des meilleures années depuis le début de son histoire. • À Québec, Marguerite Lebœuf doit fermer sa maison close et quitter la ville, alors qu'elle se livre à une véritable croisade contre la prostitution. • Arrivée de 14 chevaux en Nouvelle-France à l'usage des habitants. La colonie compte 3107 bovins, presque tous regroupés sur la Côte de Beaupré, de la rivière Saint-Charles au cap Tourmente. On trouve aussi 45 moutons. Il y a assez de porcs pour se passer des lards de La Rochelle, mais le recensement ne donne pas leur nombre.

### La déception de Jean Talon

Arrivé en Nouvelle-France en 1665, l'intendant Jean Talon travaille à bâtir un pays industriel et commercial, et non plus seulement une colonie axée sur une agriculture de subsistance et sur la traite des fourrures. Mais, rapidement, il déchante et est vivement déçu des réactions de la royauté française et de son entourage touchant le sort de la Nouvelle-France. Dès novembre 1666, il commence à parler de son mauvais état de santé qui lui fournira, plus tard, le prétexte honnête pour avoir son congé.

La résignation lui est cependant malaisée et il rédige une lettre ironique à son ministre français. « Monseigneur, écrit-il à Colbert, je n'aurai plus l'honneur de vous parler du grand establissement que, cy-devant, j'ay marqué pouvoir se faire en Canada à la gloire du Roy et à l'utilité de son état, puisque vous connaissez qu'il n'y a pas dans l'ancienne France assez de surnuméraires et de sujets inutiles pour peupler la nouvelle, et entrant dans toutes les raisons de votre dernière depesche, je tourneray mes soins à ce que vous m'ordonnez jusques à ce que cette matière informe vous paraisse digne de quelque plus grands secours que celui qu'elle a reçu cette année. Souffrez seulement, Monseigneur, que je vous dise que, si elle paraissait à vos yeux ce qu'elle est, vous ne lui refuseriez pas votre application. »

Puis, Talon se résigne à poursuivre une tâche modeste, à transformer la colonie, avec l'intelligence, l'énergie et la débrouillardise dont il peut faire preuve. Il retourna définitivement en France en 1672.

|  | 1668 | 1669 |
|---|---|---|
| **CULTURE ET SOCIÉTÉ** | Début de la construction à Montréal de l'école de Marguerite Bourgeoys, connue sous le nom de Maison Saint-Gabriel ou Ferme Saint-Gabriel. • Le régiment de Carignan-Salières se rembarque pour la France, mais laisse au pays 400 de ses hommes qui s'y établissent. | Le 26 juin, en vertu d'une ordonnance, le Conseil souverain défend à quiconque de partir à la chasse des fourrures sans avoir obtenu un congé, sans avoir laissé visiter ses bagages, sans pouvoir emporter, par tête, et pour huit jours, plus d'un pot d'eau-de-vie. Le contrevenant est passible de la confiscation de ses marchandises, d'une amende de 50 livres et, en cas de récidive, d'une punition corporelle. • M$^{gr}$ de Laval crée une école d'arts et métiers à Saint-Joachim. • En octobre, grande tempête à Québec qui dure 15 jours. Le vent, la pluie, la marée qui monte jusqu'au troisième étage des maisons de la basse-ville causent de grands dégâts. |
| **POLITIQUE** | Jean Talon repasse en France le 8 avril et Claude de Boutroue d'Aubigny est nommé intendant. | |
| **AMÉRIQUE DU NORD** | Fondation par les Jésuites de la mission de Sault-Sainte-Marie. | |
| **MONDE** | Avec le Traité de Lisbonne, l'Espagne reconnaît l'indépendance du Portugal. • Molière publie *L'avare* et Jean Racine, *Les plaideurs*. • Les *Fables* de La Fontaine commencent à paraître. | |

## 1670

Retour des Récollets dans la colonie, alors que les Jésuites leur remettent Trois-Rivières. • Bailleurs de fonds de Pierre-Esprit Radisson et de Médard Chouart Des Groseillers, les Anglais forment la Compagnie de la Baie d'Hudson, une société par actions qui établit pour l'Angleterre un droit de commerce sur l'arrière-pays de la Nouvelle-France.

Jean Talon est à nouveau nommé intendant.

## 1671

La colonie s'étend de Lachine, que vient de fonder Cavelier de La Salle à trois lieues en amont de Montréal, jusqu'au cap Tourmente, à dix lieues en aval de Québec. • Marguerite Bourgeoys obtient du roi de France les lettres patentes de la Congrégation de Notre-Dame de Montréal. • Talon tente de former « des soldats et des habitants qui ne pouvaient manier la hache et qui se forment au mestier » en construisant des maisons pour les familles françaises à venir, une galiotte et une brasserie. • Il réglemente par ailleurs que tout volontaire arrivé à l'expiration de ses trois années de service et qui ne sera pas marié, 15 jours après l'arrivée des vaisseaux qui amènent les filles, sera privé de la traite et de la chasse.

Envoyé en exploration par l'intendant Talon, Daumont de Saint-Lusson se rend au lac Supérieur, reçoit l'allégeance de 14 nations amérindiennes et prend possession au nom du roi de France de tout l'intérieur du continent, jusqu'à l'océan Pacifique.

Début de la correspondance de la marquise de Sévigné avec sa fille sur la vie de cour française. • Ouverture de l'Opéra de Paris.

*Un soldat du régiment de Carignan-Salières. Aquarelle de Francis Back.*

|  | 1672 | 1673 |
|---|---|---|
| **CULTURE ET SOCIÉTÉ** | La peau de castor est une monnaie que l'on thésaurise comme un écu d'or. • Mort de Marie de l'Incarnation, vénérée comme une sainte dès ce moment. On réclame comme des reliques les objets qui ont été à son usage. • Grâce à la tannerie de Bissot, à Lauzon, la colonie a « des cuirs pour faire huit mille paires de chaussures par année ». | Ordre du gouverneur Frontenac : interdit de nourrir et d'entretenir des bestiaux dans les villes. • Les Jésuites cessent de publier les *Relations*, qui depuis un demi-siècle font une heureuse réclame à la colonie. • Fermeture de la brasserie de Jean Talon : mévente. Les habitants préfèrent le vin et l'eau-de-vie. • Mort à Montréal de l'infirmière Jeanne Mance. |
| **POLITIQUE** | Louis de Buade de Frontenac devient gouverneur de la Nouvelle-France. • Jean Talon procède à une grande distribution de seigneuries : 46, un nombre jamais atteint en une seule année. • Départ de Talon, las de lutter contre les mauvaises volontés coalisées des autres dirigeants de la Nouvelle-France. | Colbert écrit à Frontenac : « Je vous dirai donc encore que Sa Majesté n'eût pas fait dessein de donner aucune assistance au Canada cette année par les grandes et prodigieuses dépenses qu'elle a été obligée de faire pour l'entretènement de plus de deux cent mille hommes qu'elle a, à présent, sur mer. » |
| **AMÉRIQUE DU NORD** | Le père Charles Albanel, Denys de Saint-Simon et Sébastien Provencher parviennent au lac des Mistassins, descendant la rivière Rupert jusqu'à la baie d'Hudson et prennent possession des lieux qu'ils traversent au nom du roi de France. • Le Québécois Louis Jolliet et le missionnaire Jacques Marquette explorent les environs de Chicago, au nord du Missouri. | Louis Jolliet et Jacques Marquette explorent les cours du Wisconsin, du Mississippi et de l'Illinois. |
| **MONDE** | Nicolas Denys publie à Paris sa *Description géographique et historique des Costes de l'Amérique septentrionale : avec l'Histoire du païs et son Histoire naturelle des peuples, des animaux, des arbres et plantes de l'Amérique septentrionale & de ses divers climats. Avec une description exacte de la pesche des moluës, tant sur le Grand-Banc qu'à la Coste [...]* | Molière meurt quelques heures après une représentation du *Malade imaginaire*. • Commencée en 1672, la guerre de Hollande se poursuit et ne se terminera qu'en 1678. |

## 1674

François de Laval fait pression et réussit à faire transformer son vicariat apostolique en évêché. Il en devient le premier évêque. • Denonville dénonce la qualité d'une soixantaine d'engagés de 12 à 15 ans qui arrivent de France : des « petits enfants qui ne sont bons que pour garder des vaches ».

La Nouvelle-France cesse d'être le domaine seigneurial d'une société de commerce : le roi reprend la colonie qui était aux mains de la Compagnie des Indes occidentales maintenant ruinée. Mais comme il est en guerre pour sept ans avec la Hollande, l'Espagne et l'Empire, il doit réduire de beaucoup les fonds accordés à la colonie, renoncer à poursuivre à ses frais l'œuvre de peuplement et de mise en valeur.

Parution de la *Gazeta de Mexico y Noticias de Nueva Espana*, premier journal publié en Amérique latine.

*Iroquois fumant la pipe.*

## 1675

Jacques Duchesneau de la Doussinière et d'Ambault devient intendant et reçoit ordre du roi « de porter les habitants a establir des manufactures de laines, de cuirs, et généralement de ce qui peut leur être nécessaire, mesme de ce qui peut servir à être envoyé au-dehors ».

## 1676

### CULTURE ET SOCIÉTÉ

À cause de la guerre de Hollande et des chapeliers parisiens qui utilisent du poil de lapin, la demande de fourrure est beaucoup moins forte en Europe et il y a donc surproduction dans la colonie. Aussi interdit-on la course des bois jusqu'en 1679. • L'orpheline Kateri Tekakwitha, âgée de 20 ans, reçoit le baptême à sa demande.

### POLITIQUE

Le Conseil souverain établit les «Règlements généraux de police» pour la ville de Québec, des mesures de protection publique. Interdiction est faite aux protestants de s'assembler, aux habitants d'héberger des femmes «de mauvaise vie», condamnation de la prostitution et du vagabondage, proscription de la mendicité sans certificat de pauvreté de la part du curé, prohibition de l'ivresse dans les cabarets ou ailleurs sous peine d'amende et même de prison. Par crainte des incendies, défense à tous les résidents de Québec de fumer dans la rue et même de transporter sur eux du tabac.

### AMÉRIQUE DU NORD

Mort à Paris du fondateur de Montréal, Paul de Chomedey de Maisonneuve.

## 1677

### CULTURE ET SOCIÉTÉ

Colbert écrit à l'intendant qu'« il faut que le commerce, le travail et l'application des habitants attirent de l'argent dans la colonie ». En un mot, il faut que la colonie produise plus qu'elle n'achète.

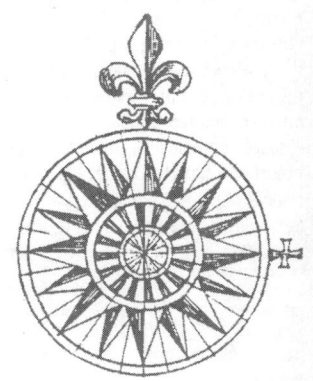

### MONDE

Claude Martin publie à Paris *La vie de la Vénérable Mère Marie de l'Incarnation, première supérieure des Ursulines de la Nouvelle-France, tirée de ses lettres et de ses écrits.* • Jean Racine rend publique sa tragédie *Phèdre*. • La crème glacée devient de plus en plus populaire comme dessert à Paris.

## 1678

René-Robert Cavelier de La Salle explore les Grands Lacs.

Jean de la Fontaine publie ses *Fables choisies, mises en vers* et Marie Madeleine de La Fayette, son roman *La princesse de Clèves*. • Les premiers chrysanthèmes arrivent en Hollande en provenance du Japon.

## 1679

Population de la Nouvelle-France : 9400 habitants. • Kateri Tekakwitha prononce les vœux de chasteté.

Le New Hampshire se sépare du Massachusetts.

En France, on publie un édit contre le duel. • Charles Le Brun commence la décoration de la galerie des glaces à Versailles. • Adoption du bill d'*Habeas Corpus* en Angleterre, qui protège les citoyens des arrestations arbitraires.

|  | 1680 | 1681 |
|---|---|---|
| **CULTURE ET SOCIÉTÉ** | Mort de la jeune Amérindienne Kateri Tekakwitha, béatifiée en 1980. | Dans la colonie, il y a 24 427 arpents de terre en culture, mais, à cause des incursions, des déprédations et des pillages des Iroquois, la colonie stagne pour les deux décennies à venir. • Pour limiter la production de fourrures, on institue le régime des 25 congés annuels, soit une permission accordée à seulement 25 individus, le plus souvent de pauvres gens, en guise de gratification royale pour aller traiter parmi les nations indigènes. Ces détenteurs de congés obtiennent facilement 1000 livres de la part des traiteurs pour la vente de leur permis. De plus, des permis officieux accordés par les autorités à des individus qui les paient grassement en retour rendent la réglementation inefficace. |
| **POLITIQUE** | | |
| **AMÉRIQUE DU NORD** | | |
| **MONDE** | À Paris, formation de la Comédie française par la fusion du Théâtre Guénégaud et du Théâtre de l'Hôtel de Bourgogne. • Henry Purcell devient organiste à l'Abbaye de Westminster. • Extinction du dodo, cet oiseau incapable de voler. | Jean-Baptiste de La Salle fonde à Reims les Frères des Écoles chrétiennes en vue de l'éducation de la jeunesse. • Des danseuses professionnelles font leur apparition pour la première fois à l'Opéra de Paris. • Fondation de l'Académie des Sciences de Moscou. • Les premiers chèques font leur apparition en Angleterre. |

## 1682

Construction du séminaire de Saint-Sulpice à Montréal. • Incendie à la basse-ville de Québec, suivi immédiatement par de grands chantiers : c'est l'époque des premiers entrepreneurs en construction. • Les marchands de Québec prennent l'initiative d'établir la Compagnie du Nord pour exploiter la baie d'Hudson par voie de mer.

Louis XIV nomme Joseph Antoine Le Febvre de La Barre, après sa longue carrière dans la marine, au poste de gouverneur. L'intendant Demeulle le seconde.

René-Robert Cavelier de La Salle descend le Mississippi jusqu'à son embouchure et prend possession de cet immense bassin au nom du roi de France. L'empire français en Amérique s'étend depuis Québec jusqu'au delta du Mississippi.

Installation définitive de la Cour de France à Versailles.

## 1683

Il y a pénurie d'espèces dans la colonie. Demeulle écrit à Colbert qu'on ne peut plus « faire aucun paiement en argent ». Le peu qu'il en reste est aux mains des commerçants. Le marchand devient le centre d'un nouveau système d'échange qui consiste à tirer des billets de lui. Le peuple, mécontent, murmure que les commerçants s'enrichissent au détriment des autres. L'intendant qui prend la défense de la population se heurte à la coalition des conseillers « qui ont l'intention de servir leurs parens, qui sont les plus forts marchands ».

Extinction du sanglier en Angleterre.

|  | 1684 | 1685 |
|---|---|---|
| **CULTURE ET SOCIÉTÉ** | À l'égard des protestants désireux de venir dans la colonie, on use d'une grande rigueur; ou on les oblige à se convertir, ou on les refuse. • Dans une lettre datée du mois de mai, le baron de Lahontan dit que la hauteur moyenne de neige est encore de trois ou quatre pieds. • Le 13 novembre, dans une lettre au ministre des Colonies, La Barre signale l'épuisement des terres ensemencées qui sont « usées par vingt ans de production ». | À court d'argent pour payer la solde des troupes, l'intendant invente la monnaie dite « de cartes ». À l'arrivée des vaisseaux de France, ces cartes sont remboursées par l'argent du trésorier de la Marine. Par la suite, l'intendant émet de la monnaie de cartes pour une quantité supérieure au fonds annuel du roi, ce qui entraîne une forte inflation. |
| **POLITIQUE** |  | Denonville est nommé gouverneur. Il dénonce la multiplication rapide des cabarets à Québec. |
| **AMÉRIQUE DU NORD** | Les Français mettent en place un petit poste de traite au lac Népigon, dans la région du lac Supérieur. • Le 1er novembre, le compagnon de La Salle, le chevalier Tonti, quitte Québec pour se rendre en Illinois. Mais il ne peut partir de Montréal à cause des glaces. | Les premiers colons français s'installent au Texas. |
| **MONDE** | Première tentative pour éclairer les rues de Londres. | Louis XIV révoque l'Édit de Nantes (promulgué en 1598); des milliers de protestants français sont exilés. |

## 1686

À Québec, les dames de la Congrégation Notre-Dame ouvrent pour les filles une école d'enseignement ménager connue sous le nom de Maison de la Providence. • Des cours d'hydrographie se donnent maintenant dans une maison de Québec et relèvent du « maître d'hydrographie pour le roi à Québec ».

Jean Bochart Champigny est nommé intendant.

Les premiers colons français s'installent le long des rives du Mississippi à la hauteur de ce qui est aujourd'hui l'Arkansas.

## 1687

À Québec, la croisade contre la prostitution oblige cette fois Jacqueline Roullois à fermer sa maison et à quitter la ville. • Épidémie de rougeole dans toute la colonie. Uniquement à Sillery, 100 Amérindiens en meurent. • Début d'une seconde guerre avec les Iroquois qui capturent quelques colons à Chambly.

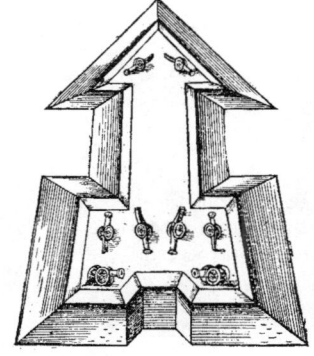

L'Anglais Isaac Newton explique le principe de la gravitation universelle, la loi générale qui régit le mouvement des planètes, dans *Philosophiæ naturalis principia mathematica*.

|  | 1688 | 1689 |
|---|---|---|
| **CULTURE ET SOCIÉTÉ** | La population de la Nouvelle-France est de 10 303 habitants. La ville de Québec en compte 1400. • M$^{gr}$ de Saint-Vallier devient le second évêque de Québec et on construit l'église de l'Enfant-Jésus dans la basse-ville. • On met sur pied des bureaux de pauvreté à Québec, Trois-Rivières et Ville-Marie pour fournir la subsistance aux mendiants et aux chômeurs, avec l'objectif d'éliminer la mendicité publique. | Dans la nuit du 4 au 5 août, les Iroquois font une attaque surprise contre l'établissement de Lachine. Les assaillants massacrent 24 personnes et détruisent une cinquantaine de fermes. Soixante-douze autres personnes sont portées disparues. À l'automne, afin d'obtenir plus de renforts militaires pour la colonie, le gouverneur Frontenac exagérera le nombre de victimes, parlant de plus de 300 morts. • On commence à creuser le canal de Lachine en bordure de l'île de Mont-réal pour contourner les rapides du Sault-Saint-Louis. |
| **POLITIQUE** | | |
| **AMÉRIQUE DU NORD** | Les Français mettent en place un petit poste de traite au lac La Pluie, dans la région du lac Supérieur. | |
| **MONDE** | Seconde révolution en Angleterre, celle de Guillaume d'Orange. Le roi Jacques II s'exile en France. • La Bruyère publie *Les caractères*. | Le Parlement anglais confirme l'abdication de Jacques II. Guillaume et Marie sont proclamés roi et reine pour leur vie durant. • Première guerre interculturelle entre la France et l'Angleterre. |

## 1690

Pour venger Lachine et remonter le moral des colons, Frontenac lance ses troupes et les alliés indigènes contre des villages frontaliers de l'État de New York. On massacre ou incendie de petits avant-postes anglais ou des villages sans défense et l'on revient avec des prisonniers.

Siège de la ville de Québec par la flotte de l'amiral William Phipps. Frontenac répond à l'émissaire de Phipps : « Je nay point de Reponse à faire à votre general que par la bouche de mes cannons et a coups de fuzil. » Les soldats anglais sont affaiblis par une épidémie et on considère comme une intervention miraculeuse de la Vierge la victoire qui s'ensuit.

L'Acadie est reconquise par les Anglais.
• Le jeune Henry Kelsey, à l'emploi de la Compagnie de la baie d'Hudson, se rend, sous la conduite d'un groupe d'Assiniboines, à ce qui est aujourd'hui la frontière ouest du Manitoba. C'est le premier Européen à visiter la région.

L'ingénieur français Denis Papin met au point une pompe à piston actionnée à la vapeur.

## 1691

Selon l'intendant Champigny, « les deux mauvaises récoltes, faites en 1689 et 1690, ont beaucoup contribué à l'extrême misère où le Canada est réduit aujourd'huy ». • Le gouverneur et l'intendant abusent de la facilité qu'ils ont de se procurer des ressources à discrétion avec la monnaie de cartes, d'où surchauffe de l'économie. • À Québec, M$^{gr}$ François de Laval fait aménager à l'église Notre-Dame-de-la-Victoire une « maison d'accommodement » relevant du curé de Québec pour l'instruction des jeunes garçons de la basse-ville. • Plus de 100 habitants de la Nouvelle-France périssent à cause des incursions iroquoises.

| 1692 | 1693 |

## CULTURE ET SOCIÉTÉ

Madeleine de Verchères, âgée de 14 ans, échappe aux Iroquois qui la poursuivent en se réfugiant dans le fort de Verchères, propriété de son père. Montée sur le bastion, chapeau de soldat sur la tête, elle va çà et là, laissant croire aux Amérindiens que de nombreux soldats occupent le fort. Puis, le coup de canon qu'elle tire sur eux les fait se disperser. Pour ce fait, elle sera longtemps considérée comme une héroïne dans les livres d'histoire du Québec. • On fonde à Québec l'Hôpital général, ce qui amène la dissolution du bureau des pauvres. • De nombreuses pertes de navires dans le fleuve et le golfe amènent la misère à Québec. • Frontenac écrit à son ministre que l'anguille est la « manne de l'habitant ».

Le gouverneur Frontenac, malgré les avertissements de l'évêque, remet en honneur le théâtre à Québec.

## POLITIQUE

## AMÉRIQUE DU NORD

En Nouvelle-Angleterre, du 1er juillet au 16 septembre, 20 personnes sont mises à mort pour sorcellerie et 56 autres s'avouent coupables du même crime après avoir été torturées.

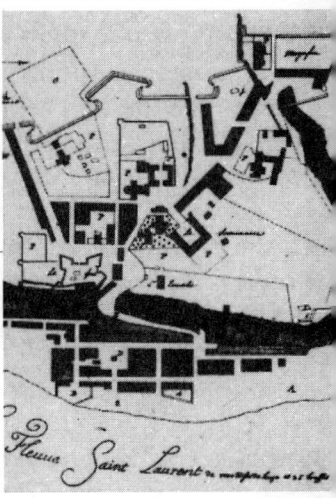

*Plan de la ville de Québec, levé en 1693 par l'ingénieur du roi.*

## MONDE

La destruction de la flotte française par l'Angleterre à La Hougue met un terme à la tentative d'invasion française de l'Angleterre.

Fondation de la ville de Kingston, en Jamaïque. • Fondation en Italie de la société secrète les Chevaliers de l'Apocalypse, pour défendre le catholicisme contre l'Antéchrist. • François Couperin devient organiste de la Chapelle royale.

## 1694

Quand le gouverneur Frontenac annonce qu'il fera monter *Tartuffe* de Molière à Québec, l'évêque Saint-Vallier sort de ses gonds et dénonce cette pièce et les autres comédies du genre comme « absolument mauvaises et criminelles ». Le roi Louis XIV doit intervenir pour ramener le calme. C'en est fini du théâtre à Québec jusqu'en 1760 ! • Les corsaires anglais imposent leur loi dans le golfe du Saint-Laurent : ils dévastent les établissements de pêcherie sédentaire et capturent les navires de la Compagnie du Nord. Les marchands de la Nouvelle-France, paralysés, n'osent poursuivre le commerce avec l'étranger et Frontenac réclame en vain des croiseurs dans le golfe ainsi qu'un navire pour commercer.

Pierre Le Moyne d'Iberville entreprend ses expéditions à la baie d'Hudson et à Terre-Neuve.

Création de la Banque d'Angleterre. • La taxe sur le sel est doublée en Angleterre. • Parution, pour la première fois, en deux volumes, du *Dictionnaire de l'Académie française*.

## 1695

Population de la Nouvelle-France : 12 786 habitants. • On exporte 52 mâts pour les bateaux de France.

*Pierre Le Moyne d'Iberville.*

Fondation de l'Université de Berlin.

|  | 1696 | 1697 |
|---|---|---|
| **CULTURE ET SOCIÉTÉ** | Un mémoire souligne que les capitaux accumulés dans le bas de laine des habitants aisés, « c'est de l'argent mort dans le pays et qui ne court pas dans le commerce ». • Pour relancer le commerce des fourrures aux prises avec des surplus, un édit supprime les congés de traite, c'est-à-dire les permissions données aux individus pour aller traiter parmi les nations indigènes ; on ferme également les postes de l'Ouest. | |
| **POLITIQUE** | | |
| **AMÉRIQUE DU NORD** | | Le traité de Ryswick entre Anglais et Français laisse le *statu quo ante bellum* dans les colonies nord-américaines. Terre-Neuve redevient possession anglaise, mais la France recouvre l'Acadie et la baie d'Hudson. • Les derniers vestiges de la civilisation maya sont détruits par les Espagnols au Yucatan. |
| **MONDE** | Fondation en Angleterre de la première compagnie d'assurances sur la propriété. • Le naturaliste anglais John Ray décrit pour la première fois la menthe, une herbe aromatique. | Saint-Domingue est partagé entre la France et l'Espagne. • Charles Perrault rend publics ses *Contes de ma mère l'Oye*. • La cour de Versailles devient le modèle des cours européennes. |

## 1698

Rétablissement du bureau des pauvres à Québec à cause de l'indigence de la population et de la croissance du nombre de mendiants. • Refonte des règlements de police dans les villes. • On exporte 86 mâts pour les bateaux de France, mais le roi se tourne désormais vers l'Acadie pour la fabrication des mâts de bateau.

Mort à Québec de Louis de Buade, comte de Frontenac. • Louis-Hector de Callières est nommé gouverneur.

Pierre Lemoyne d'Iberville fonde la Louisiane. • La fabrication de papier commence en Amérique du Nord.

On impose une taxe sur le port de la barbe en Russie.

## 1699

Épidémie de petite vérole qui fait 100 morts en Nouvelle-France. • Le roi accorde aux Frères Hospitaliers de Montréal la permission d'établir des ateliers dans leur maison et de former des artisans compétents, ce qui équivaut à la fondation d'une école technique. • L'intendant Champigny écrit au ministre des Colonies que «les artisans vivent assez commodément … et il en est de même de tous ceux qui veulent travailler… ».

Pierre le Grand décrète que le nouvel an en Russie commencera désormais le 1$^{er}$ janvier plutôt que le 1$^{er}$ septembre.

## 1700

### CULTURE ET SOCIÉTÉ

La population de la Nouvelle-France est d'environ 15 000 personnes ; celle de Québec, d'environ 2000. • Bacqueville de La Potherie affirme que les repas à Québec sont magnifiques et qu'ils se font avec cérémonie. Mais l'évêque Saint-Vallier a réussi à abolir les festivités hivernales du carnaval.

### POLITIQUE / AMÉRIQUE DU NORD

Fondation en automne de la Compagnie de la colonie. • Champigny émet de la monnaie de cartes au nom de la Compagnie de la colonie, dont la plupart des actionnaires ne sont pas solvables. La trésorerie de la Marine refuse d'honorer le paiement d'une partie des lettres de change basées sur la monnaie de cartes. La méfiance s'empare de tout le monde, tant des commerçants que du peuple. On court chez l'intendant pour chercher à convertir ses cartes. • En octobre, M$^{gr}$ de Saint-Vallier est fait prisonnier par les Anglais, sans pouvoir revenir avant la paix d'Utrecht en 1713. En son absence, M$^{gr}$ de Laval reprend du service ; mais celui-ci meurt en 1708.

### MONDE

La France compte approximativement 19 millions d'habitants ; l'Angleterre et l'Écosse, 7,5 millions ; l'Espagne, 6 millions.

## 1701

### CULTURE ET SOCIÉTÉ

Nouvelle disette à Québec alors que plusieurs se trouvent « exposés à mourir de faim ». Le Conseil souverain encore une fois organise la distribution du blé et du pain. • Durant l'hiver, épidémie de « picote » à Québec qui fait de grands ravages parmi la population.

### POLITIQUE

Signature de la paix de Montréal entre la Nouvelle-France et ses alliés indigènes et les Cinq Nations iroquoises des Grands Lacs. Ces dernières déclarent qu'elles vont dorénavant rester neutres dans les conflits entre les colonies françaises et anglaises.

### AMÉRIQUE DU NORD

Antoine de la Mothe Cadillac fonde un établissement à Detroit. • Fondation de l'Université Yale, aux États-Unis.

### MONDE

Début de la deuxième guerre intercoloniale ainsi que de la guerre de la Succession d'Espagne.

## 1702

En novembre, nouvelle épidémie de petite vérole à Québec, qui s'étend rapidement. Finalement, elle fait de 2000 à 3000 morts dans toute la colonie, incluant les décès des Amérindiens. À Québec, où l'on compte de 300 à 400 morts en deux mois, on défend de sonner le glas, tant c'est lugubre.

François de Beauharnois est nommé intendant. Le 6 mai, dans un mémoire « pour servir d'instruction au S$^r$ de Beauharnois », le roi lui écrit « d'avoir en vue que la colonie du Canada n'est bonne qu'autant qu'elle peut estre utile au Royaume ».

La France s'installe dans ce qui deviendra l'Alabama. • Fondation de la Compagnie Asiento Guinea pour le commerce des esclaves entre l'Afrique et l'Amérique.

Rébellion des Camisards, des paysans protestants, dans les Cévennes. • Parution du premier quotidien à Londres, le *Daily Courant*. • La reine Anne d'Angleterre donne son approbation royale aux paris reliés aux courses de chevaux.

## 1703

La tourte est si abondante que le rituel de Québec de 1703 contient des prières destinées à neutraliser cet oiseau.

Philippe de Rigaud de Vaudreuil, chevalier et marquis, est nommé gouverneur. • Le nombre de conseillers du Conseil supérieur est porté de 7 à 12, sans compter le gouverneur, l'évêque, l'intendant, le procureur général et le greffier, soit 17 membres.

Parution du *Boston News Letter*, le premier journal publié en Amérique du Nord.

Louis-Armand, baron de Lahontan, publie en deux volumes à La Haye *Nouveaux voyages de M. le baron de La Hontan dans l'Amérique septentrionale*. • On commence la construction du Palais de Buckingham à Londres. • Fondation de Saint-Pétersbourg.

|  | 1704 | 1705 |
|---|---|---|
| **CULTURE ET SOCIÉTÉ** | Invasion de la tordeuse des bourgeons de l'épinette. | L'intendant Raudot accorde une commission à Pierre de Silva, dit Portugais, pour le transport entre Québec, Trois-Rivières et Montréal de la correspondance officielle et de toute lettre qui lui serait confiée par des particuliers. C'est le premier facteur connu et le début du système postal au Canada. |
| **POLITIQUE** | Les directeurs de la Compagnie de la colonie annoncent qu'ils sont dans l'incapacité absolue de pourvoir aux charges. La Nouvelle-France est au bord de la révolution : même les curés menacent d'abandonner leurs ouailles. Vaudreuil et Beauharnois prennent sur eux de mettre en circulation de la monnaie de cartes qui ne repose sur aucun fonds. | Jacques et Antoine-Denis Raudot, père et fils, sont nommés intendant et intendant adjoint. • L'intendant doit refuser pour 100 000 livres de monnaie de cartes. Ce discrédit jeté sur la monnaie de cartes tient les marchands métropolitains à l'écart de la colonie. Ceux qui s'amènent commercer n'y viennent qu'à la condition d'être payés en espèces. Grave crise financière qui mène la colonie à la faillite. |
| **AMÉRIQUE DU NORD** | Des Français et des Amérindiens massacrent les habitants de Deerfield, Massachusetts. | |
| **MONDE** | Jean-Sébastien Bach écrit sa première cantate, *Denn Du wirst meine Seele*. | L'astronome Edmund Halley identifie comme un seul et même astre les comètes aperçues en 1531, 1607 et 1682, allant même jusqu'à prédire son retour pour avril 1759. On parlera de cet astre comme étant « la comète de Halley ». |

## 1706

Pontchartrain écrit à Raudot : « En général, il ne convient point trop que les manufactures s'establissent dans ce pays parce que cela ne se pourrait faire qu'au détriment de celles de France [...]. Ce doit estre la vue géneralle, cependant, on ne doit pas empescher absolument qu'il s'en establisse en Canada surtout pour les pauvres gens. »

La Compagnie de la colonie s'effondre, entraînant dans sa chute la désorganisation de la traite des fourrures, l'industrie vitale de la colonie. • On institue un nouveau régime : à l'exportation, la vente de castor se concentre dans les mains des fermiers royaux que viendra relayer la Compagnie des Indes en 1719. L'exportation des autres pelleteries demeure libre et concurrentielle.

*Les Français trouvent que les canots indiens sont légers, rapides et faciles à transporter.*

## 1707

Population de la Nouvelle-France : 17 104 habitants.

On appelle désormais Grande-Bretagne l'union de l'Angleterre et de l'Écosse. • Le jeu de billard est introduit dans les cafés de Berlin. • Dernière éruption du mont Fujiyama au Japon.

| 1708 | 1709 |

## CULTURE ET SOCIÉTÉ

L'intendant Raudot déplore l'attitude négative des habitants envers l'engrais et voit mal comment le Canada pourra devenir un grand producteur de chanvre si les habitants continuent de dire non à la fumure. • Le cours d'hydrographie et la tâche de former des pilotes et des arpenteurs sont de nouveau confiés aux Jésuites de Québec.

Le 13 avril, l'intendant Raudot légalise l'achat d'esclaves au Canada. Tous ceux « qui ont été achetés ou qui le seront par la suite appartiendront en pleine propriété à ceux qui les ont achetés comme étant leurs esclaves ».

## POLITIQUE

Raudot signale que toute monnaie métallique a disparu du marché canadien, si bien que l'on doit recourir à des émissions répétées de monnaie de cartes.

## AMÉRIQUE DU NORD

*Michel Bégon de la Picardière.*

## MONDE

Terrible hiver et grande famine en France. • Pierre le Grand divise la Russie en huit districts gouvernementaux pour en faciliter l'administration.

Terrible famine en Europe. La métropole doit venir chercher les blés canadiens pour ravitailler ses colonies antillaises. • L'Italien Johann Maria Farina met au point à Cologne son eau-de-cologne. • En Russie, on commence à envoyer les prisonniers en Sibérie.

## 1710

Printemps de sécheresse, grandes gelées de mai, été au climat désastreux, invasion de chenilles qui mangent le lin et le blé, pas de foin, le beurre est rare et cher. • En hiver, nouvelle épidémie de fièvres malignes, la « maladie de Siam », dans toute la colonie. • Mort de l'explorateur et trafiquant de fourrures Pierre-Esprit Radisson (né vers 1640).

Michel Bégon de la Picardière est nommé intendant de la Nouvelle-France.

Les Anglais s'emparent à nouveau de Port-Royal en Acadie.

## 1711

On passe tout l'été sur le qui-vive dans la crainte de voir les Anglais attaquer à nouveau la Nouvelle-France, cette fois-ci par le Saint-Laurent et par les Grands Lacs. Les grands vicaires ordonnent une suite de prières générales dans les principales églises et dans les communautés. Dans la nuit du 2 au 3 septembre, une tempête projette les vaisseaux de Walker sur les rochers de l'île aux Œufs à 290 milles en aval de Québec. On y voit la protection de la Providence et l'église Notre-Dame-de-la-Victoire à la basse-ville de Québec est rebaptisée Notre-Dame-des-Victoires. • Sur le Richelieu, on consolide le fort Chambly.

|  | 1712 | 1713 |
|---|---|---|
| **CULTURE ET SOCIÉTÉ** | Population de la Nouvelle-France : 18 440 habitants. Au dire de Michel Bégon, le nouvel intendant, toutes les pêches sont désorganisées à cause de la disette de sel. | |
| **POLITIQUE** | | Signature du traité d'Utrecht : toutes les puissances belligérantes, sauf l'Empire, mettent fin à la guerre de la Succession d'Espagne. La colonie connaît un sursaut de « veritable joye ». Mais c'est un traité désastreux pour la France. L'Angleterre s'empare des avant-postes de la Nouvelle-France, obtient Terre-Neuve, l'Acadie, la baie d'Hudson et un protectorat sur les Iroquois. La Nouvelle-France est désormais réduite à un long corridor s'étendant sur les deux rives du Saint-Laurent. Mais elle entre, jusqu'en 1744, dans la plus longue période de paix qu'elle ait connue. |
| **AMÉRIQUE DU NORD** | Révolte des esclaves à New York. | |
| **MONDE** | Dernière exécution de sorcières en Angleterre. | On fonde une école de danse à l'Opéra de Paris. |

## 1714

Un groupe d'habitants de la région de Québec vient demander au gouverneur et à l'intendant qu'on oblige les marchands à leur fournir des marchandises à un meilleur prix. Vaudreuil s'empresse tout de même de demander l'envoi d'une force policière pour « tenir l'habitant dans le respect ». Le roi refuse la demande, rappelant à Vaudreuil qu'il a le devoir d'être juste, d'éviter les mesures vexatoires et de se faire le protecteur des libertés des Canadiens. • Une délégation de huit femmes de Québec vient protester contre le prix exorbitant et la mauvaise qualité du pain. Les conseillers examinent quelques échantillons de ce pain dont le peuple doit se contenter et les trouvent « pesants comme de la terre et de la mesme couleur, plats, non levez et aigres ». • En septembre, l'intendant réquisitionne le cinquième de la récolte des habitants de Neuville et des Écureuils. • Montréal compte 25 métiers pour fabriquer de la toile et des étoffes de laine et la production des textiles va croissant. « Cette vue, écrit l'intendant Bégon, est contraire au motif de l'établissement des colonies, qui est de faire valoir les manufactures du Royaume mais le peu de retours que l'on peut faire ici est une raison qui semble prévaloir à cette règle. »

## 1715

Disette de blé et sécheresse en Nouvelle-France. • Le procureur du roi, Mathieu Ruette d'Auteuil, soutient qu'une des causes de la médiocrité du peuplement de la colonie « est le peu de précaution que Messieurs les gouverneurs et intendants ont eu à prévenir la communication et l'accroissement des maladies contagieuses. On ne peut disconvenir que le commerce de Canada ne languisse depuis plusieurs années et ne soit en état de périr entièrement, mais ce n'est ni la faute du Canada, ni des Canadiens. » Il rappelle la faillite de la Compagnie de la colonie, le désordre de la monnaie de cartes, le commerce illégal des administrateurs coloniaux, les pertes maritimes et le monopole du marché colonial.

---

Soulèvement de tribus amérindiennes en Caroline du Sud.

---

Louis XV devient roi de France. Régence du duc d'Orléans jusqu'en 1723. L'administration des colonies, confiée depuis 1626 au ministre de la Marine, relève maintenant du Conseil de Marine, alors que les ministères disparaissent. En 1723, on rétablira le poste de ministre de la Marine. • Le vaudeville, comédie populaire musicale, fait son apparition à Paris.

## 1716

### CULTURE ET SOCIÉTÉ

De crainte d'être à nouveau attaqué par les Anglais, on entreprend des travaux de fortifications à Québec et à Montréal. À Montréal, le Conseil de Marine décide de faire entourer la ville d'un mur de pierre, flanqué de bastions ; une batterie est installée sur un coteau, qui tient lieu de citadelle.

### POLITIQUE

Après avoir longtemps privilégié la traite des fourrures, la métropole ébauche un programme de redressement économique basé sur la diversification de l'économie coloniale par les produits de l'agriculture et de l'industrie. • Le Conseil de Marine décide que la coutume de Paris serait désormais la seule loi de la Nouvelle-France et déclare nuls tous les actes passés contre cette coutume. Bégon publie alors une ordonnance conforme à la coutume de Paris interdisant aux seigneurs d'insérer dorénavant le droit de corvée dans leurs contrats de concession, sous peine de nullité.

### AMÉRIQUE DU NORD

### MONDE

On défend désormais l'enseignement religieux chrétien en Chine.

## 1717

Sécheresse. En plein cœur de l'été, on multiplie les processions et les prières publiques, pour obtenir de la pluie. À l'automne, grosses querelles entre Vaudreuil, qui veut empêcher la sortie des vivres de la colonie, et Bégon qui veut le contraire. • Épidémie de fièvres malignes, également. • Sur leur requête, les marchands de Québec et de Montréal obtiennent le droit de se réunir quotidiennement dans un lieu appelé « bourse » pour discuter de leurs affaires et élire deux syndics pour les représenter auprès des autorités. • On adjoint à l'Hôpital général de Québec un asile d'aliénés pour femmes. • La Compagnie de la baie d'Hudson établit le fort Churchill.

L'économiste écossais John Law met sur pied la Compagnie d'Occident et le roi de France lui cède pour 25 ans le privilège exclusif de la traite des fourrures et l'exploitation de la Louisiane.

## 1718

Nouvelle épidémie de fièvres malignes dans toute la colonie. • Jamais le blé et les pois ne se sont vendus aussi cher, près de cinq fois plus qu'en 1712. Le roi permet aux intendants de limiter ou de prohiber par ordonnances la sortie des blés de la colonie. « Dans un temps où la colonie pourrait souffrir, sa Majesté se remet à leur prudence d'en permettre ou d'en défendre la sortie. » • Montréal est devenu la métropole commerciale de la Nouvelle-France. Nicolas Lanouiller de Boisclerc écrit : « Les marchands de cette ville font presque tout le commerce de la colonie, tant au dedans avec les sauvages, qu'au dehors avec l'Étranger et Québec ne doit être regardé que comme l'entrepôt. »

Début de la construction de la forteresse de Louisbourg. • Fondation de la Nouvelle-Orléans, en Louisiane. • Herman Moll publie *Map of North America*.

## 1719

Abolition de la monnaie de cartes. Dévaluation au demi de sa valeur du numéraire de la colonie par la métropole pour le convertir en valeur monnaie de France, ce qui désavantage la colonie. Le commerce intérieur de la Nouvelle-France et toute son industrie s'en trouvent paralysés. • Le 4 juin, un arrêt permet aux agents de la Compagnie des Indes de s'introduire à l'improviste chez les habitants et de procéder à une perquisition afin de s'assurer qu'ils ne violent pas le monopole de la Compagnie sur les fourrures. • On compte 63 000 arpents de terre en culture. La colonie produit 234 566 boisseaux de blé. On dénombre 76 moulins à farine. • Le 7 octobre, l'évêque Saint-Vallier écrit au Conseil de la Marine que « les misères de la colonie augmentent tous les jours ».

Daniel Defoe publie *Robinson Crusoé*. • Les Jésuites sont expulsés de Russie.

*L'église de Saint-Pierre d'Orléans fut construite en 1717.*

## 1720

### CULTURE ET SOCIÉTÉ

Pluies excessives et invasion de chenilles en Nouvelle-France « qui dévorent les jeunes blés ». • Le père Charlevoix est frappé de l'extrême pauvreté des colons : « Aussi, la plûpart vont-ils tout nuds, surtout ceux qui sont dans les Habitations un peu écartées. Ils ne vendent même pas tout le surplus de leurs denrées aux Habitants des Villes, parce que ceux-ci sont obligés pour subsister d'avoir des Terres à la Campagne, et de les faire valoir par eux-mêmes. » • Le 26 octobre, Bégon confirme à son ministre qu'il a reçu la lettre qui lui ordonne « de recevoir des capitaines des navires qui arrivent icy des prisonniers qui avaient été destinés pour la Louisiane. »

### AMÉRIQUE DU NORD

Premier établissement important au Vermont.

### MONDE

Le Tibet devient un protectorat chinois. • La tapisserie sur les murs est de bon ton en Angleterre.

## 1721

### CULTURE ET SOCIÉTÉ

La population de la Nouvelle-France : 24 951 habitants. • Entre le 9 et le 13 mars, le père Charlevoix écrit qu'il boit de l'eau d'érable au village indien de Saint-François (-du-Lac) et qu'il est courant d'entailler à cette date. • Le 19 juin, à Montréal, à l'occasion de la Fête-Dieu, un des arquebusiers fait feu sur le toit de bardeau de la chapelle de l'Hôtel-Dieu, grand incendie : 171 maisons détruites. Le roi décharge les habitants, pour trois ans, de l'impôt destiné à la construction des fortifications. • À cause de la cherté des vivres, les plus démunis doivent se priver encore plus. • Introduction de la culture du tabac en Nouvelle-France. • Alors qu'il n'existe encore aucun système postal régulier, Nicolas Lanouiller obtient le privilège d'ouvrir un service entre Québec et Montréal. • Désormais, les capitaines de navires entrant au pays doivent jeter l'ancre à l'île aux Coudres et faire un rapport aux autorités de Québec sur l'état de santé de leurs passagers, avant de pouvoir aller plus avant.

### MONDE

Mise sur pied d'un service postal régulier entre Londres et la Nouvelle-Angleterre. • Jean-Sébastien Bach compose *Les Concertos brandebourgeois*.

## 1722

Début de l'immigration pénale en Nouvelle-France. • On adjoint à l'Hôpital général de Québec un asile d'aliénés pour hommes.

La guerre éclate entre les Abénakis de l'Acadie et les traiteurs de la Nouvelle-Angleterre. Le 12 août, 200 Anglais s'emparent du village de Narrantsouak, sur le Kennebec, brûlent l'église, terrorisent les habitants et massacrent le Jésuite Sébastien Rasle.

Pour la fabrication de l'acier, R.-A. Ferchault de Réaumur publie *L'art de convertir le fer forgé en acier*. • Le Parlement anglais interdit aux journalistes de rendre compte des débats.

## 1723

Sécheresse. • Arrivée de prisonniers à titre d'immigrants qui causent plus de scandales et de méfaits qu'ils ne contribuent aux progrès de la colonie.

|  | 1724 | 1725 |
|---|---|---|
| CULTURE ET SOCIÉTÉ | Vaudreuil écrit à Maurepas : « Je vous avoue que je vois avec peine Monseigneur que les pauvres souffrent, et ne puissent avoir ce qui est necessaire a la vie qu'a un prix excessif... » | L'intendant et l'évêque font pression pour faire cesser l'immigration de prisonniers. L'évêque supplie le ministre des Colonies de « ne plus envoyer de tels gens qui sont sans foy et sans Religion, capables des plus affreux crimes et vices, la continuation de ces envois pourrait faire perdre la foy à ceux qui la [colonie] composent et les rendre semblables aux Anglais et aux infidèles ». Et les convois s'arrêtent. |
| POLITIQUE | | |

### AMÉRIQUE DU NORD

*Les chutes Niagara.*

Construction du fort Niagara.

### MONDE

Pierre-François-Xavier de Charlevoix publie à Paris *La vie de la Mère Marie de l'Incarnation, institutrice et première supérieure des Ursulines de la Nouvelle-France*. • Fondation de la maison Longman's, la plus ancienne maison d'édition anglaise toujours en exploitation. • Ouverture de la Bourse de Paris.

Mort du tsar Pierre le Grand de Russie ; son épouse Catherine lui succède. • Publication des *Lettres* de M$^{me}$ de Sévigné à titre posthume.

## 1726

Population de la Nouvelle-France : 29 396 habitants. • Désormais, les jeux de hasard sont interdits dans les cabarets. • Envoi de clergé séculier au petit séminaire de Québec par le séminaire de Paris, ce qui permet de se passer de l'aide des Jésuites en introduisant l'enseignement des humanités, de la philosophie et de la théologie.

Charles de Beauharnois, baron de la Boische, est nommé gouverneur et Claude-Thomas Dupuy, intendant.

Jonathan Swift publie *Les voyages de Gulliver*. • Voltaire, banni de France, fuit en Angleterre. • Canonisation de saint Jean de la Croix.

## 1727

Les tourtes sont si abondantes à Québec que les habitants les abattent à la porte de leur domicile. • Dupuy signale que sur le fleuve, selon les vents, il faut quelquefois « un mois entier » pour faire l'aller-retour entre Québec et Montréal. • Nouvel incendie du Palais de l'intendant à Québec.

Pour pratiquer leur métier à l'intérieur de la ville, les charretiers doivent désormais s'inscrire à l'intendance et leurs voitures être pourvues de numéros.

Le sieur de La Vérendrye conçoit un plan alliant la mise en valeur du commerce de l'intérieur du Canada et la poursuite de la recherche de la Mer de l'Ouest. • Fondation de l'American Philosophical Society à Philadelphie. • Aux États-Unis, les Quakers demandent l'abolition de l'esclavage.

Mort du roi George I en Angleterre ; son fils George II lui succède. • Mort de la tsarine Catherine de Russie. Pierre II, petit-fils de Pierre le Grand, lui succède. • On plante pour la première fois du café au Brésil.

|   | 1728 | 1729 |
|---|------|------|

### CULTURE ET SOCIÉTÉ

**1728** — Hiver rigoureux à Québec.

**1729** — Disette générale dans le pays. Les semailles sont compromises. «On mange des patates pour la première fois, faute de mieux», dit un écrit du temps. • Épidémie de «picote» également. • Et puis rigueur extraordinaire de l'hiver.

### POLITIQUE

**1728** — Claude-Thomas Dupuy songe à l'établissement de verreries et de poteries dans la colonie. • Dans un mémoire daté du 15 mai, le roi insiste sur «l'extrême importance» d'organiser une tuilerie dans la colonie. • Le 31 mai, Dupuy est rappelé en France.

**1729** — Retour à la monnaie de cartes. • Une ordonnance du 28 novembre oblige les habitants des seigneuries de Québec, Trois-Rivières et Montréal, dont les terres sont sur les grands chemins, de les baliser suivant l'étendue du front de terre. On y précise que les balises doivent être mises en place aux premières neiges, de 24 pieds en 24 pieds, et elles doivent mesurer au moins 6 pieds de hauteur. • Gilles Hocquart succède à Dupuy, mais il n'a que le titre de commissaire général de la Marine. Ce n'est que deux ans plus tard, sous les instances de Beauharnois, qu'il reçoit officiellement le titre d'intendant. Il sera en fonction pendant 19 ans, le plus long mandat dans l'histoire des intendants.

### AMÉRIQUE DU NORD

**1728** — L'explorateur Vitus Behring découvre le détroit qui porte maintenant son nom.

### MONDE

**1729** — Découverte d'importants gisements de diamants au Brésil. • Voltaire revient en France.

*Gilles Hocquart.*

## 1730

Population de la Nouvelle-France : 33 682 habitants. • L'intendant Hocquart écrit le 16 mai que l'hiver a été fort long et que les semailles commencent à peine à se faire. F.-X. Garneau rapporte que, pour ne pas mourir de faim au printemps, on mange des bourgeons et des « pommes de terre ». • Un nommé Cotton, établi à Québec, et les sieurs Huppé et Chauffour, de Montréal, commencent à fabriquer des chapeaux de castor à demi foulés. Jusqu'en 1735, ils en produisent environ douze à quinze cents par année. • Le 15 octobre, Hocquart écrit à son ministre que les fils de famille qui arrivent de France font des vols et des larcins pour vivre, car ils sont peu rompus au travail. Il demande d'obliger leurs familles à leur verser une pension de 200 livres.

Pierre Carlet de Chamblain de Marivaux publie sa comédie *Le jeu de l'amour et du hasard*. • Réaumur fabrique un thermomètre à alcool avec échelle graduée.

## 1731

L'évêque de Québec, M$^{gr}$ Dosquet, se plaint que le « bas peuple » s'amuse sur la terrasse de l'évêché, les jours de fête et les dimanches, et « qu'on y a la tête rompue du bruit qu'y font ceux qui jouent aux quilles et à la boule ».

Le 8 juin, Pierre Gaultier de Varennes, sieur de La Vérendrye, pour découvrir le chemin à la mer de l'Ouest, quitte Montréal avec trois de ses fils, inaugurant une série de voyages auxquels il se consacrera jusqu'à sa mort en 1749.

On ne permet plus aux travailleurs des manufactures anglaises d'émigrer en Amérique. • Benjamin Franklin ouvre une bibliothèque à Philadelphie.

## 1732

### CULTURE ET SOCIÉTÉ

Les chaleurs excessives ruinent les récoltes du gouvernement de Montréal, au point qu'Hocquart affirme qu'il s'agit de la plus mauvaise récolte depuis 50 ans. • Les mauvaises récoltes compromettent le commerce de la colonie et l'activité portuaire et maritime de Québec. • Pourtant, le 27 octobre, l'intendant Hocquart écrit à son ministre que « la culture des terres peut fournir aux habitants des Costes de quoy vivre aisément et l'Industrie procure les mesmes avantages aux artisans des villes ». • La construction navale se développe à Québec.

## 1733

### CULTURE ET SOCIÉTÉ

Disettes, épidémies et chômage épuisent « les modiques ressources des ouvriers et journaliers » et les mettent « hors d'état de subsister ». À l'Hôpital général de Québec, on compte en même temps jusqu'à 2000 malades. • À l'automne, tremblement de terre dont les secousses se font sentir pendant 40 jours.

### POLITIQUE

Nouvelle émission de monnaie de cartes. Le roi double la monnaie fiduciaire officielle.

*La monnaie de carte utilisée en Nouvelle-France.*

### MONDE

Fondation de l'Academy of Ancient Music, à Londres, et ouverture du Covent Garden Opera House, toujours à Londres.

Le latin est aboli dans les cours anglaises.

## 1734

Grand incendie touchant 46 maisons à Montréal. Une esclave noire avoue avoir mis le feu dans le grenier de la résidence de sa maîtresse pour se venger. Elle est exécutée. • Épidémie de variole dans toute la colonie. • Les Québécois peuvent profiter maintenant des cours de Droit donnés par le procureur général Verrier. • Le 29 septembre, il neige à Québec.

Le roi encourage de ses deniers la mise sur pied d'une ardoisière dans la colonie.

---

Première course de chevaux en Amérique, à Charleston Neck, en Caroline du Sud.

## 1735

Grave maladie contagieuse apportée par un vaisseau du roi. • Les habitants font dire deux grand-messes, « l une le jour St. Marc pour obtenir la passation de la mortalité dans la piquotte [petite vérole], et l autre le 28e May pour avoir de la pluye ». • De Québec à Montréal, sur la rive nord du Saint-Laurent, on inaugure le Chemin du roy, un chantier de quatre ans comprenant 13 ponts. Sur les trois cours d'eau trop larges pour porter des ponts – les rivières Batiscan, Saint-Maurice et des Prairies –, on établit des bacs. Désormais, on peut aller d'une ville à l'autre, en quatre jours. Le Grand Voyer dit que, dès l'ouverture du chemin, les terres en bordure du lac Saint-Pierre s'arrachent. L'économie agricole de la région de Trois-Rivières est stimulée et on met en marche les Forges du Saint-Maurice.

---

La marquise de Lambert, dans *Avis d'une mère à sa fille*, recommande l'éducation universitaire pour les filles.

## 1736

### CULTURE ET SOCIÉTÉ

À Rivière-Ouelle, l'hiver trop long, les semailles trop tardives et les récoltes trop maigres forcent les habitants à s'alimenter avec du blé venu de France. De façon générale, les récoltes de blé sont désastreuses dans la colonie. Selon Hocquart, les pluies de septembre font pourrir le blé sur pied.

### POLITIQUE

L'intendant Hocquart écrit que les Canadiens « sont naturellement indociles ».

### AMÉRIQUE DU NORD

### MONDE

En Angleterre, un édit de George II abolit les procès pour sorcellerie.

## 1737

Récoltes désastreuses à cause des pluies excessives. Nouvelle famine dans le pays. « Les habitants sont réduits à manger des bourgeons d'arbres, des pommes de terre et autres choses qui ne sont point propres à la nature des hommes. » L'intendant Hocquart précise que « les habitants des villes, particulièrement les Journaliers et artisans, sont dans une situation aussi fâcheuse manquant tous de travail ». Et il doit fournir régulièrement des provisions aux plus démunis de crainte qu'ils ne meurent de faim. La crise entraîne « une réduction d'un tiers sur le fonds de commerce » de la colonie. Alors qu'il y avait six bateaux en construction à Québec l'année précédente, il n'y en a plus que deux, car, déplore l'intendant, « la disette a tellement appauvri ce pays qu'aucun particulier ne s'est trouvé en état de faire des travaux ». • Marguerite d'Youville fonde la communauté des Sœurs Grises, dénommées d'abord Sœurs de la Charité de l'Hôpital général de Montréal.

Ouverture d'un premier salon de peinture à Paris. • Canonisation de Vincent de Paul par le pape Clément XII.

## 1738

Une aile est construite à l'Hôpital général de Québec pour héberger les soldats infirmes ou impotents. • Début de la production aux Forges du Saint-Maurice.

Au printemps, l'intendant Hocquart « fait vider d'authorité les greniers de quelques habitants aussy avares qu'aisés », afin de remettre ce blé aux capitaines de milice qui en assurent la répartition et l'ensemencement. Il écrit à son ministre : « Les villes ont esté remplies tout l'hyver de ces coureurs misérables qui venoient chercher quelques secours de pain ou d'argent. Ils continuent d'estre à charge au public, à M. le Général et à moy et encore plus au Roy. J'ai esté et je suis toujours dans la nécessité de faire fournir régulièrement du pain, de la viande et des légumes des magasins à ces indigents et aux pauvres infirmes. »

C. Le Beau publie à Amsterdam *Aventures du Sr C. Le Beau, avocat en Parlement, ou Voyage curieux et nouveau Parmi les Sauvages de l'Amérique Septentrionale. Dans lequel on trouvera une Description du Canada avec une Relation très particulière des anciennes Coutumes, Mœurs et Façons de vivre des Barbares qui l'habitent.*

## 1739

Population de la Nouvelle-France : 42701 habitants. • Les peaux de castor forment 70% de la valeur des exportations. • À Québec, le procureur général Verrier donne deux leçons par semaine à des jeunes qui cherchent à acquérir une formation judiciaire ou à des membres du Conseil souverain voulant perfectionner leurs connaissances de la loi.

Les premiers camélias arrivent en Europe en provenance de l'Extrême-Orient.

**1740** — **1741**

*Les forges du Saint-Maurice.*

## AMÉRIQUE DU NORD

Fondation de l'Université de Pennsylvanie.

L'explorateur Vitus Behring meurt de faim et de froid, à 60 ans, après avoir découvert ce qu'on appelle aujourd'hui l'Alaska et les îles Aléoutiennes.

## MONDE

Frédéric le Grand introduit la liberté de presse et de culte en Prusse. • L'amiral anglais George Anson entreprend une expédition autour du monde qui durera quatre ans.

L'Anglais William Browning invente l'eau minérale gazeuse en insufflant de l'acide carbonique dans de l'eau de source ordinaire qu'il embouteille.
• Le botaniste Linné fonde un jardin botanique à Uppsala, en Suède.

## 1742

Invasion de chenilles. L'intendant signale des « raids d'insectes » et les récoltes de blé sont encore plus désastreuses qu'en 1737 à cause des pluies excessives. • L'évêque de Québec propose d'organiser le soin des pauvres dans les campagnes pour éviter leur exode et s'assurer que « nous n'aurions dans les villes que les pauvres de la ville ».

À Québec, des brigades de prévention du crime prennent sur elles de faire justice au moment où la disette donne lieu à une recrudescence de vols et de brigandage. Pour les contrecarrer, le gouvernement forme une patrouille de 245 miliciens qui parcourent les rues durant la nuit. • Le 28 septembre, Hocquart insiste auprès de son ministre pour qu'on envoie seulement des « laboureurs, gens de journée, peu de gens de métiers et seulement de ceux de charpentier, forgeron, tonnelier, charbonnier. Les marchands, tisserands et autres ouvriers des manufactures sont des hommes absolument inutiles. » • Nouvelle émission de monnaie de cartes en Nouvelle-France.

## 1743

Il y a tant de chenilles qu'on fait des prières publiques et des processions. • L'intendant réclame en toute hâte trois à quatre mille quarts de farine avant la fermeture de la navigation sur le fleuve. « Il ne reste plus dans les prairies que le squelette des foins et des herbes roussis comme si le feu y avoit passé. » « On me demande des secours de partout, écrit Hocquart, et bientost je n'auray plus rien à donner. » • Épidémie de typhus dans toute la colonie.

Découverte des Rocheuses par les fils La Vérendrye, Louis-Joseph et François.

---

On ouvre des manufactures de coton à Birmingham et Southampton. On joue pour la première fois *Le Messie* de Haendel, à Dublin. L'astronome Anders Celsius invente le thermomètre à échelle centésimale.

L'Anglais Edmund Hoyle, dans un traité qu'il consacre au whist, décrit pour la première fois ce jeu de cartes d'origine anglaise qui est l'ancêtre du bridge.

|  | 1744 | 1745 |
|---|---|---|
| **CULTURE ET SOCIÉTÉ** | Épidémie de typhus dans toute la colonie. • Devant le grand nombre de fêtes chômées, M<sup>gr</sup> de Pontbriand décide d'en renvoyer 17 au dimanche, ce qui réduit de 37 à 20 le nombre de jours chômés. | L'hiver est particulièrement doux et le 25 avril, dans la région de Québec, on commence les semailles de blé que l'on récolte à compter du 22 août, soit trois semaines plus tôt que les années précédentes. Le 22 juin, c'est la première récolte de fraises dans la région de Québec. • Épidémie de typhus dans toute la colonie. |
| **POLITIQUE** | Le 3 juillet, une ordonnance permet au sieur Estèbe de Québec, fournisseur de blé aux troupes, de recourir à la milice pour intimider les habitants récalcitrants qui refusent de céder une partie de leur récolte. | Pour prévenir le morcellement excessif des terres, le roi fait publier une ordonnance défendant aux habitants de bâtir maison sur des terres qui mesurent moins d'un arpent et demi de front sur 30 ou 40 de profondeur. |
| **AMÉRIQUE DU NORD** | Les troupes françaises occupent pour un temps Port-Royal en Acadie, mais doivent bientôt s'en retirer. | Prise de la forteresse de Louisbourg par les Anglais, rendue en 1748. À Québec, de crainte d'une nouvelle invasion, on entreprend la construction d'une enceinte permanente suivant les plans de Chaussegros de Léry. |
| **MONDE** | Parution à Paris de l'œuvre du père Charlevoix *Histoire et Description générale de la Nouvelle-France avec le Journal historique d'un voyage fait par ordre du Roi dans l'Amérique septentrionale*. | Pour la première fois en Angleterre, on établit des corporations distinctes entre les chirurgiens et les barbiers qui, jusqu'à ce jour, pouvaient pratiquer eux aussi des saignées et de petites opérations. |

## 1746

Jean-François Gaultier établit une station météorologique à Québec et tient un journal quotidien d'observation jusqu'en 1756. • Des corsaires anglais dévastent des installations de pêche sédentaire dans le golfe du Saint-Laurent.

Ordre donné par le gouverneur de lever à Montréal 1500 à 1600 hommes afin qu'ils se tiennent prêts à marcher au secours du fort Saint-Frédéric (Crown Point, État de New York).

## 1747

Mois de janvier fort neigeux à Montréal.

Rolland Michel Barrin, marquis de La Galissonière, est nommé gouverneur. • Le 21 mai, ordre donné par le gouverneur de lever à Montréal 500 à 600 hommes et d'y joindre les « Sauvages des pays d'en haut » qui sont à Montréal en préparation de la guerre. • Sous la poussée des dépenses de guerre, la surproduction de monnaie de cartes plonge à nouveau la colonie dans une forte inflation avec la misère qui l'accompagne.

|  | 1748 | 1749 |
|---|---|---|
| **CULTURE ET SOCIÉTÉ** | Invasion de la tordeuse des bourgeons de l'épinette. • À Saint-Augustin, le nombre de sépultures comparé à celui des autres années est fort élevé : 37 contre 8 ou 9 habituellement. Il faut supposer la présence de quelque maladie contagieuse. | Grande épidémie de fièvres et décès nombreux. • L'intendant François Bigot note que plusieurs habitants des environs de Québec abandonnent leurs terres pour gagner la ville « soit pour se mettre charretier, soit pour travailler à la journée ou même pour y tenir cabaret ». • Bigot réclame de façon urgente 150 charpentiers pour la construction navale. |
| **POLITIQUE** | François Bigot est nommé intendant. • La garnison de Québec ne compte que 169 soldats. | L'officier de marine Jacques-Pierre de la Jonquière est nommé gouverneur. |
| **AMÉRIQUE DU NORD** | La Paix d'Aix-la-Chapelle rend Louisbourg et l'île du Cap-Breton à la France. | Deux régiments et 2500 colons recrutés en Angleterre débarquent dans la baie de Chibouctou, fondent Halifax et y construisent une forteresse. |
| **MONDE** | Découverte des ruines de Pompéi. • Le platine arrive en Europe en provenance de l'Amérique du Sud. • En Angleterre, la Cour du Banc du Roi statue que le cricket est un sport tout à fait légal. | Le Portugais Giacobbo Rodriguez Pereire invente un langage par signes pour sourds-muets. • Marie-Thérèse Geoffrin ouvre un salon comme lieu de rencontre pour les hommes de lettres parisiens. |

## 1750

Épidémie de typhus dans toute la colonie. • L'intendant François Bigot interdit à qui que ce soit de pratiquer la chirurgie et la médecine au Canada sans avoir subi au préalable un examen devant le médecin ou le chirurgien du roi à Québec. « Souvent les remèdes prescrits rendent les gens encore plus souffrants. »

Des discussions ont lieu entre la France et l'Angleterre au sujet de la frontière entre le Canada et la Nouvelle-Écosse. • Pour empêcher que les colons de la Pennsylvanie et de la Virginie fassent main basse sur les terres plus à l'Ouest, le gouvernement de la Nouvelle-France dresse des forts sur les rives de l'Ohio et de ses affluents.

Le néo-classicisme se répand en Europe en réaction au baroque et au rococo. • La population de l'Europe est approximativement de 140 millions d'habitants.

## 1751

Disette. Hiver difficile. Les mendiants prolifèrent. Les « émeutes dans le peuple » obligent l'intendant Bigot à procéder à des distributions de farine dans les villes. Une ordonnance encourage les militaires à louer leurs services aux bourgeois de Québec, Trois-Rivières et Montréal.

John Bushell fait paraître le premier journal au Canada, la *Halifax Gazette*.

Début en France de la publication de l'*Encyclopédie* de Diderot. Le dernier volume paraîtra en 1772. • Le menuet est une danse à la mode en Europe. • Le Parlement britannique décrète que l'année nouvelle en Angleterre commencera le 1er janvier. • Ouverture des premiers asiles pour malades mentaux à Londres. • La Chine envahit le Tibet.

| 1752 | 1753 |

**CULTURE ET SOCIÉTÉ**

Deux incendies en deux jours rasent Trois-Rivières. Le soldat Pierre Beaudoin, dit Cumberland, avouera avoir mis le feu le 20 mai pour se venger des Trifluviens de l'avoir emprisonné sous de fausses accusations de vol. • Le 14 octobre, le soldat Pierre-Victor Reverd, faux-monnayeur, est pendu sur la place publique de la basse-ville de Québec.

**POLITIQUE**

Le gouverneur de la Jonquière meurt. Ange Duquesne est nommé pour le remplacer.

On lève une taxe pour la construction et l'entretien d'édifices militaires.

*Jusqu'à ce que le feu la détruise en 1752, Trois-Rivières est entourée d'une palissade.*

**AMÉRIQUE DU NORD**

**MONDE**

Le 14 septembre, l'Angleterre adopte le calendrier grégorien.

Une loi anglaise permet désormais la naturalisation des Juifs.

## 1754

La ville de Québec compte 8000 habitants et la Nouvelle-France, 55 000. • Importants incendies à Montréal et à Québec.

*Maison construite en 1753, à Trois-Rivières.*

Ouverture d'un premier bureau de poste à Halifax. • Fondation à New York du King's College, qui deviendra en 1784 l'Université Columbia. • Les colonies anglaises en Amérique comptent environ 1 500 000 habitants.

Six millions d'habitants en Angleterre, 12 millions en France. • Pour la première fois, un diplôme de médecine est accordé à une femme à l'Université de Halle en Allemagne. • Fondation en Angleterre de la Society for Encouragement of Arts and Manufactures.

## 1755

« L'année de la grande picote » : nouvelle épidémie de petite vérole qui aurait peut-être été rapportée par les troupes revenues de Carillon. • Incendie de l'Hôtel-Dieu de Québec qui accentue le problème des pauvres. • Dans la nuit du 22 au 23 novembre, tremblement de terre.

Pierre de Rigaud de Cavagnal, marquis de Vaudreuil, jusqu'alors gouverneur de la Louisiane, est nommé gouverneur de la Nouvelle-France. • Les Anglais prennent le fort Beauséjour (près de Sackville, Nouveau-Brunswick).

En juillet, le Conseil exécutif de la Nouvelle-Écosse prend la décision unanime de déporter les Acadiens. Avant la fin de l'année, sous les ordres du gouverneur, 7000 Acadiens partent pour l'exil. Quelques milliers d'autres seront bannis jusqu'en 1762. • Les Français défont l'armée anglaise à Fort Duquesne, aujourd'hui Pittsburg.

Fondation de l'Université de Moscou. • Un grand tremblement de terre à Lisbonne tue 30 000 personnes.

| | 1756 | 1757 |
|---|---|---|
| **CULTURE ET SOCIÉTÉ** | Épidémie de typhus dans toute la colonie. | Été et automne de misère : mauvaises récoltes, navires saisis par les Anglais, famine, épidémies de typhus et de petite vérole. En hiver, faute de vivres, on mange du cheval pour la première fois dans la colonie. En décembre, les autorités doivent subventionner le prix du bœuf pour 3000 « pauvres gens de Québec ». |
| **POLITIQUE** | | À la suite de la ruine de plusieurs officiers, négociants ou simples habitants, le roi de France interdit la pratique de tous les jeux de hasard dans la colonie. |
| **AMÉRIQUE DU NORD** | Le marquis Louis-Joseph de Montcalm s'empare du fort anglais d'Oswego. • La France expulse l'Angleterre de la région des Grands Lacs. | |
| **MONDE** | L'Angleterre déclare la guerre à la France : c'est le début de la guerre de Sept ans. Et les champs de bataille, cette fois-ci, sont nettement dans les colonies, soit en Inde et au Canada. • À Bolton, en Angleterre, on fabrique pour la première fois du velours. • Ouverture d'une première fabrique de chocolat, en Allemagne. • Fondation de la manufacture de porcelaine de Sèvres, en France. | |

## 1758

Le 1er avril, passage de la comète de Halley dans le ciel de Montréal. • En mai et juin, pluies continuelles et grands froids à Québec. « Les artisans étoient si faibles qu'ils ne pouvoient pas travailler, plusieurs sont morts d'inanition … ils se privoient de manger pour nourrir leurs enfants ». Vaudreuil et Bigot reçoivent l'ordre de faire connaître la pomme de terre.

Victoire de Montcalm contre Abercromby au fort Carillon.

*Soldat de la marine française. Aquarelle de Francis Back.*

Le 26 juillet, capitulation de la forteresse de Louisbourg face aux Anglais dirigés par Jeffery Amherst, de même que du fort Frontenac et du fort Duquesne. C'est George Washington et John Forbes qui reprennent Fort Duquesne aux Français.

*Pierre de Rigaud, marquis de Vaudreuil, dernier gouverneur de la Nouvelle-France.*

## 1759

À Québec, le clergé fulmine contre l'excès du jeu, l'ivresse et la prostitution et surtout les mascarades indécentes pendant le carnaval. • Ordre du général Murray de mettre en place dans cette ville quelques lampes aux carrefours les plus fréquentés, mais elles doivent être éteintes à 22 heures. • Épidémie de typhus dans toute la colonie.

Siège de Québec, bataille des plaines d'Abraham et reddition de la ville.

Les Jésuites sont expulsés du Brésil. • Voltaire publie son roman philosophique *Candide*. • Haydn publie sa *Première Symphonie en ré majeur*.

# Un nouveau régime
## 1760-1867

## Les dernières batailles

En juin 1759, le général James Wolfe entreprend le long siège de Québec avec une flotte mobilisant 39 000 hommes. Le 13 septembre, c'est la bataille des Plaines d'Abraham et la défaite des armées du marquis Louis-Joseph de Montcalm ; lui-même et Wolfe sont tués. Le 17 septembre, à midi, Nicolas Roch de Ramezay, lieutenant du roi à Québec, remet la ville au général George Townshend, successeur du général Wolfe. Les Français perdent aussi les forts Niagara, Carillon et Saint-Frédéric.

Au printemps de 1760, le chevalier de Lévis tente une ultime offensive contre l'armée de l'administrateur James Murray qui occupe la ville de Québec. Le 28 avril, l'armée de Murray attaque les troupes françaises, qui avaient repoussé l'avant-garde anglaise. Il s'ensuit une bataille de trois heures, à l'issue de laquelle l'armée anglaise doit battre en retraite, abandonnant sur le champ ses morts et ses blessés. Fort du succès qu'il vient de remporter, Lévis décide d'entreprendre le siège de Québec. Mais l'opération fait long feu, car une flotte anglaise de 18 000 hommes s'amène en mai devant Québec. Abandonnant tout espoir de secours de la part de la France, Lévis lève le siège.

La flotte anglaise, dirigée par Murray, quitte alors Québec en direction de Montréal. Haviland s'amène en même temps par le Richelieu et Amherst par le lac Ontario. Le 8 septembre, le gouverneur Vaudreuil signe la capitulation de Montréal. C'est la capitulation générale. C'en est fini de la colonie française.

## 1760

Dans la semaine du 1er février, le pont de glace se forme devant Québec et ne se rompra que vers le milieu d'avril. • « La manne de tourtes parue au printemps sauve la colonie de la famine. On les tue à coups de bâton. » (Ph. Aubert de Gaspé) • Trois-Rivières compte 586 habitants. • Invasion de la tordeuse des bourgeons de l'épinette.

*Ce portrait de James Wolfe a été peint quelques années avant la bataille de Québec.*

George III devient roi d'Angleterre. • Oberkampf met au point sa machine à imprimer les tissus. • Première exposition d'art contemporain à la Royal Society of Arts de Londres.

|  | 1761 | 1762 |
|---|---|---|
| CULTURE ET SOCIÉTÉ |  | *James Murray, originaire d'Écosse a été le premier gouverneur de la province de Québec.* |
| POLITIQUE | Au printemps, la vie économique — toujours fondée sur le commerce des fourrures — reprend son cours, mais avec la différence que les fourrures devront être désormais expédiées en Angleterre plutôt qu'en France et que la traite est libre à tous. | Établissement d'un service de douanes à Québec. |
| AMÉRIQUE DU NORD | | |
| MONDE | | Prise de La Havane par les Anglais. • Jean-Jacques Rousseau publie *Du contrat social, ou Principes du droit politique*, de même que *Émile*. • Ouverture de la bibliothèque de la Sorbonne à Paris. • Tournée européenne de Mozart, que l'on considère comme un prodige. Il a six ans. |

## 1763

La Corriveau, déclarée coupable du meurtre de son époux, est pendue.

Désormais les propriétaires de terrains sur le domaine royal doivent verser les cens à la Couronne. • Le 7 octobre, proclamation royale : le territoire laurentien est maintenant désigné sous le nom de « Province of Quebec ». Le nouveau gouverneur James Murray décide de l'établissement de la Common Law au Canada. • Pontiac, chef de la tribu algonquine des Ottawas, organise une révolte amérindienne et attaque Détroit.

### Le nouveau régime

Par le traité de Paris, signé le 10 février 1763, la France cède à l'Angleterre le Canada, l'Acadie et la rive gauche du Mississippi. Les Canadiens ont 18 mois pour quitter le pays s'ils le désirent. Ceux qui demeurent ont le droit de pratiquer leur religion, « en tant que le permettent les lois de la Grande-Bretagne ».

Le 7 octobre 1763, une proclamation du roi George III démembre la Nouvelle-France et installe de nouvelles structures administratives. Désormais le territoire laurentien est désigné sous le nom de « Province of Quebec ». Le roi installe aussi des institutions politiques conformes à la tradition britannique. Comme sous le régime français, le gouverneur de Québec représente le roi, mais il remplace de plus l'intendant. Désormais, dans les cours de justice que le gouvernement jugera bon de mettre sur pied, on appliquera la Common Law britannique. Aucun catholique ne pourra aspirer à de hautes fonctions administratives, car les serviteurs de la Couronne doivent prêter le serment du Test qui nie la Transsubstantiation de l'Eucharistie et l'autorité papale.

Les dix premiers juges de paix nommés pour régir la vie urbaine à Québec sont tous des Britanniques. Mais il faudra bientôt des rajustements, car la Grande-Bretagne, qui exclut d'office des fonctions administratives tous les catholiques, contraint le gouverneur Murray à son grand mécontentement à faire appel à des hommes qu'il considère incompétents.

|  | 1764 | 1765 |
|---|---|---|
| **CULTURE ET SOCIÉTÉ** | Le pont de glace se forme devant Québec et ne part que le 9 mai. • Établissement d'une imprimerie à Québec par deux Écossais, ce qui facilitera la production de livres pour l'enseignement élémentaire. • Le 21 juin, publication du premier journal à Québec, *The Quebec Gazette/ La Gazette de Québec*, fondé par William Brown et Thomas Gilmore. | Une épidémie fait monter le taux de mortalité dans la colonie. • Le Séminaire de Québec devient collège classique. • Le premier ouvrage imprimé à Québec est un manuel scolaire : *Alphabets ou A.B.C. français complets.* • Population de la colonie : 70 000 habitants ; 8900 à Québec, 5800 à Montréal. |
| **POLITIQUE** | Le 10 août 1764, à Québec, dans le cadre d'un grand déploiement, on remplace le régime militaire provisoire par un gouvernement civil. • En octobre, les Britanniques à Québec demandent l'établissement d'une assemblée législative choisie parmi les seuls sujets protestants de la colonie. Le 29 octobre, 94 commerçants canadiens se réunissent et adressent une pétition au gouvernement britannique dénonçant que l'on veuille leur imposer un système de gouvernement inacceptable. | |
| **AMÉRIQUE DU NORD** | | |
| **MONDE** | Violemment controversés, les Jésuites sont expulsés de France à la suite de luttes avec les parlementaires et les philosophes. • On introduit la numérotation des édifices à Londres. | Le biologiste italien Spallanzani suggère que l'on conserve les aliments dans des contenants hermétiquement fermés. • La consommation de pommes de terre se répand en Europe. • Jean-Jacques Rousseau commence la publication de ses *Confessions*. |

## 1766

La Nouvelle-France est privée d'évêque depuis 1763. Pour la première fois, les Anglais autorisent le retour de l'évêque Jean-Olivier Briand, consacré en France. En août, les juges de paix de la ville de Québec s'élèvent contre la nuisance causée par les bouchers de la haute-ville, « vu qu'ils jettent dans les rues les entrailles et tripailles des animaux qu'ils tuent ».

Au printemps, à la suite de plaintes continuelles de la part des Britanniques de la colonie, le gouvernement de Londres rappelle James Murray et Guy Carleton devient gouverneur.

Deux arpenteurs anglais, Charles Mason et Jeremiah Dixon, tracent la ligne Mason-Dixon entre la Pennsylvanie et le Maryland, ligne qui séparera plus tard la région sudiste (esclavagiste) de la région nordiste.

*M<sup>gr</sup> Jean-Olivier Briand, premier évêque de Québec après la Conquête.*

Louis de Bougainville entreprend son voyage dans le Pacifique, où il découvrira Tahiti, les îles Salomon et la Nouvelle-Guinée. • Ouverture à Bristol du Théâtre royal, le plus ancien théâtre britannique encore en exploitation.

## 1767

Le 21 avril, débâcle entre Québec et Lévis. Un citoyen vient près de se noyer en tentant de traverser le pont de glace avec son cheval et sa voiture. • Les Ursulines de Québec reprennent leur enseignement. • Les Sulpiciens ouvrent à Montréal le Collège Saint-Raphaël qui deviendra, en 1806, le Collège de Montréal.

Les Jésuites sont expulsés d'Espagne, de Sicile, de l'Amérique centrale et de l'Amérique du Sud. • Mort du compositeur allemand Georg Philipp Telemann ; Karl Philipp Emanuel Bach lui succède comme directeur de la musique d'église à Hambourg. • Mise au point du métier à filer automatique. • Mise au point de la première machine à vapeur de James Watt.

## 1768

### CULTURE ET SOCIÉTÉ

Le 23 février, à Québec, le gouverneur ordonne aux habitants de faire ramoner leurs cheminées une fois par mois, d'octobre à mai, et chaque propriété doit être munie de deux seaux en cuir, d'une hache et d'une échelle placée près de chaque cheminée. • 250 000 gallons de rhum entrent à Québec, et 24 000 minots de blé sont exportés en Angleterre et aux Antilles.

*Sainte-Famille d'Orléans (1749).*

### AMÉRIQUE DU NORD

Pour permettre la colonisation vers l'Ouest, le territoire au sud de l'Ohio est enlevé aux Indiens.

### MONDE

Fondation de la Royal Academy de Londres, pour la peinture. • À la fin de mai, James Cook entreprend son premier tour du monde ; il sera de retour en Angleterre en juin 1771. • La France achète la Corse de Gênes.

## 1769

Une distillerie de rhum est ouverte à Québec, mais rapidement le produit qu'elle met sur le marché ne suffit pas à la demande. • Pauvre récolte de blé dans la région du Bas-Richelieu : « La plus grande disette depuis 28 ans ».

L'Île-du-Prince-Édouard a désormais un gouvernement représentatif.

Le futur empereur Napoléon naît en Corse. • Installation des premiers paratonnerres sur les édifices en hauteur. • *The History of Emily Montague* de Frances Brooke, qui contient une description pittoresque de la vie sociale de Québec, est publiée à Londres.

## 1770

Tremblement de terre dans Charlevoix.
• Mort de Marguerite d'Youville, née Dufrost de La Jemmerais.

On offre sur le marché londonien du *Quebec Yellow Pine*, mais en petite quantité. • On joue pour la première fois *Le Messie* de Haendel à New York. • En France, l'ingénieur Nicolas Joseph Cugnot lance le premier véhicule à vapeur. • Un premier « restaurant » est ouvert à Paris.

## 1771

*Le gouverneur Carleton passe ses troupes en revue, sur la place d'Armes, à Québec.*

Parution de la première édition de l'*Encyclopædia Britannica*.

|  | 1772 | 1773 |
|---|---|---|
| CULTURE ET SOCIÉTÉ | | Les toitures en bardeaux sont désormais interdites dans les villes. |
| POLITIQUE | | |
| AMÉRIQUE DU NORD | | Le 16 décembre, dans le cadre de ce qu'on appellera le *Boston Tea Party*, 50 citoyens de Boston jettent à la mer la cargaison des navires britanniques amarrés dans le port. La réaction violente de Londres, qui met la hache dans les libertés civiles du Massachusetts, précipite la naissance d'une solidarité américaine. |
| MONDE | L'Inquisition est abolie en France. • Choderlos de Laclos fait paraître son roman *Les liaisons dangereuses*. | Le pape Clément XIV dissout l'ordre des Jésuites, qui avait déjà été supprimé en France. • La valse devient à la mode à Vienne. |

## 1774

Le 27 avril, au moment des grandes marées, débâcle entre Québec et Lévis. • Il entre 700 000 gallons de rhum à Québec. On exporte 460 000 minots de blé et 1300 barils de farine en Angleterre et aux Antilles.

Pour consolider son emprise sur le Canada et résister à la poussée indépendantiste de ses colonies du sud, l'Angleterre octroie l'Acte de Québec, une constitution qui annule la proclamation royale de 1763, remet en vigueur les lois civiles françaises, reconnaît officiellement la langue française et la religion catholique, et permet la participation des Canadiens d'origine française au gouvernement civil de la colonie.

Louis XVI succède à Louis XV à la mort de celui-ci. • Gœthe publie son roman *Les souffrances du jeune Werther*. • Lavoisier découvre l'oxygène.

## 1775

Le juriste François-Joseph Cugnet déplore qu'« un quart de la ville de Québec est bâti en bois ; ces maisons non seulement défigurent la ville mais encore en cas d'incendie sont extrêmement dangereuses ».

On nomme le premier surintendant des affaires indiennes, qui relève des forces armées. • Début de la guerre de l'Indépendance américaine. L'Angleterre engage 29 000 mercenaires allemands pour combattre en Amérique du Nord. Le 31 décembre, des troupes américaines tentent sans succès de s'emparer de Québec.

Beaumarchais publie sa comédie *Le barbier de Séville*. • Pierre-Simon Girard invente la turbine à eau. • James Watt perfectionne son invention du moteur à vapeur. • John Outram invente en Angleterre le premier tramway. • Parmentier mène en France une campagne en faveur de la pomme de terre.

|  | 1776 | 1777 |
|---|---|---|

**CULTURE ET SOCIÉTÉ**

Le 10 février, grande tempête de neige à Québec : fort vent de nordet accompagné de neige épaisse. Avant l'aube, la tempête prend l'ampleur d'un ouragan. Impossible de rester dehors plus d'une minute. • Un voyageur de passage achète d'un habitant des pommes de terre que ce dernier appelle « putat ».

À Québec, les juges de paix réglementent le commerce de l'alimentation et interdisent la vente dans les rues sous peine de fortes amendes.

**POLITIQUE**

Frederick Haldimand, né en Suisse, est nommé gouverneur de la province de Québec à la démission de Guy Carleton.

**AMÉRIQUE DU NORD**

Déclaration d'Indépendance des Treize colonies américaines.

*Frederick Haldimand.*

**MONDE**

Jean-Jacques Rousseau commence la publication de ses *Rêveries d'un promeneur solitaire*. • L'économiste écossais Adam Smith publie *Recherches sur la nature et les causes de la richesse des nations*.

Lavoisier fait la preuve que l'air se compose surtout d'oxygène et d'azote.

## 1778

Première parution de la *Gazette littéraire de Montréal*.

Le gouverneur Haldimand prohibe jusqu'en 1783 l'exportation des céréales et des bêtes à cornes, afin de réduire le coût excessif des vivres ainsi que les risques de disette.

L'explorateur Peter Pond repousse la frontière des postes de traite dans l'ouest du Canada jusqu'à la rivière Athabasca. Il apprend des Amérindiens que la rivière se déverse dans des lacs plus étendus, puis dans la rivière des Esclaves, appelée aujourd'hui fleuve Mackenzie. • Une loi du Congrès américain interdit désormais l'importation d'esclaves.

Ouverture de La Scala de Milan.

## 1779

Année de mauvaises récoltes qui maintiennent l'interdiction des exportations de blé en Angleterre et aux Antilles. • Le gouverneur Haldimand met sur pied la Bibliothèque de Québec qui ouvrira ses portes en 1783 et offrira au grand public un choix de 1800 livres, dont un millier en français. • Invasion de chenilles à l'île aux Coudres. • À Québec, on émet un règlement obligeant les propriétaires ou les locataires à nettoyer la moitié de la rue devant leur propriété et défendant de jeter des ordures dans la rue.

| 1780 | 1781 |

## CULTURE ET SOCIÉTÉ

La baronne de Riedesel dit qu'à Montréal surtout on peut trouver d'excellentes pommes, telles les reinettes et les Bourassa, une variété de grosses pommes rouges d'une saveur délicieuse.

## POLITIQUE

*Vue de Québec à partir de la rive sud.*

## AMÉRIQUE DU NORD

Célèbre Vendredi saint dans l'ouest du continent nord-américain : de grands incendies de forêts assombrissent le ciel en plein midi, à tel point que les poules rentrent au poulailler. Les populations craignent d'être les victimes de la colère divine.

## MONDE

James Watt met au point sa machine à vapeur à double effet.

Jean-Jacques Rousseau publie ses *Confessions*. • Le philosophe allemand Emmanuel Kant publie *La critique de la raison pure*, un ouvrage fondamental de la philosophie moderne. • Herschel découvre la planète Uranus.

## 1783

En février, à Québec, ouverture du théâtre Thespian, rue Buade, qui présente des pièces anglaises, des opéras-comiques et des ballets. • Pendant l'hiver, il meurt « 1100 personnes de tout âge et de tout sexe de la picote et des fièvres rouges ». • La *Gazette de Québec* du 6 novembre : « À vendre. Jeune fille noire d'environ 18 ans, arrivée récemment de New York avec des Loyalistes. Elle a eu la petite vérole. Cette jeune fille possède un bon caractère et n'est à vendre que parce que son propriétaire n'en a aucun usage actuellement. » • Les Écossais puis bientôt les Anglais commencent à chauler les terres, ce qui permet, semble-t-il, d'énormes progrès agricoles.

Le Traité de Versailles entre l'Angleterre et les États-Unis reconnaît l'indépendance des États-Unis et interdit désormais tout commerce entre le Canada et les États-Unis. L'Angleterre cède aux États-Unis le territoire situé au sud des Grands Lacs. Les Loyalistes à la Couronne britannique fuient les États-Unis pour gagner le Canada.

Lavoisier fait l'analyse et la synthèse de l'eau. • Jouffroy d'Abbans met au point son bateau à vapeur à roue à aubes. • Mozart publie sa *Messe en do mineur*. • Première ascension de l'homme en ballon.

## 1784

Au printemps, le gouverneur doit remettre des fonds aux autorités ecclésiastiques pour soulager le grand nombre d'affamés. • La plus importante épidémie de variole depuis 1760. C'est la pire, la plus cruelle de toute l'histoire de la région du Richelieu. Le nombre de décès double par rapport aux années précédentes. • Simon McTavish et un groupe d'associés marchands de Montréal fondent la Compagnie du Nord-Ouest.

Le Cap-Breton et le Nouveau-Brunswick deviennent des colonies anglaises distinctes de la Nouvelle-Écosse. Le Cap-Breton le demeurera jusqu'en 1820. • La population du Canada est de 113 012 habitants.

L'inventeur suisse Aimé Argand met au point le brûleur à huile. • Beaumarchais publie *Le mariage de Figaro*.

|  | 1785 | 1786 |
|---|---|---|
| **CULTURE ET SOCIÉTÉ** | « L'année de la grande noirceur » : plusieurs jours de grande obscurité en octobre. Le 16, une pluie noire tombe sur la majeure partie de l'est du Canada. La pénombre intense et les nuages jaunes semblent résulter des incendies de forêt faisant rage dans l'ouest et le centre du Canada. | John Molson, né en Angleterre, fonde à Montréal la brasserie qui porte son nom. |
| **POLITIQUE** | | Guy Carleton, maintenant lord Dorchester, redevient gouverneur. |
| **AMÉRIQUE DU NORD** | | L'inventeur américain Ezechiel Redd met au point une machine à fabriquer des clous. |
| **MONDE** | À Paris, le premier ballon qu'on lance et qu'on perd par la suite est « écharpé par les habitants du village où il alla tomber et qui le prirent pour un monstre diabolique après l'avoir pris pour le cadavre de la lune ». • Traversée de la Manche en ballon par Blanchard et Jeffries. • Salsano invente le séismographe pour mesurer la force des tremblements de terre. | Georges Buffon publie son *Histoire naturelle des oiseaux*. • Mozart donne *Les noces de Figaro*. |

## 1787

Exportation de 220 000 minots de blé et 12 700 barils de farine. Le gouvernement anglais cède aux pressions des exportateurs installés à Québec et recommence l'importation d'essences de bois propres à la construction des navires. D'où redémarrage modeste de la construction navale à Québec.

---

Les juges de paix de Québec présentent une liste de griefs au Conseil législatif, demandant plus de pouvoirs pour régler plus efficacement les transgressions aux ordonnances.

---

Les États-Unis se donnent leur constitution et mettent sur pied le gouvernement fédéral américain.

---

Jacques-Henri Bernardin de Saint-Pierre publie *Paul et Virginie*. • Mozart fait jouer *Don Juan* et *La petite musique de nuit*.

## 1788

À Québec, M$^{gr}$ Hubert ouvre une école primaire anglaise pour catholiques, mais il ne peut la soutenir plus de quelques mois, faute de ressources. • Quatre moulins de la région de Québec, dont ceux de Henry Caldwell à Lévis et George Alsopp à la rivière Jacques-Cartier, assurent 45% de la production de farine de toute la colonie. • Le gouverneur lord Dorchester émet une ordonnance interdisant de pratiquer la médecine sans un certificat de compétence émis par le Bureau de médecins.

*Lord Dorchester.*

Le Parlement anglais adopte une loi pour l'abolition du commerce des esclaves. • Fondation à Londres du quotidien *The Times*. • Importation en Europe des premiers hortensias et fuchsias en provenance du Pérou.

|  | 1789 | 1790 |
|---|---|---|
| **CULTURE ET SOCIÉTÉ** | Mauvaises récoltes de blé partout, en particulier dans la vallée du Richelieu ; jamais le prix des vivres n'a été aussi élevé. Dans les villes, on met sur pied des comités de bienfaisance pour nourrir plusieurs milliers de personnes au cours de l'hiver. • Lord Dorchester fonde la Société d'agriculture du Bas-Canada, la première société agricole. Fondation du Quebec Turf Club, le premier club de courses de chevaux au Canada. • Construction d'un premier pont de bois, le pont Dorchester sur la Saint-Charles à Québec, à la hauteur de la Pointe-aux-Lièvres, pont qui rend plus facile l'accès à la ville aux habitants de Charlesbourg et de la Côte de Beaupré. • Au Bas-Canada, le clergé et les fonctionnaires ne se montrent pas favorables à la Révolution française. | La Société d'agriculture du Bas-Canada fait pression auprès de l'évêque de Québec pour l'abolition de certaines fêtes chômées qui peuvent « porter préjudice aux travaux des habitants ». • James Frost, capitaine du port de Québec, réunit tous les règlements concernant la navigation sur le fleuve et en fait imprimer 150 exemplaires, tant en anglais qu'en français. • Pendant l'hiver, à Québec, des amateurs, sous la direction de Jonathan Sewell, organisent 24 concerts donnés par un petit orchestre de sept musiciens à la Salle des francs-maçons. |
| **AMÉRIQUE DU NORD** | George Washington devient le premier président des États-Unis. | L'officier naval anglais George Vancouver explore la côte nord-ouest de l'Amérique. • La population des États-Unis est de 3 929 214 habitants. |
| **MONDE** | Début de la Révolution française avec la réunion des États généraux. • Lavoisier publie son *Traité élémentaire de chimie*. • Goya devient le peintre de la Cour de Madrid. • Ouverture à Manchester, en Angleterre, d'une première manufacture de coton. | Mozart publie *Cosi fan tutte*. |

## 1791

Le 6 décembre, l'un des plus violents tremblements de terre de la région de Charlevoix. • En janvier, les Jeunes Messieurs Canadiens de la Société dramatique offrent au public de Québec leurs premières représentations, deux pièces de Molière, rue Buade, devant une brillante assemblée de dames et messieurs tant Anglais que Canadiens.

*Campement indien à Pointe-Lévy.*

Fondation de l'École de chirurgie vétérinaire de Londres. • Invention de la machine à coudre industrielle en Angleterre.

### La naissance du parlementarisme

Le gouvernement anglais adopte en 1791 l'Acte constitutionnel qui divise le territoire canadien en deux colonies, le Bas-Canada, à forte majorité de langue française, et le Haut-Canada, à forte majorité de langue anglaise. Au gouverneur et au Conseil législatif déjà existants, la nouvelle loi ajoute une chambre d'assemblée qui possède, conjointement avec le Conseil législatif, le pouvoir d'adopter des lois pour la paix, le bon ordre et la saine administration du pays. Le texte constitutionnel demeure cependant muet sur le statut des langues. En 1792, une ordonnance spéciale complète cette loi établissant un conseil exécutif, nommé par le roi. Ce pouvoir exécutif cependant n'est pas responsable devant les députés; il n'a de comptes à rendre qu'au gouverneur et ce dernier n'est responsable que devant le gouvernement impérial. Cette nouvelle constitution n'offre donc aucune possibilité de régler les conflits qui pourraient survenir entre la chambre d'assemblée et l'exécutif. En fait, la loi de 1791 introduit le parlementarisme au Bas-Canada, non la démocratie. Elle amorce également un profond bouleversement social en faisant du censitaire l'égal du seigneur: pour siéger à la chambre d'assemblée, ce dernier doit désormais obtenir le suffrage de ses censitaires.

|  | 1792 | 1793 |
|---|---|---|
| **CULTURE ET SOCIÉTÉ** | Il n'y a au Bas-Canada que 49 médecins qui détiennent un certificat de compétence pour une population de plus de 100 000 habitants. • Joseph-Octave Plessis est nommé curé de la paroisse de Québec. • Le 20 décembre, ouverture du premier bureau de poste à Montréal. • Frederick Glackemeyer anime une fanfare à Québec et donne des concerts sur l'Esplanade. | À Rimouski, la population a son curé résident, à la condition qu'on lui paie sa dîme de pommes de terre. • Dernière publicité dans les journaux annonçant la mise en vente d'un esclave. • Alexander Sparks, pasteur des Écossais presbytériens à Québec, est nommé rédacteur de la *Gazette* de Québec. |
| **POLITIQUE** | Le 7 mai, proclamation portant sur la division du Bas-Canada en circonscriptions électorales. Premières élections législatives au Bas-Canada. • Le 17 décembre, ouverture de la Chambre d'assemblée du Bas-Canada au palais épiscopal de Québec. Le lendemain, Jean-Antoine Panet est élu président de la Chambre. | En janvier, débat à la Chambre d'assemblée sur la question des langues. • En automne, les marchands de Québec adressent une pétition au gouverneur, demandant une charte d'incorporation pour la ville et les faubourgs. |
| **AMÉRIQUE DU NORD** | Un projet de loi abolissant l'esclavage au Canada meurt en première lecture. • L'architecte américain d'origine irlandaise James Hoban commence la construction de la Maison-Blanche, à Washington. | Début de la construction du Capitole à Washington. |
| **MONDE** | Chute de la royauté en France et début de la Convention. • C. J. Rouget de Lisle rend publique *La Marseillaise*. • Beethoven devient l'élève de Haydn, à Vienne. | Exécution de Louis XVI, roi de France. • Début d'une nouvelle guerre entre la France et l'Angleterre. • Mise au point du premier bateau mû à la vapeur en Angleterre. Son concepteur est l'objet de moqueries. • Le marquis de Sade publie *La philosophie dans le boudoir*. |

## 1794 — 1795

À Québec, les Britanniques représentent 63% des membres des professions libérales et 44% des hommes d'affaires, mais seulement 18% des artisans et 10% des simples ouvriers. • C'est la famine ; le secrétaire de la Société d'agriculture recommande d'apprendre à la population la fabrication du pain de pomme de terre.

---

À l'Assemblée du Bas-Canada, on passe des lois de judicature, de milice et de voirie. • En mai, face au danger de guerre avec les États-Unis qui prônent les valeurs démocratiques, le gouverneur appelle la milice aux armes. Mais les paroisses des environs de Québec résistent. Des groupes armés de mousquets, de bâtons et de fourches parcourent la campagne, s'en prennent aux curés trop ouvertement loyaux, aux seigneurs et aux Britanniques. • Fondation de l'Association pour le maintien des lois, de la constitution et du gouvernement de la province du Bas-Canada, qui compte déjà 1320 membres en juillet et dont l'objet est de dépister les foyers révolutionnaires. Le gouvernement pourchasse sans merci toute personne soupçonnée de sédition.

Devant l'ampleur des besoins touchant les travaux de voirie et le fait que tous tirent avantage des améliorations, les juges de paix de Québec demandent que soit établi «un droit modéré sur les revenus des maisons et autres édifices dans la ville et les faubourgs». C'est la première fois qu'il est question d'un impôt sur la propriété au Québec.

---

Décret de la Convention Nationale française supprimant l'esclavage dans les colonies françaises. • Ouverture à Paris de l'École polytechnique, le premier collège technique dans le monde, ainsi que de l'École normale.

Adoption du système métrique en France. • Mise en place en Angleterre d'un premier chemin de fer où les voitures sont tirées par des chevaux. • Joseph Bramah invente la presse hydraulique. • Fondation du Conservatoire de musique de Paris. • Fin de la Convention en France ; début du Directoire.

|  | 1796 | 1797 |
|---|---|---|
| CULTURE ET SOCIÉTÉ | Ouverture de la bibliothèque publique de Montréal. • À Québec, la nouvelle compagnie de théâtre qui avait été mise sur pied fin 1795 est dissoute. • En août, dans les faubourgs de Québec, à la suite d'une mauvaise récolte et de l'imposition de corvées supplémentaires pour l'entretien des chemins, nouvelle flambée de violence. | Une épidémie relève le taux de mortalité. • Vingt-six prêtres français chassés par la Révolution s'installent au Canada. • À Québec, du crépuscule à l'aube, des équipes de cinq hommes arpentent les rues avec pour fonction principale la protection de la propriété privée. |
| POLITIQUE | Robert Prescott est nommé gouverneur du Bas-Canada. | David McLane, un Américain un peu naïf venu avec l'intention de fomenter un complot contre le gouvernement, est arrêté à Québec. Son exécution pour sédition frappe les gens de stupeur par sa cruauté. Il est pendu puis le bourreau Ward lui ouvre le ventre et brûle sur un réchaud son cœur et ses entrailles. Il lui coupe par la suite la tête. |
| AMÉRIQUE DU NORD | À la suite du traité de Jay entre la Grande-Bretagne et les États-Unis, le commerce est rétabli entre le Canada et les États-Unis. | Invention du moulin à carder aux États-Unis. |
| MONDE | Le médecin anglais Edward Jenner met au point la vaccination contre la variole. • L'horloger suisse Favre invente à Genève la première boîte à musique. • L'Allemand C.S. Hahnemann crée l'homéopathie. • La population de la Chine est de 275 millions d'habitants. | Talleyrand devient ministre des Affaires étrangères de France. • L'Angleterre commence à exporter du fer. • John McArthur introduit le mouton mérinos en Australie. • L'astronome allemand H.W.M. Olbers publie sa méthode pour calculer l'orbite des comètes. |

## 1798

Pendant l'été, à Québec, le cirque Ricketts, de Philadelphie, présente des exercices équestres et d'équilibre dans un théâtre temporaire élevé sur les Plaines. On engage même pour l'occasion des Hurons de Lorette.

À Québec, faute d'une force policière efficace, les juges de paix assermentent 25 constables spéciaux, qui continuent de pratiquer leur métier habituel, travaillent selon un horaire flexible et reçoivent, comme rémunération, la moitié des amendes. Le corps de métier le plus représenté parmi ces constables est celui de cabaretier!

Début de l'émigration irlandaise au Canada.

Napoléon devient maître de l'Égypte.

## 1799

Le lieutenant-gouverneur Milnes nomme un comité responsable de la réglementation des pilotes, sous la présidence de John Young, conseiller exécutif et député de la basse-ville de Québec. • Construction de la cathédrale anglicane à Québec. • Année des grandes exportations de céréales au port de Québec.

Mort de George Washington.

Beethoven rend publique sa *Première Symphonie en do majeur*. • Napoléon Bonaparte prend le pouvoir en France. • Le baron von Humboldt remarque les 11 et 12 août le passage des Perséïdes, ces étoiles filantes signalées par la suite par l'Allemand Olbers en 1833, puis en 1866.

## 1800

### CULTURE ET SOCIÉTÉ

Année de grandes exportations de céréales au port de Québec.

### AMÉRIQUE DU NORD

La Compagnie du Nord-Ouest emploie 1200 « voyageurs » et interprètes canadiens (de langue française). • Aux États-Unis, Bill Richmond, un ancien esclave, devient l'un des boxeurs les plus populaires. • La ville de New York compte 60 000 habitants.

### MONDE

Napoléon convoque un groupe de juristes pour rédiger le code civil, le « code napoléonien ». • La ville de Paris compte environ 550 000 habitants. • L'Irlande est rattachée à l'Angleterre. • En Italie, Allessandro Volta invente la pile électrique, faite de zinc et de cuivre. • William Herschel découvre l'existence des rayons solaires infrarouges.

## 1801

### CULTURE ET SOCIÉTÉ

Jamais n'avait-on vu de plus beau printemps dans la région de Québec. Les semailles sont terminées le 19 avril et les récoltes sont abondantes partout dans la colonie. • La Compagnie des Propriétaires de l'Aqueduc de Montréal fait une première tentative : l'eau provenant de sources sur la montagne est amenée à la cité de Montréal dans des tuyaux de bois.

### POLITIQUE

Adoption de l'Institution royale pour la mise sur pied d'un réseau scolaire au Bas-Canada.

### AMÉRIQUE DU NORD

L'ingénieur civil américain Robert Fulton invente le premier sous-marin, le *Nautilus*.

### MONDE

Fondation de la Banque de France. • Le traité de paix de Lunéville entre la France et l'Autriche marque la fin du Saint Empire Romain. • L'Union Jack devient l'emblème du Royaume-Uni de Grande-Bretagne et d'Irlande. • En Écosse, la parution du *Edinburg Farmer's Magazine* a une forte influence sur l'amélioration de l'agriculture.

## 1802

Invasion de chenilles et de la tordeuse des bourgeons de l'épinette. • À Québec, pour contrer les crimes commis la nuit, on oblige les cabaretiers à maintenir une lampe allumée à la porte de leur établissement. • Devant la pénurie de spectacles à Québec, des amateurs se réunissent chez Pierre-Louis Panet et forment un « Théâtre de Société ». On jouera à partir du 15 octobre 1804 au théâtre Patagon, une petite salle voisine de la porte Hope. Mais comme le théâtre ne fait pas ses frais, il disparaît en 1805.

## 1803

On installe la première usine de pâtes et papier dans la région de Montréal. • Ouverture du Séminaire de Nicolet, le troisième collège classique du Bas-Canada. • Dans la région de Montréal, on laboure entre Noël et le Jour de l'An.

---

*Figure de proue allégorique conçue par François Baillairgé.*

Par un traité secret, l'Espagne rétrocède à la France, en échange de la Toscane, l'immense territoire de la Louisiane acquis en 1763, qui va des bouches du Mississippi jusqu'à la frontière du Manitoba, de la Saskatchewan et de l'Alberta d'aujourd'hui.

Pour la somme de 60 millions de francs, le président Thomas Jefferson achète du Premier Consul de France toute la Louisiane. L'acquisition de cet immense territoire fait plus que doubler la superficie des États-Unis et garantit aux Américains la libre navigation du Mississippi, c'est-à-dire l'avenir économique de l'Ouest.

La France réprime la révolte des Noirs de Saint-Domingue dirigés par François Dominique, dit Toussaint-L'Ouverture.

Reprise des hostilités entre la France et l'Angleterre.

## 1804

### CULTURE ET SOCIÉTÉ

À Québec, ouverture de la cathédrale anglicane sur le site de l'ancien couvent des Récollets.

*Un habitant et ses vêtements habituels. Dessin de Henri Julien.*

### MONDE

Napoléon Ier devient empereur. Il est couronné à Paris en présence du pape Pie VII. • Les premiers dahlias sont importés en Angleterre, 15 ans après leur importation à Madrid en provenance de Mexico.

---

**Le *Daily Mercury* et *Le Canadien***

En janvier 1805, la grande bourgeoisie d'affaires britannique de Québec, opposée aux concessions accordées aux Canadiens, fonde le *Quebec Daily Mercury*, une feuille politique qui va claironner ses aspirations politiques, commerciales et nationales. Désireux d'asseoir sur le commerce l'économie québécoise et d'assurer la suprématie politique des anglophones d'origine britannique, le journal ridiculise les Canadiens, les idées politiques de leurs chefs parlementaires et se fait un point d'honneur de démolir les structures traditionnelles du Bas-Canada. Un an plus tard, toujours à Québec, dans le but de combattre la propagande du *Daily Mercury* et de défendre les intérêts politiques des classes professionnelles canadiennes, les Canadiens réagissent et fondent le journal *Le Canadien*, qui reproche au parti anglais ou «anti-canadien» de fomenter la «guerre civile» dans la colonie.

*Le Canadien* est de toutes les luttes. Il dénonce la présence de l'oligarchie anglaise à Québec, cette «clique haineuse» qui tend à modifier les rapports sociaux selon ses propres objectifs ; il s'en prend aux pratiques d'un régime politique tout à fait injuste, dominé par une minorité qui s'érige en bénéficiaire exclusive des faveurs royales. Le 4 décembre 1809, l'évêque de Québec, J.-O. Plessis s'en prend violemment au journal *Le Canadien* ; il s'indigne «des ravages que fait ce misérable papier dans le public et le clergé» qui «tend à anéantir tous les principes de subordination et à mettre le feu dans la province».

## 1805

Souscription publique par l'éditeur de la *Gazette de Québec*, John Neilson, pour la construction d'un théâtre convenable. • Joseph-Octave Plessis devient évêque de Québec ; immédiatement, il s'attaque à toute forme de loisir pouvant conduire au désordre, comme les courses de chevaux, la danse et les spectacles. • Devant l'augmentation du trafic sur le fleuve, le comité responable de la réglementation des pilotes est incorporé sous le nom de Maison de la Trinité, et s'occupera du pilotage et de l'inspection des navires jusqu'en 1875. • Ouverture en grande pompe de l'hôtel Union, sur la place d'Armes à Québec, là où commence à se réunir une fois par mois l'Assemblée législative.

En Allemagne, F.W.A. Sartüner extrait pour la première fois la morphine de l'opium. • Napoléon abandonne le calendrier révolutionnaire. • Chateaubriand publie *René*.

## 1806

En juillet, 14 travailleurs de l'île Saint-Paul, après avoir passé gaiement la journée à Montréal, en revenaient sur le fleuve. L'embarcation qui les porte est prise dans le « Loup-Marin », un remous non loin de la pointe Saint-Charles. Tous se noient.

*Le port de Québec.*

L'aquarelliste anglais John Lambert entreprend un voyage de plusieurs mois au Bas-Canada et aux États-Unis. Quatre ans plus tard, il fait paraître à Londres ses *Travels through Lower Canada, and the United States of North America*, qui seront par la suite beaucoup lus par les historiens, les raconteurs et les romanciers.

Blocus continental imposé par Napoléon à la Grande-Bretagne, qui doit alors se tourner vers le Canada. • L'Angleterre occupe le cap de Bonne-Espérance. • Claude Clodion commence la construction de l'Arc de Triomphe à Paris. • La population de l'Allemagne s'élève à 27 millions d'habitants.

|  | 1807 | 1808 |
|---|---|---|
| **CULTURE ET SOCIÉTÉ** | Plusieurs médecins de Québec commencent à vacciner gratuitement les enfants contre la variole, selon la méthode mise au point par le médecin anglais Edward Jenner en 1796. • Au moins 340 trains de bois arrivent à Québec en provenance de l'Outaouais à destination de l'Angleterre. • Le premier club de curling au Canada est inauguré à Montréal. | Au cours de la campagne électorale, *Le Canadien* consacre 85% de son espace aux élections, ce qui soulève l'ire des Britanniques et du clergé. • John Lambly publie à Québec *Sailing Directions for the River St. Lawrence — From Cape Chatt to the Island of Bic*, un ouvrage qui rend plus sûre la navigation sur le fleuve. • François Romain, bibliothécaire de la Quebec Library, fonde la Société littéraire de Québec. • Le marchés de Montréal sont bien garnis à l'année, contrairement à ceux de Québec. Cela tient au fait que les premiers sont approvisionnés par les habitants des Cantons de l'Est et des États-Unis. En plein hiver, à Montréal, des Américains viennent même vendre de la morue congelée en provenance de Boston. |
| **POLITIQUE** | James Craig devient gouverneur du Bas-Canada. | |
| **AMÉRIQUE DU NORD** | Le 18 août, Fulton invente le navire à vapeur ; son *Clermont* vogue sur le fleuve Hudson. | Simon Fraser descend sur la côte nord-ouest du Canada le fleuve qui portera son nom. • Les États-Unis défendent l'importation des esclaves en provenance de l'Afrique. |
| **MONDE** | À Londres, on éclaire pour la première fois les rues au gaz. • Introduction de la *wrought iron plough* en Écosse, qui remplace désormais la charrue de bois. | Napoléon abolit l'Inquisition en Espagne et en Italie. • Gœthe publie la première partie de *Faust*. • Henry Crabb Robinson, envoyé par le *Times of London* en Espagne pour couvrir la guerre de la péninsule, devient le premier correspondant de guerre. • Naissance du futur Napoléon III, Charles Louis Napoléon Bonaparte. |

| 1809 | 1810 |

Le 4 novembre, arrivée à Québec du premier navire à vapeur à naviguer sur le Saint-Laurent, l'*Accommodation* bâti pour John Molson à Montréal. Il met 66 heures à faire le voyage. C'est déjà beaucoup mieux que la goélette à voiles qui met de trois à quatre jours pour descendre de Montréal à Québec et 15 jours pour remonter, si le vent est contraire. • Pendant l'hiver, ce qu'on appelle «a melancholyc epidemy» est signalée à plusieurs endroits. On soigne cette maladie de nature inflammatoire par la saignée.

En mars, exaspéré, le gouverneur Craig ordonne la saisie des presses du journal *Le Canadien* et l'arrestation des principaux rédacteurs. Quelques jours plus tard, il émet une proclamation, exigeant qu'elle soit lue et commentée dans chaque paroisse. «Vu qu'il a été imprimé, publié et dispersé divers écrits méchants, séditieux et traîtres [...] il m'a été impossible de passer plus longtemps sous silence ou de souffrir des pratiques qui tendent si directement à renverser le gouvernement.» • Au moins 500 des 661 navires quittant le port de Québec sont remplis de pin blanc. • Les militaires britanniques introduisent le cricket à Québec.

---

Aux États-Unis, Washington Irving publie *Rip van Winkle*.

La population des États-Unis est de 7 239 881 habitants.

*L'explorateur Simon Fraser et son équipe.*

## 1811

### CULTURE ET SOCIÉTÉ

Bonnes récoltes, sauf pour le fourrage, après quelques années de récoltes médiocres. • On fonde le Séminaire de Saint-Hyacinthe, quatrième collège classique après ceux de Nicolet, de Montréal et de Québec. • Ouverture du chemin Craig pour relier Québec aux Cantons de l'Est et aux États américains frontaliers.

### POLITIQUE

Georges Prévost est nommé gouverneur du Bas-Canada et le restera jusqu'en 1815.

### AMÉRIQUE DU NORD

Sur la côte nord-ouest du Canada, David Thompson explore le fleuve Columbia depuis sa source jusqu'à l'océan. • On estime à 20 000 le nombre de morts dans les États de New York et du Vermont qui auraient consommé du seigle ergoté, soit sous forme d'aliment, soit sous forme de boisson distillée.

### MONDE

Fondation de l'Agence de presse française, qui deviendra plus tard l'agence Havas. • En Allemagne, on met au point la presse cylindrique à imprimer.

## 1812

### CULTURE ET SOCIÉTÉ

Pendant l'hiver, après d'abondantes pluies froides au nord, l'île aux Coudres devient le refuge de la perdrix blanche. • Les Molson lancent un second navire à vapeur, le *Swiftsure*, qui arrive à Québec le 22 novembre et entreprend un service régulier entre Montréal et Québec en mai 1813. • Ici et là, mauvaises récoltes imputées aux ravages des chenilles, des sauterelles et de la mouche hessoise. • À Abbotsford, premier essai réussi de greffe d'arbres fruitiers.

### AMÉRIQUE DU NORD

Début de la guerre anglo-américaine qui durera jusqu'en 1814 et perturbera l'économie du pays.

### MONDE

Napoléon entreprend la campagne de Russie en juin. Il doit retraiter à compter du 19 octobre et revient à Paris le 18 décembre. De son armée de 550 000 hommes, seulement 20 000 survivent. • Les frères Grimm publient *Contes enchantés*.

## 1813

L'ordre des Récollets du Canada disparaît. • On prétend que des vaisseaux venus d'Europe apportent ici la marguerite, une plante jamais vue auparavant. On l'aperçoit dans les champs autour de Québec. • Le cheval en usage est celui de race normande, « petit mais robuste, résistant, rapide et fiable ». • Construction d'un pont de bois entre Repentigny et Montréal, « avec pour modèle celui bâti sur le Rhin à Schaffhausen ». • À Montréal, les jardins et les vergers s'étalent sur les plateaux des flancs de la montagne.

Le 26 octobre, victoire des Canadiens dirigés par Charles de Salaberry, à l'occasion de la bataille de Châteauguay. Le combat dure quatre heures. Les Américains sont défaits. Douze Canadiens sont tués, 20 sont blessés. • Le Mexique se déclare indépendant.

Simon Bolivar devient le dictateur du Venezuela. • La valse est très populaire dans l'ensemble de l'Europe.

## 1814

Les 2 et 3 juillet, dans la région de Québec, aussi loin qu'à Cap-Chat, il règne une grande obscurité, accompagnée de fortes pluies, d'éclairs et de tonnerre. Sur le fleuve, les navires doivent même jeter l'ancre. • Le 11 septembre, le traversier en face de Trois-Rivières coule à pic : 40 morts.

De 1814 à 1838, Louis-Joseph Papineau est le chef du Parti canadien, qui deviendra le Parti patriote.

Fin de la guerre anglo-américaine.

En Europe, Napoléon abdique. • Le pape Pie VII met en vigueur l'Inquisition. • Nicolas Appert se rend en Angleterre expliquer son procédé de mise en conserve avec des bouteilles de verre ; les Anglais imagineront des contenants de fer-blanc. • En Angleterre, George Stephenson met au point la première locomotive à vapeur.

|  | 1815 | 1816 |
|---|---|---|
| **CULTURE ET SOCIÉTÉ** | En août, gelées fatales aux récoltes de Montréal jusqu'au Bas-du-Fleuve. Un comité spécial a pour tâche de faire enquête sur les moyens de faire progresser l'agriculture. • En hiver, à Québec, on met sur pied une « soupe des pauvres ». • Les juges de paix de Montréal passent un règlement obligeant les charretiers et les cochers à attacher, en hiver, des cloches ou des grelots à leurs chevaux. | C'est l'« année sans été », alors qu'il neige en juin et qu'une neige épaisse recouvre les champs de tout l'est du Canada dès le 21 août. • Au musée de cire de Québec, on présente le panorama de la « Grande Bataille de Waterloo », long de 4240 pieds devant un public enthousiaste. • Le *Car of Commerce* assure le transport à vapeur entre Québec et Montréal. |
| **POLITIQUE** | Louis-Joseph Papineau, du Parti canadien, devient président de l'Assemblée législative et le demeure à peu près sans interruption jusqu'en 1837. | Lord Sherbrooke est nommé gouverneur du Bas-Canada. |
| **AMÉRIQUE DU NORD** | Les États-Unis lancent le premier navire de guerre à vapeur, le *U.S.S. Fulton*, jaugeant 38 tonnes. | La crise économique en Angleterre amène une importante émigration au Canada et aux États-Unis. |
| **MONDE** | Joseph Bouchette fait paraître à Londres *Description topographique de la province du Bas-Canada*. • Création du Colonial Office en Angleterre, qui, plutôt que le ministère de l'Intérieur, supervisera désormais les affaires coloniales. • Napoléon est défait à Waterloo et banni à l'île Sainte-Hélène. | La congrégation des Oblats de Marie-Immaculée est fondée. • Rossini publie *Le barbier de Séville*. • Le médecin français René Laënnec invente le stéthoscope. |

## 1817

À Montréal, les juges de paix adoptent un règlement obligeant les charretiers à se pourvoir d'une licence. On pose pour la première fois des écriteaux portant le nom des rues. • Fondation de la Banque de Montréal.

Le 21 octobre, une assemblée publique, tenue à l'hôtel Union à Québec, sous la présidence de François Blanchet, député à l'Assemblée, prépare un projet d'incorporation pour la ville, projet immédiatement rejeté par le Conseil législatif.

*Entre les ponts d'un vaisseau d'immigrants.*

## 1818

Le *Lauzon*, un navire à vapeur, assure un service de traversier entre Québec et Lévis. • Mise en place dans les rues de Québec et de Montréal de lampadaires à huile de baleine, de loup-marin ou de morue. • Dans un essai sur l'établissement de nouveaux hôpitaux pour les « pauvres malades », le gouvernement reconnaît pour la première fois qu'il a des devoirs envers les pauvres. • Ouverture de la Quebec Bank, rue Saint-Pierre, à Québec ; cette première banque québécoise est fondée par John William Woolsey, négociant de Place-Royale et propriétaire du quai de la Reine. • Fondation également du Quebec Exchange, rue Sault-au-Matelot, à Québec. • À Québec et à Montréal, à la fin de l'été, on présente les premières expositions agricoles.

## L'immigration irlandaise

Au XIXe siècle, l'Amérique est une terre de changement, une terre d'accueil. De grandes vagues d'immigrants européens se succèdent. Au début du siècle, la majorité vient de l'Angleterre et de l'Écosse, mais la situation tragique de l'Irlande, à la suite de nombreuses disettes, augmente bientôt de façon spectaculaire l'immigration irlandaise. Au Canada, Québec est le grand port d'entrée des immigrants. Une fraction d'entre eux demeure à Québec; les autres se dirigent vers Montréal, le Haut-Canada ou les États-Unis. Il faut s'occuper d'eux au moment de leur arrivée et pendant leur séjour dans la ville. Aussi, à compter de 1818, devant la condition déplorable des immigrants, la Quebec Immigrant Society leur offre, au moyen de souscriptions, plusieurs services : conseil, information, logement et alimentation. Deux ans plus tard, toujours à Québec, on fonde, pour le bien-être des immigrantes et des pauvres, la Female Compassionate Society for the Relief of Distressed Lying in Married Women et la Society for Promoting Education, Industry, and Moral Improvement of the Prisoners in the Quebec Jail.

Et les immigrants débarquent en grand nombre. En 1830, par exemple, on estime que la population irlandaise catholique forme déjà le cinquième de la population de la ville de Québec et peut-être davantage. La plus grande vague est sans doute celle de 1847, alors que 96 000 immigrants, dont 54 000 Irlandais, s'amènent au pays. Malheureusement, une épidémie de typhus, appelée « fièvre des navires », a frappé ceux qui arrivent. Vingt mille Irlandais y laissent leur vie.

### 1819

Des Irlandais célèbrent pour la première fois à Québec une messe en l'honneur de saint Patrice. Ils sont maintenant près d'un millier dans la ville. • Selon la Société d'agriculture de Québec, « le mauvais état des chemins en général, qui augmente le prix des transports, opère constamment au désavantage des cultivateurs ». • Le 8 novembre, à Montréal, des nuages noirs comme de l'encre descendent plus bas que les flancs du mont Royal. Ils sont causés par de grands incendies de forêt dans l'Ouest canadien. À trois heures de l'après-midi, l'obscurité est à son apogée et les citoyens sont pris de panique.

---

La compagnie Allan est fondée pour effectuer la liaison entre le Canada et l'Écosse. • Les États-Unis achètent la Floride à l'Espagne.

---

En Angleterre, on décrète la journée de travail maximale de 12 heures pour les non-adultes. • Beethoven est atteint de surdité.

## 1820

Début de la construction de la Citadelle de Québec. • Selon lord Dalhousie, l'ivrognerie est responsable de quatre cinquièmes des délits des soldats commis à Québec. • Le docteur Antoine von Iffland ouvre à Québec un dispensaire pour les pauvres à la basse-ville, où il organise des conférences anatomiques, les premières du genre au Canada.

## 1821

L'épidémie de variole des trois dernières années a décimé une grande partie de la population indienne. • À Québec, on développe des sociétés d'éducation pour favoriser l'accessibilité des pauvres à l'école. • Le 17 juillet, on commence à creuser le canal Lachine. • Création du Quebec Curling Club.

*Le* Columbus, *un des plus gros navires en bois au monde, lancé à Québec en 1824.*

George Ramsay, lord Dalhousie, succède au duc de Richmond comme gouverneur du Bas-Canada.

La Compagnie du Nord-Ouest et la Compagnie de la baie d'Hudson fusionnent. • La population des États-Unis est de 9 600 000 habitants.

Napoléon meurt à Sainte-Hélène où il est prisonnier depuis 1815.

| | 1822 | 1823 |
|---|---|---|
| **CULTURE ET SOCIÉTÉ** | À Montréal, « nous avons plus de tourtes cette année que nous n'en avions vues depuis sept ans. Elles se vendent au marché depuis 20 sous jusqu'à un chelin la douzaine. » | Un groupe de médecins britanniques fonde la première école de médecine au Canada sous le nom de Montreal Medical Institution, qui deviendra en 1829 la Faculté de médecine de l'Université McGill. • À Abbotsford, on pratique pour la première fois la « greffe en tête » en pomologie. |
| **POLITIQUE** | Les Britanniques de Montréal projettent d'unifier les deux Canadas. Le texte proposé proscrit l'usage législatif du français et les Canadiens s'opposent violemment à cette initiative. | |
| **AMÉRIQUE DU NORD** | Les rues de Boston sont éclairées au gaz.<br><br>*Le Bas-Canada et le Haut-Canada, tels que définis par l'Acte de 1791.* | |
| **MONDE** | Le Français Nicéphore Niepce invente la photographie. • Le Brésil devient indépendant du Portugal. • Fondation de l'Académie royale de musique de Londres. | Lamartine publie ses *Nouvelles méditations poétiques*. • La peine de mort est abolie pour plus de 100 crimes en Grande-Bretagne. |

## 1824

À la suite de l'échec de l'Institution royale de 1801, adoption d'une loi de la législature du Bas-Canada pour encourager l'ouverture d'écoles de paroisse, qui relèveront du conseil de la fabrique. • On construit l'église Notre-Dame de Montréal. • Fondation des collèges de Sainte-Thérèse et de Chambly.

## 1825

On construit le théâtre Royal, le premier théâtre de Montréal. • La ville de Québec est en pleine expansion démographique. Depuis 1808, la population est passée de 8500 à 20 000 habitants. • Inauguration du canal Lachine.

La population du Bas-Canada est de 479 288 habitants ; celle du Haut-Canada est de 157 923 habitants. • Ouverture du canal Érié. • La Compagnie de la baie d'Hudson n'exploite plus que 45 postes de traite.

J.-L. Prévost et J.-B. Dumas font la preuve que le sperme est essentiel à la conception. • Le Parlement anglais autorise les travailleurs britanniques à se syndiquer. • Beethoven publie sa *Neuvième symphonie*.

Les premiers omnibus tirés par des chevaux circulent dans les rues de Londres. • Une loi française fait du sacrilège une offense capitale.

## 1826

### CULTURE ET SOCIÉTÉ

François-Xavier Tessier, un jeune médecin de 26 ans, après des études à New York, lance le *Journal de Médecine de Québec*. • Fondation de la Société médicale de Québec, l'ancêtre du Collège des Physiciens et chirurgiens du Bas-Canada. • La Société d'agriculture de Québec propose la mise sur pied d'un périodique agricole et la création d'une ferme-école.

### POLITIQUE

Le Parti canadien devient le Parti patriote.

### AMÉRIQUE DU NORD

Fondation de Bytown, devenu Ottawa. • Premier club de yachting au Canada, à Kingston. • L'Américain James Fenimore Cooper publie *Le dernier des Mohicans*.

### MONDE

Début en Inde d'une grande épidémie de choléra, qui gagnera quelques années plus tard l'Europe puis l'Amérique. • Le Français Malbec met au point la conservation du lait concentré avec du sucre. • Leopoldo Nobili invente le galvanomètre. • Mendelssohn publie son ouverture au *Songe d'une nuit d'été*.

## 1827

### CULTURE ET SOCIÉTÉ

Du 1er au 4 janvier, il tombe quatre pieds de neige à Montréal; les bancs de neige s'élèvent à une hauteur de 10 à 12 pieds. • En avril, à Québec, on fonde la Société pour l'encouragement des arts et des sciences en Canada, qui fusionnera en 1831 avec la Quebec Literary and Historical Society. Les Montréalais, eux, fondent la Natural History Society of Montreal.

### POLITIQUE

Crise entre le Parti patriote et le parti ministériel sur l'administration municipale de Québec; tous les députés du Parti patriote perdent leur poste de juges de paix.

### AMÉRIQUE DU NORD

L'État de New York abolit l'esclavage. • J.J. Audubon publie *Birds of North America*.

*La porte Saint-Jean, à Québec.*

## 1828

Récoltes de blé ratées un peu partout à cause de la mouche hessoise ou mouche du blé. • La bouilloire du *Lady of the Lake* fait explosion dans le port de Québec, tuant plusieurs immigrés. • L'abbé Jérôme Demers publie *Traité d'architecture*.

*Un chemin à barrières.*

Premier club de cricket au Canada : à Saint-Jean, Terre-Neuve. • Silas Lamson, un Américain du Vermont, invente une faux à manche métallique doté de la courbure caractéristique qui devait faciliter la tâche des faucheurs.

Alexandre Dumas père publie *Les trois mousquetaires*. • Le Hollandais Coenraad Johannes van Houten fabrique pour la première fois de la poudre de cacao ; pour préparer une boisson au chocolat, il fallait jusque-là faire fondre un morceau de chocolat.

## 1829

On crée un système de chemins à barrière pour que les usagers payent leur part de l'entretien des chemins et on vote un montant important pour le pavage des routes autour de Québec. • Fondation de l'Université McGill. L'école Montreal Medical Institution devient sa Faculté de médecine.

Lorsqu'un comité d'enquête nommé par l'Assemblée se penche sur l'administration de la ville de Québec, les magistrats britanniques sont de nouveau la cible d'attaques de la part des députés canadiens-français qui les accusent d'avoir agi contre les intérêts de la population.

Mort de tuberculose de Shawnawdithit, la dernière représentante des Béothuks qui vivaient à Terre-Neuve. Une race entière est maintenant disparue au Canada. • Dans un livre de recettes d'une dame de Boston apparaît pour la première fois la mention des fèves au lard, un des mets distinctifs de la Nouvelle-Angleterre.

En Angleterre, abolition de la loi du Test et émancipation des catholiques. • Le Français Louis Braille crée un nouveau système d'écriture en points saillants pour les aveugles. • Mise sur pied d'un véritable service de police à Londres. • Chopin fait ses débuts à Vienne.

## 1830

### CULTURE ET SOCIÉTÉ

On estime qu'à Québec les Irlandais catholiques forment environ 20% de la population. • Premier arrêt de travail des typographes de Québec à la suite d'une rupture de contrat. Le propriétaire du *Quebec Mercury* révèle les noms des chefs du mouvement pour qu'on ne les embauche pas de crainte qu'ils « contaminent » d'autres travailleurs.

### POLITIQUE

Mathew Whitworth, lord Aylmer, devient gouverneur du Bas-Canada. • L'Assemblée est de nouveau saisie de plaintes des députés canadiens-français contre l'administration municipale de Québec.

### AMÉRIQUE DU NORD

Le système des réserves pour les Amérindiens est instauré. • Le fermier et pomiculteur ontarien John McIntosh développe la pomme qui porte son nom. • La population des États-Unis est de 12 866 020 habitants. • L'avocate Belva Lockwood devient la première Américaine à plaider devant la Cour suprême de son pays.

### MONDE

Révolution de juillet en France. • Invention de la tondeuse à gazon en Angleterre. • Stendhal publie *Le rouge et le noir*. • Les jupes raccourcissent, les manches deviennent énormes, les chapeaux, extrêmement larges et ornés de fleurs et de rubans.

## 1831

### CULTURE ET SOCIÉTÉ

Voyage d'Alexis de Tocqueville au Bas-Canada. • L'été, les campagnes du Bas-du-Fleuve sont envahies par les citadins. • Les 30 médecins de la ville de Québec élisent le premier bureau d'examinateurs. • À Québec, des hommes d'affaires, dont John Neilson et Elzéar Bédard, lancent un mouvement de tempérance contre le fléau de l'alcoolisme. • Une prime de deux livres et un chelin est versée pour chaque loup abattu à moins de six milles de tout endroit habité au Québec.

### AMÉRIQUE DU NORD

Le 25 juillet, à Steele's Tavern, en Virginie, mise à l'essai de la première moissonneuse à cheval inventée par l'Américain Cyrus H. McCormick.

### MONDE

Le *Royal William*, bâti à Québec, est le premier vapeur à traverser l'Atlantique sans l'aide de la voile. • Fondation en France des Clercs de Saint-Viateur pour l'enseignement de la doctrine chrétienne et le service des autels. • Invention de la génératrice électrique en Angleterre. • Victor Hugo publie *Notre-Dame de Paris*.

## 1832

L'épidémie de choléra qui fait rage en Europe frappe Québec : au 30 septembre, 4420 personnes sont atteintes et 1904 meurent. • Une baleine de 42 pieds de long s'amène dans le port de Montréal. Huit jours plus tard, on la harponne et la tire sur le rivage. • On donne des parties d'huîtres à Québec. • Fondation du collège de l'Assomption.

Sanction royale de la loi d'incorporation de la Cité de Québec. • Violence à Montréal à l'occasion d'une élection partielle. Les troupes chargent la foule et tuent trois « Canadiens ». • La législature accorde des subsides pour la construction de nouvelles écoles élémentaires au Bas-Canada.

Ouverture du canal Rideau. • Terre-Neuve a désormais un gouvernement représentatif. • Fondation à Halifax de la Banque de Nouvelle-Écosse.

Le Français Benoît Fourneyron fait breveter la première turbine hydraulique, la turbine à réaction centrifuge. • On commence à utiliser le mot « socialisme » en France et en Angleterre.

## 1833

Le conseil de ville de Montréal tient sa première séance : Jacques Viger est élu maire. Le service des incendies de Montréal se fait par neuf compagnies de pompiers volontaires qui ne reçoivent aucun salaire. • C'est Elzéar Bédard, avocat, qui devient le premier maire de Québec. • Les 12 et 13 novembre, une des pluies d'étoiles filantes les plus remarquables.

Joseph-François Perrault préconise l'instruction élémentaire obligatoire pour tous les jeunes de 6 à 15 ans ; mais on s'élève contre ce projet qui rend le gouvernement responsable de l'instruction des enfants. • Ouverture de la Maison de la douane, rue Champlain, à Québec.

*Le parc de l'Esplanade, à Québec.*

Abolition de l'esclavage en Grande-Bretagne.

## 1834

### CULTURE ET SOCIÉTÉ

Une importante loi de l'Assemblée du Bas-Canada encourage la formation de sociétés agricoles de comté dans tout le pays, à l'exemple de l'Europe. • En juin, un cyclone s'abat sur Montréal. • Ludger Duvernay fonde à Montréal la Société Saint-Jean-Baptiste.

### POLITIQUE

Le Parti patriote présente à l'Assemblée ses « 92 Résolutions » qui énoncent les griefs de la population contre le gouvernement britannique. • Aux élections de l'automne, le Parti patriote de Louis-Joseph Papineau remporte une éclatante victoire. • Les lods et ventes impayés touchant les transactions immobilières portant sur le domaine royal sont annulés.

### AMÉRIQUE DU NORD

Adoption d'une loi abolissant l'esclavage au Canada. • L'Américain Cyrus H. McCormick, inventeur de la première moissonneuse à cheval, fait breveter son invention.

### MONDE

L'Inquisition espagnole, qui avait débuté au XIIIe siècle, est finalement abolie. • Balzac publie *Le père Goriot*.

## 1835

### CULTURE ET SOCIÉTÉ

La Quebec Journeymen Shoemakers' Society voit le jour et a pour objectif de créer un meilleur climat de travail et soutenir les compagnons cordonniers qui tombent malades. Les patrons se plaignent d'eux qui, par des menaces de grève, veulent se prononcer sur leurs conditions de travail.

### POLITIQUE

Lord Gosford est nommé gouverneur du Bas-Canada.

Mgr Jean-Jacques Lartigue.

### MONDE

Réapparition de la comète de Halley. • Hans Christian Andersen publie les quatre premiers de ses 168 contes pour enfants. • Le naturaliste anglais Owen découvre le ver de la trichinose dans le porc.

## 1836

Mgr Jean-Jacques Lartigue devient le premier évêque de Montréal. • Inauguration du premier chemin de fer canadien, qui va de Laprairie à Saint-Jean, construit malgré l'opposition violente d'une importante fraction de la députation du Bas-Canada : « Les chemins de fer allaient ruiner les charretiers et empêcher les vaches d'être de bonnes laitières. »

La loi d'incorporation de la Cité de Québec n'étant pas renouvelée pour éviter toute forme d'opposition politique en prévision des affrontements avec le mouvement patriote, le gouverneur revient au système des juges de paix pour l'administration de la ville. On vit maintenant sous le régime militaire tant à Québec qu'à Montréal. • Sanction de la Loi des écoles normales.

Alfred de Musset publie son roman autobiographique *La confession d'un enfant du siècle*.

### La révolte de 1837-1838

Au printemps de 1837, le mécontentement est grand au Bas-Canada. Malgré les demandes répétées du Parti patriote, Londres refuse toujours de transformer le conseil législatif en corps électif et de rendre le conseil exécutif responsable devant la chambre d'assemblée. Des assemblées populaires de protestation, bientôt interdites par le gouverneur lord Gosford, se tiennent çà et là. À l'automne, la rébellion est déclenchée. Des « patriotes », souvent mal organisés, engagent le combat avec l'armée anglaise à Saint-Denis, Saint-Charles et Saint-Eustache. La répression ne se fait pas attendre : des villages brûlés, la population molestée, des femmes et des enfants jetés hors de leurs demeures aux portes de l'hiver.

Plusieurs patriotes réfugiés aux États-Unis songent à reprendre la lutte. En février 1838, dirigés par Robert Nelson, ils proclament la République du Bas-Canada et invitent les volontaires américains à se joindre à eux. Le président américain, cependant, menace de la prison « tous ceux qui compromettront la neutralité du Gouvernement ». En novembre, on attaque les troupes anglaises à Lacolle et Odeltown, mais l'opération est sans succès. La seconde répression est encore plus forte. D'autres villages sont mis à sac et à feu. Près d'un millier de personnes sont mises sous arrêt, soit deux fois plus qu'en 1837. Cent huit d'entre elles sont traduites devant les tribunaux, une soixantaine seront déportées et douze seront pendues à la prison du Pied-du-Courant, à Montréal.

## 1837 | 1838

### CULTURE ET SOCIÉTÉ

Joseph Casavant construit son premier orgue, « une réussite parfaite ». • Divers condamnés sont embarqués pour l'Australie. • Arrivée à Montréal des Frères des Écoles chrétiennes qui ouvrent leurs premières classes en décembre. • Philippe Aubert de Gaspé fils publie le premier roman québécois, *L'influence d'un livre*.

Le Bas-Canada ne compte que 239 médecins. • Le gouvernement recrute 158 agents municipaux pour remplacer à Québec l'ancien corps de 24 hommes de guet de même que les constables spéciaux chargés d'appliquer les règlements municipaux. C'est le premier véritable service de police à Québec. • On commence à installer dans les rues de Montréal des réverbères à gaz.

### POLITIQUE

*Un vieillard de 1837. Dessin de Henri Julien.*

### AMÉRIQUE DU NORD

Troubles dans le Haut-Canada ; échec des réformistes à Toronto. • John Deere, un Américain originaire du Vermont, invente la charrue moderne en acier.

### MONDE

Début du long règne (1837-1901) de la reine Victoria en Angleterre, qui restaure le prestige de la Couronne britannique et coïncide avec l'apogée de la puissance mondiale de la Grande-Bretagne. • L'éducateur allemand Friedrich Fröbel ouvre à Blankenbourg le premier jardin d'enfants.

### Lord Durham et l'Union

À la suite du soulèvement de 1837, l'administrateur John Colborne dissout la Chambre d'assemblée et nomme un conseil spécial chargé d'administrer le Bas-Canada jusqu'en 1841. L'Angleterre, qui s'inquiète, car des émeutes éclatent aussi dans le Haut-Canada et le mécontentement s'accentue dans ses colonies du golfe, nomme John George Lambton, lord Durham, un whig radical, capitaine général et gouverneur en chef de toutes les provinces britanniques de l'Amérique du Nord. Ce dernier s'amène avec pour mission d'enquêter.

Après un séjour de six mois en Amérique, il présente, en 1839, au gouvernement anglais un rapport conseillant des mesures essentielles pour rétablir la paix : assurer une majorité anglaise et loyale, angliciser les Canadiens français qui n'ont aucune chance de survie dans une Amérique anglo-saxonne et établir la responsabilité ministérielle. Le gouvernement impérial repousse dans l'immédiat l'octroi de la responsabilité ministérielle, qui postule un élargissement de la liberté coloniale. Mais, pour mettre des Canadiens en état de subordination politique, Londres sanctionne en 1840 la loi de l'Union qui réunit les deux Canadas — désormais le Canada-Uni — sous un seul parlement et fait de l'anglais la seule langue officielle.

## 1839

Des variétés de pomme cultivées à Montréal : la Bourassa, la Pomme grise, la Fameuse, l'Early Harvest, la Ribston Pipin, la Keswick Codlin, la Hawthornden, la Grant's Major et la John Richardson.

---

Poulett Thomson, lord Sydenham, est nommé gouverneur du Canada-Uni. • Mise au point du caoutchouc vulcanisé aux États-Unis par Charles Goodyear. • L'officier américain Abner Doubleday met en place à Cooperstown, État de New York, le premier terrain de baseball.

---

Publication à Londres du rapport de lord Durham. • Invention de la bicyclette en Écosse par Kirkpatrick Macmillan. • Le physicien suisse Carl August Steinheil construit la première horloge électrique. • Stendhal publie *La Chartreuse de Parme* et Edgar Allan Poe *La chute de la maison Usher*.

|  | 1840 | 1841 |
|---|---|---|
| **CULTURE ET SOCIÉTÉ** | À Québec, pour le bien-être des immigrants et des pauvres de langue anglaise, on fonde la Quebec Public Baking Society. • La Société amicale et bienveillante des charpentiers de vaisseaux de Québec voit le jour. • Fondation des Sœurs grises de Saint-Hyacinthe. • Inauguration du premier service transatlantique régulier. | Après plusieurs tentatives infructueuses de créer un système d'écoles primaires, adoption de la loi de l'Instruction publique, qui marque le début du système d'écoles primaires actuelles. Nomination éventuelle d'un surintendant, création de commissions scolaires et construction d'écoles grâce à des subventions gouvernementales. |
| **POLITIQUE** | Québec et Montréal voient à nouveau leur administration confiée à une corporation municipale. | |
| **AMÉRIQUE DU NORD** | Il y a 2500 Métis à Rivière-Rouge. En pratiquant la chasse au bison, ils contribuent grandement à l'approvisionnement de la Compagnie de la baie d'Hudson. • Ailleurs, la chasse abusive des animaux comestibles et à fourrure a provoqué l'épuisement des ressources. • Sanction de l'Acte d'union par le Parlement britannique ; l'article 41 fait de l'anglais la seule langue officielle au Canada-Uni. • La population des États-Unis est de 17 069 000 habitants. Ce pays vient maintenant au cinquième rang des puissances manufacturières dans le monde. | Entrée en vigueur de l'Acte d'union. Installation du parlement du Canada-Uni. L'assemblée du Canada-Uni abolit la peine du pilori, sorte de poteau muni d'une chaîne et d'un collier de fer où les criminels sont exposés à l'indignation publique. • Le département des affaires indiennes passe sous l'autorité du gouverneur général. |
| **MONDE** | | L'Anglais Thomas Cook est l'initiateur du premier voyage de groupe organisé dans l'histoire du tourisme : 500 membres d'une association de tempérance quittent Leicester pour aller assister à un grand meeting à Laughborough. |

## 1842

Visite de Charles Dickens à Québec. • Ouverture à Québec de la première imprimerie française. • Fondation de la Société Saint-Jean-Baptiste de Québec. • Fondation du *Journal de Québec* par Joseph Cauchon. • Charles Odilon Beauchemin fonde à Montréal une librairie et une maison d'édition. • Retour des Jésuites au Canada.

Jean-Baptiste Meilleur devient surintendant de l'Instruction publique pour le Bas-Canada ; il sera en poste jusqu'en 1855.

Charles Bagot est nommé gouverneur du Canada-Uni. • Mise en place par le gouverneur Bagot du ministère LaFontaine-Baldwin : pour la première fois, un parti représente une alliance des francophones et des anglophones. Louis-Hippolyte LaFontaine réaffirme à la Chambre d'assemblée les droits du français comme langue parlementaire.

L'Angleterre réduit ses tarifs préférentiels sur le bois en provenance de ses colonies d'Amérique. • Balzac commence la publication de *La comédie humaine*.

## 1843

Par crainte des incendies, le Conseil municipal de Québec défend les constructions de bois à la basse-ville et à l'intérieur des murs de la haute-ville. • L'avocat Auguste Soulard fonde à Québec la Société canadienne d'études littéraires et scientifiques. • À Montréal, il y a trois machines à vapeur pour pomper l'eau de l'aqueduc et on compte 14 milles de tuyaux d'aqueduc posés dans la ville. • Agrandissement du canal Lachine. • Un groupe de médecins montréalais opposés à ceux de McGill crée l'École de médecine et de chirurgie de Montréal. • Eulalie Durocher, en religion mère Marie-Rose, fonde à Longueuil la congrégation des sœurs des Saints-Noms-de-Jésus-et-de-Marie. • Premier club de gymnastique au Canada : à Montréal.

Charles Metcalfe est nommé gouverneur du Canada-Uni. • Premières manifestations de la « maladie de la pomme de terre » au Canada et aux États-Unis.

On estime à 436 000 personnes la population esclave de Cuba. • Le ski débute comme forme de sport à Tromsø, en Norvège. • Charles Dickens publie *Un conte de Noël*.

## 1844

### CULTURE ET SOCIÉTÉ

Pour la seule fois, de mémoire d'homme, un pont de glace se forme entre Cap-Saint-Ignace et l'île aux Grues dans l'estuaire du Saint-Laurent. • Mise sur pied d'un service municipal des incendies à Québec. • Ouverture à Québec par les frères Crémazie de la première librairie française, À l'enseigne du livre d'or, rue de la Fabrique, qui devient un foyer culturel important. • Le cirque de New York monte sa tente à l'extérieur de la porte Saint-Louis à Québec pendant une semaine. • Fondation à Montréal de la Société des amis, dont le but est de s'instruire et d'encourager les lettres et les sciences. On lance la *Revue canadienne*. • Fondation de l'Institut canadien de Montréal. • On compte au Québec 469 moulins à battre (*treshing mills*).

### AMÉRIQUE DU NORD

À l'été, le géologue William Edmond Logan procède au premier relevé topographique et géologique de la péninsule gaspésienne. • Le parlement du Canada-Uni déménage de Kingston à Montréal. • À Toronto, C. et P. Brown fondent un journal de combat, *The Globe*. • Samuel Morse réussit à relier par une ligne télégraphique Washington et Baltimore.

### MONDE

Karl Marx rencontre Friedrich Engels à Paris. • Friedrich Gottlob Keller invente la pâte à papier à partir du bois. • L'Anglais George Williams fonde le Young Men's Christian Association (YMCA). • Alexandre Dumas père publie *Le comte de Monte Cristo*.

## 1845

### CULTURE ET SOCIÉTÉ

Le docteur Joseph Morrin, futur maire de la ville, fonde l'École de médecine de Québec. • Deux grands incendies frappent Québec. Les autorités municipales envisagent un réseau de distribution d'eau. • Ouverture d'un premier bureau de télégraphe à Québec. • François-Xavier Garneau commence la publication de son *Histoire du Canada*.

### POLITIQUE

Adoption du régime municipal avec la sanction d'une loi qui établit un système démocratique. Depuis 1840, en dehors de Québec et de Montréal, des conseils de district régissaient les communautés, mais les règlements adoptés pouvaient être annulés ou même abolis par le gouverneur.

### AMÉRIQUE DU NORD

Le lieutenant de la marine britannique John Franklin part à la recherche du passage du Nord-Ouest. Il meurt, ainsi que tout son équipage, deux ans plus tard sur l'*Erebus*, bloqué par les glaces. • Les États-Unis annexent le Texas. • Lancement aux États-Unis de la revue *Scientific American*.

### MONDE

La « maladie de la pomme de terre » gagne l'Europe : disettes et famines, en Irlande en particulier. • De septembre 1845 à avril 1846, éruption quasi continue du volcan Hecla en Islande. • Friedrich Engels publie *La situation de la classe laborieuse en Angleterre*.

## 1846

Le 12 juin, grand incendie du théâtre Saint-Louis à Québec : 46 morts. • Fondation du collège de Joliette. • Patrice Lacombe publie *La terre paternelle*. • À Québec apparaît la première conférence de la Société de Saint-Vincent-de-Paul pour prendre en main l'aide aux familles catholiques pauvres.

Invention de la presse rotative d'imprimerie et de la machine à coudre aux États-Unis.

George Sand publie *La mare au diable*. • Hector Berlioz publie *La damnation de Faust*. • Invention du saxophone en Belgique.

## 1847

Arrivée de plusieurs congrégations religieuses. • Épidémie de typhus chez les immigrants, et épidémie de typhoïde à Montréal. • Fondation à Montréal de la première société d'horticulture. • *L'Avenir*, journal de l'Institut canadien de Montréal, commence à paraître. • Jean-Baptiste Renaud ouvre à Québec le premier magasin de provisions tenu par un Canadien. Auparavant, le monopole du commerce de l'alimentation appartenait aux Britanniques. • À Québec, fondation du *Morning Chronicle*. • Fondation de l'Institut canadien de Québec, sous l'impulsion de François-Xavier Garneau, Octave Crémazie et Pierre-Joseph-Olivier Chauveau.

Lord Elgin est nommé gouverneur du Canada-Uni. • Les Mormons fondent Salt Lake City. • Découverte d'or en Californie.

En Angleterre, la Loi des manufactures restreint à 10 heures la journée de travail des femmes et des enfants. • Jean-Baptiste Martin de Lignac, un Français, met au point le lait évaporé.

| | 1848 | 1849 |
|---|---|---|

**CULTURE ET SOCIÉTÉ**

La Société Saint-Vincent-de-Paul organise une caisse d'économie, la première tentative de coopération financière. • Mise sur pied d'un véritable service de police à Québec. • L'école de médecine de Québec ouvre ses portes. • James Huston publie *Le répertoire national ou Recueil de littérature canadienne*.

Une terrible épidémie de choléra frappe Québec; le conseil municipal crée un bureau de santé chargé d'assurer l'hygiène publique. • Les Sœurs Grises s'installent à Québec et prennent soin des orphelins. Elles fondent les Sœurs Grises de la Charité de Québec. • Le Barreau de Québec remplace la Communauté des avocats.

**POLITIQUE**

Suivant les principes du gouvernement responsable, le gouvernement LaFontaine-Baldwin forme son propre conseil exécutif, accorde les emplois publics et dispense le «patronage», une pratique alors admise. • Le parlement britannique redonne à la langue française droit de cité en Chambre et dans les documents officiels.

Émeute à Montréal à cause de l'adoption de la loi qui indemnise les victimes de la rébellion de 1837-1838.

**AMÉRIQUE DU NORD**

Ruée vers l'or en Californie. • Le *Boston Cultivator* se livre à une apologie du fil de fer pour les clôtures; un Américain fera breveter le fil de fer barbelé en 1873.

*Le poète Joseph-Octave Crémazie.*

**MONDE**

Révolutions dans de nombreux pays européens. • Pratique de la première appendicectomie. • Chateaubriand publie ses *Mémoires d'outre-tombe* et Alexandre Dumas fils publie *La dame aux camélias*.

Le physicien Armand Fizeau mesure la vitesse de la lumière.

## 1850

Les Jésuites fondent le collège Sainte-Marie. • La ville de Québec entreprend la canalisation et le pavage des rues. • Le Québec compte 36 sociétés agricoles. • Ouverture à Québec de la maison du Bon-Pasteur, rue de La Chevrotière, dirigée par une association de pieuses laïques pour la réhabilitation des jeunes filles. La maison se transforme en communauté religieuse en 1856. • Mère Marie-Anne, née Esther Blondin, fonde la communauté des Sœurs de Sainte-Anne pour l'enseignement dans les campagnes. • Premiers clubs de tir, de patinage et de natation au Canada, tous trois à Montréal.

La population des États-Unis s'élève à 23 191 000 habitants, dont 3 200 000 esclaves. • L'Américain Oscar Levi-Strauss conçoit le « jean » à l'intention des pionniers de l'Ouest.

Les mandarines arrivent pour la première fois en Europe, en provenance de Chine. Des pays méditerranéens se mettent à les cultiver. • Richard Wagner fait jouer *Lohengrin*.

## 1851

Tenue du premier Concile de Québec. • Construction de l'Académie industrielle de Montréal, futur collège Saint-Laurent. • Fondation de l'École de droit de Montréal.

Adoption par le parlement du Canada-Uni d'une monnaie décimale (dollars et cents) en remplacement de la monnaie anglaise (livres, shillings et pence). • Émission des premiers timbres-poste canadiens. • La population du Bas-Canada s'élève à 890 261 habitants ; celle du Haut-Canada, à 952 004.

## 1852

### CULTURE ET SOCIÉTÉ / POLITIQUE / AMÉRIQUE DU NORD

Fondation de l'Université Laval, la première université canadienne-française et catholique. • Fondation par des cultivateurs anglophones de la Beauharnois Mutual Fire Insurance, première société de secours mutuel. • Durant l'été, à Québec, des éboulis de pierres provenant du cap Diamant tuent sept personnes et détruisent quatre maisons. • Le 8 juillet, grand incendie à Montréal qui commence près du marché Saint-Laurent et détruit la majeure partie des faubourgs Saint-Jacques, Saint-Louis et Sainte-Marie. 10 000 personnes sont jetées sur le pavé. • À Québec, ouverture de l'Hospice de la Miséricorde, rue Couillard, maison fondée par l'abbé Joseph Auclair, curé de la cathédrale, destinée aux mères célibataires. • Création d'un ministère de l'agriculture. • La ville de Lévis est désormais reliée à Montréal par une voie ferrée (« le Grand Tronc », de la Grand Trunk Railway Co.) et commence à drainer, au détriment de Québec, une partie de plus en plus importante du trafic.

### MONDE

Napoléon III devient empereur de France. • Le Français Henri Giffard fait décoller son dirigeable mû par un moteur à vapeur. C'est le premier dirigeable à prendre son envol. • Lorenzo L. Langstreth, « le père de l'apiculture moderne », invente le cadre de ruche amovible.

## 1853

### CULTURE ET SOCIÉTÉ / POLITIQUE / AMÉRIQUE DU NORD

Le 9 mai, le *Genova* arrive à Québec en provenance de Liverpool après une traversée de 20 jours. Il est le premier navire à vapeur en bois à roues à aubes à traverser l'Atlantique d'est en ouest. Il jauge 350 tonneaux et tire 14 pieds d'eau. Fondation de l'Academy of Music de Québec. • Inauguration du Grand-Tronc entre Montréal et Portland. • Fondation du Collège de Lévis. • Du 27 au 30 septembre, la première exposition agricole provinciale se tient à Montréal. • Pierre-Joseph-Olivier Chauveau publie *Charles Guérin. Roman de mœurs canadiennes*. • Les conférences du moine défroqué Alexandre Gavazzi provoquent de violentes manifestations chez les catholiques.

Henry Steinway et ses trois fils ouvrent une manufacture de pianos à New York.

### MONDE

La reine Victoria donne naissance à son fils Leopold sous anesthésie, au moyen de chloroforme. On découvre l'aspirine. • Verdi donne *La Traviata* et *Il Trovatore*. • Georges Haussmann commence le réaménagement de Paris.

## 1854

Durant l'été, dernière épidémie de choléra à Québec. En 22 ans, on aura dénombré plus de 8300 victimes seulement à Québec. • Inauguration du service d'aqueduc et d'égouts à Québec. • L'école de médecine de Québec devient la Faculté de médecine de l'Université Laval.

Sécularisation de certains biens réservés au clergé. • Signature du traité de réciprocité entre l'Angleterre et les États-Unis, qui instaure une forme de « libre-échange » entre ces derniers et le Canada.

Sir Edmund Walker Head est nommé gouverneur du Canada-Uni. • Premiers clubs de baseball au Canada à Burlington, Hamilton, Barton et Toronto. • Invention aux États-Unis du congélateur pour conserver la crème glacée. • Le poète américain Henry David Thoreau publie *Walden, ou La vie dans les bois*.

Le pape Pie IX proclame le dogme de l'Immaculée-Conception. • Le compositeur Robert Schumann tente de se suicider. • Début de la parution du journal *Le Figaro* à Paris. • L'horloger allemand Heinrich Goebel invente la première forme d'ampoule électrique.

## 1855

À Québec, par mesure d'hygiène, on interdit désormais l'implantation de cimetières à l'intérieur de la ville. • Première grève des débardeurs à Québec. Mais, après cinq jours, ils doivent retourner à l'ouvrage sans avoir eu gain de cause. • Au détriment de la vache Canadienne, la vache Ayrshire est la plus populaire chez les spécialistes agricoles.

Abolition de la tenue seigneuriale comme mode de concession des terres.

L'Américain B. Silliman, exploitant les études faites par les chimistes européens sur la composition du pétrole, arrive au moyen de la distillation à obtenir du goudron, de l'huile lubrifiante, du naphte, des solvants de peinture et de l'essence, ce dernier produit étant considéré alors comme détachant.

Tenue de l'Exposition internationale de Paris.

| 1856 | 1857 |

**CULTURE ET SOCIÉTÉ**

Première traversée océanique de la ligne Allan et inauguration par le fait même du service postal transatlantique ; grâce au chenal Saint-Laurent, les navires remontent désormais le fleuve jusqu'à Montréal, sans s'arrêter à Québec. • À l'automne, le nouvel aqueduc de Montréal est en exploitation.

Ouverture de deux écoles normales à Montréal et d'une autre à Québec. • À Québec, les Irlandais fondent la Quebec Ship Labourer's Benevolent Society, avec pour but principal la constitution d'un fonds de secours pour les journaliers accidentés. • Début de la médecine vétérinaire au Québec, avec Félix Vogeli, médecin vétérinaire français.

**POLITIQUE**

Le 19 juin, sanction royale de l'Acte pour rendre le maire éligible au suffrage universel ; dans les villes, le maire est désormais élu au vote secret par l'ensemble des citoyens au lieu d'être choisi par et parmi les conseillers municipaux. • Création du Conseil et du Département de l'instruction publique.

**AMÉRIQUE DU NORD**

Sir John Palliser entreprend une exploration vers le Pacifique et découvre une nouvelle passe dans les Rocheuses, celle du Cheval-qui-rue. • Crise économique en Amérique du Nord et en Europe. • Début de la guerre civile au Mexique. • L'Américain Joseph Cayetty invente le papier hygiénique.

**MONDE**

Gustave Flaubert publie *Madame Bovary*. • Installation du Big Ben au parlement de Londres. • Mise au point du lait en poudre.

Charles Baudelaire publie *Les fleurs du mal*. • Louis Pasteur prouve que des organismes vivants causent la fermentation.

## 1858

Mise en circulation des premières pièces de monnaie canadienne, frappées en Angleterre. • L'Assemblée du Canada-Uni promulgue une loi créant la Commission du havre de Québec qui devient propriétaire des droits de la Couronne sur les grèves et le lit du fleuve. • Léon Provancher fait paraître *Traité élémentaire de botanique*, le premier manuel du genre au Canada. • Fondation du premier club féminin d'archers au Canada : le Montreal Ladies Club.

## 1859

Mois de janvier très froid à Québec : durant plusieurs jours, le mercure se maintient à −43 °F. • Inauguration de la première école d'agriculture, à Sainte-Anne-de-la-Pocatière. • Construction du nouvel Hôtel-Dieu de Montréal.

*Dessin du cerf du Canada paru dans l'*Illustrated London News.

Ruée vers l'or sur les rives du fleuve Fraser en Colombie-Britannique. • Invention par un Américain du pot Mason, un contenant de verre qui permet de conserver les aliments à l'abri de l'air. • Le premier câble télégraphique assurant la liaison entre l'Amérique et l'Europe est déposé au fond de la mer ; il relie l'Irlande et Terre-Neuve.

L'équilibriste français Charles Blondin traverse sur une corde les chutes du Niagara. • Premier puits de pétrole aux États-Unis, à Titusville, en Pennsylvanie.

Le 11 février, première apparition de la Vierge à Bernadette Soubirous à Lourdes. Elle lui apparaîtra 18 fois. • Invention du premier tracteur mû à la vapeur. • Formation de la Compagnie du canal de Suez. • Offenbach donne *Orphée aux enfers*.

Début de la construction du canal de Suez. • Charles Darwin publie *L'origine des espèces*. • Victor Hugo commence la publication de *La légende des siècles*. Gounod donne *Faust*.

|  | 1860 | 1861 |
|---|---|---|
| **CULTURE ET SOCIÉTÉ** | Au cours de mai et juin, « la sécheresse a desséché presque tous les cours d'eau ». À l'été, beaucoup d'incendies dans le Bas-du-Fleuve. Le foin manque partout. Invasion de chenilles à tente. • Sur la ferme du collège, à Sainte-Anne-de-la-Pocatière, on met en place un aboiteau de neuf arpents de long pour récupérer des terres sur le fleuve. | Le premier système de transports en commun à Montréal : des tramways tirés par des chevaux. • Antoine Gérin-Lajoie et l'abbé Henri Raymond Casgrain fondent « Les Soirées canadiennes ». On met sur pied à Montréal le premier club canadien de raquette : le Ladies Prince of Wales Club. |
| **POLITIQUE** | Les Irlandais forment le tiers de la population de la ville de Québec. • Le 25 août, le prince de Galles débarque à Montréal et inaugure le Palais de Cristal et le pont Victoria. | Charles Stanley, lord Monk, devient gouverneur du Canada-Uni. La population du Bas-Canada est de 1 111 566 habitants ; celle du Haut-Canada de 1 396 091. • Inauguration de la Banque provinciale du Canada. |
| **AMÉRIQUE DU NORD** | James Macpherson LeMoine publie le premier ouvrage sur les oiseaux du Canada, *Ornithologie du Canada*. • Fondation de la Botanical Society of Canada. • Les États-Unis, forts de 31 443 000 habitants, sont maintenant la quatrième puissance économique du monde. | Abraham Lincoln, un antiesclavagiste, devient président des États-Unis. La guerre de Sécession éclate aussitôt. • L'Américain John P. Charlton invente la carte postale pour laquelle il obtient un copyright. • Le baseball devient populaire à New York et à Boston. |
| **MONDE** | 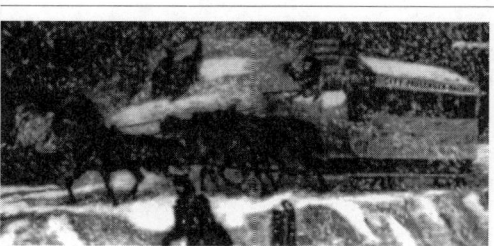  *Avant l'électrification, les compagnies de transport public utilisaient des véhicules à traction animale.* | |

## 1862

Formation des premiers cercles agricoles. • À l'École d'agriculture de Sainte-Anne-de-la-Pocatière, on récolte encore les céréales à la faucille et au javelier. • L'instrument en usage « un peu partout » pour battre le beurre est maintenant le « moulin à beurre » plutôt que la baratte. • Le jardinier de plusieurs grands domaines à Montréal depuis 1832, John Archbold, constate que les multiples vergers de la ville sont quasi disparus. Il recommande l'adoption du drainage dans tous les vergers du Québec, pratique mise en vigueur en Angleterre. Les arbres seraient alors moins sujets à la pourriture. • Léon Provancher publie *Flore canadienne, ou description de toutes les plantes en forêts, champs, jardins et eaux du Canada, donnant le nom botanique de chacune, ses noms vulgaires français et anglais, etc.* • Dans les villes, on vend une pompe à feu nouveau genre, « si légère que l'homme le plus faible peut la transporter partout et la faire agir seul ».

## 1863

Au printemps, crue des eaux extraordinaire dans la Beauce. • Invasion de la tordeuse des bourgeons de l'épinette. • À Trois-Pistoles, des instruments perfectionnés ont remplacé l'antique charrue canadienne. En aval de Québec, on emploie beaucoup le vent comme force motrice de moulins à battre et presque chaque grange a son appareil à vent, composé d'une grande roue sur laquelle sont attachées des planches en guise de voiles. • L'exposition agricole et industrielle de Montréal a lieu en septembre. On y voit entre autres des machines à travailler le lin venues d'Europe. • Philippe Aubert de Gaspé écrit *Les anciens Canadiens*.

*Une villa, à Québec.*

Victor Hugo publie *Les misérables* et Gustave Flaubert *Salammbô*. Sarah Bernhardt fait ses débuts à la Comédie française dans la pièce de Racine, *Iphigénie*. • Exposition internationale de Londres.

Manet peint *Le déjeuner sur l'herbe*. • Ernest Renan publie sa *Vie de Jésus*. • On inaugure à Londres la première section du Metropolitan Railway. Il s'agit de la première rame de métro du monde. • Première automobile à pétrole.

|  | 1864 | 1865 |
|---|---|---|
| **CULTURE ET SOCIÉTÉ** | Belle année de sucre d'érable dans la Beauce. • Invasions d'insectes et sécheresses. • Abondantes captures de marsouins à Rivière-Ouelle et dans les environs. • Les produits que le cultivateur achète le plus souvent chez le marchand général sont « le tabac, le thé, le sucre et le cotonnage ». • Dures années pour les chantiers maritimes. • Hugh Allan fonde à Montréal la Merchant's Bank, qui devient vite l'une des banques les plus dynamiques au Canada. • Antoine Gérin-Lajoie publie *Jean Rivard, économiste*. | Arrivée à Montréal des Frères de la Charité. • Au printemps, violentes tempêtes, inondations mortelles et glissements de terrains. • La charrue de fer remplace la charrue de bois, alors que la moissonneuse et la faucheuse remplacent le travail à la main. • Ernest Gagnon publie *Chansons populaires du Canada*. |
| **POLITIQUE** | | |
| **AMÉRIQUE DU NORD** | Conférences de Charlottetown et de Québec pour préparer la Confédération canadienne. • La devise *In God we Trust* apparaît pour la première fois sur la monnaie américaine. | Après avoir été déménagé huit fois entre Kingston, Montréal, Toronto et Ottawa, le parlement du Canada-Uni est établi définitivement à Ottawa. • Fin de la guerre de Sécession et abolition de l'esclavage aux États-Unis. • On fonde le Massachusetts Institute of Technology. • Assassinat d'Abraham Lincoln alors qu'il est encore président des États-Unis. |
| **MONDE** | L'humaniste suisse Jean-Henri Dunant fonde la Croix-Rouge. • Le pape Pie IX émet le *Syllabus* dans lequel il condamne le libéralisme. • Joseph Bertrand publie *Traité sur le calcul différentiel et intégral*. • Tolstoï commence la publication de *Guerre et paix*. | Lewis Carroll publie *Alice au pays des merveilles*. • Paul Verlaine publie *Poèmes saturniens*. |

## 1866

Pluies continuelles et «orages de grêle». À Québec, grand incendie dans Saint-Roch et Saint-Sauveur qui rase 2219 maisons et jette à la rue plusieurs centaines de familles. La ville de Québec organise la première brigade du feu. • L'Écossais Duncan McEachran, diplômé de l'Université d'Édimbourg, fonde le premier collège vétérinaire du Québec, affilié à l'Université McGill. • Une moissonneuse-batteuse est en action pour la première fois à l'exposition agricole de Kamouraska.

*Le conseil de ville de Montréal.*

En novembre, l'Angleterre procède à l'union de ses deux colonies de la côte du Pacifique, l'île de Vancouver et la Colombie-Britannique.

Parutions : *Lettres de mon moulin* d'Alphonse Daudet, *Crime et châtiment* de Dostoïevski et une première partie du *Grand dictionnaire universel du XIX$^e$ siècle* de Pierre Larousse. • Alfred Nobel invente la dynamite.

# Le Québec qui se construit
## 1867-1929

## 1867

À l'Exposition universelle de Paris, l'École d'agriculture de Sainte-Anne-de-la-Pocatière reçoit trois prix. • Ouverture de la première fromagerie à Dunham, comté de Missisquoi. • À Québec, on remplace le tocsin par une alarme électrique. • Un championnat mondial de patinage a lieu à Montréal.

---

Pierre-Joseph-Olivier Chauveau, conservateur, devient le premier premier ministre du Québec.

---

Le 1er juillet, entrée en vigueur de la constitution canadienne, dite Acte de l'Amérique du Nord britannique, qui réunit le Nouveau-Brunswick, la Nouvelle-Écosse, l'Ontario et le Québec. L'article 133 donne au français le statut de langue officielle aux Parlements d'Ottawa et de Québec et devant les tribunaux fédéraux et québécois. • John A. Macdonald, conservateur, devient le premier premier ministre du Canada. • Les États-Unis achètent l'Alaska à la Russie pour la somme de 7,2 millions. • On réalise aux États-Unis les premiers essais de fabrication et de commercialisation de café instantané, mais sans grand succès.

## 1868

Extrêmes chaleurs, grandes sécheresses, foudre, épidémie mystérieuse qui emporte le bétail, mais les récoltes sont relativement bonnes. • Premier club de rugby au Canada : à Montréal. • Les premiers Zouaves canadiens partent pour Rome. • On organise les premières parties de sucre « où on aime faire une visite aux sucriers ». • On lance 25 couples de moineaux domestiques importés d'Irlande, prétextant que ce sont des insectivores fort utiles à l'agriculture. • On inaugure un ministère de l'Instruction publique, qui sera supprimé en 1875. • Assassinat du journaliste et homme d'affaires d'origine irlandaise Thomas d'Arcy McGee (né en 1825).

---

La Législature de la Nouvelle-Écosse veut se séparer de la Confédération canadienne. • Aux États-Unis, on met au point le dactylographe et le wagon réfrigéré.

---

L'Australienne Granny Smith obtient cette pomme à peau verte, et à chair juteuse et acidulée. • Invention de la pile sèche en France. • On installe le premier feu de circulation à Londres. • Dostoïevski publie *L'idiot*. • Louis Lartet trouve en France le squelette de l'homme de Cro-Magnon.

|  | 1869 | 1870 |
|---|---|---|
| **CULTURE ET SOCIÉTÉ** | On met sur pied le Conseil de l'agriculture, ainsi que le Conseil des arts et manufactures pour faire connaître aux entrepreneurs les innovations techniques. • Léon Provancher fonde la première revue scientifique canadienne de langue française, *Le Naturaliste canadien*, alors que Georges-Édouard Desbarat fonde l'hebdomadaire *Canadian Illustrated News*. On lance également le *Montreal Star*. • À Montréal, on construit l'Hôpital général des Sœurs Grises. • L'évêque de Montréal, Ignace Bourget, excommunie les membres de l'Institut canadien. • Départ pour les Indes de la première missionnaire canadienne, Léa Malouin, religieuse de Jésus-Marie. | Très violent tremblement de terre dans les régions de Charlevoix et de la Côte-du-Sud ; les dégâts matériels sont considérables. • La pyrale de la pomme, un ver rongeur originaire d'Europe, commence à faire des ravages au Québec. • LeMoine écrit que la tourte, jadis si nombreuse, est quasi disparue. |
| **POLITIQUE** | | Adoption du Code municipal. |
| **AMÉRIQUE DU NORD** | Soulèvement des Métis de la Rivière-Rouge ; ils mettent sur pied un gouvernement provisoire. • Le Canada fait l'acquisition des Territoires-du-Nord-Ouest. • La loi fédérale des brevets abroge toutes les lois provinciales en ce domaine et devient la base de toute législation subséquente. | Le Manitoba devient la cinquième province canadienne. Son statut linguistique est semblable à celui du Québec. • Les États-Unis inaugurent leur premier chemin de fer transcontinental. • Invasion aux États-Unis de la spongieuse, un insecte destructeur des feuilles des arbres. • John D. Rockefeller fonde la Standard Oil Company. |
| **MONDE** | Ouverture du canal de Suez. • Le premier concile du Vatican. • Mendeleyev formule sa loi périodique pour la classification des éléments. • Napoléon III lance un concours pour trouver un substitut au beurre ; le Français Hippolyte Mège-Mouries invente la margarine. • Invention également de la cellulose par J.W. Hyatt. | Guerre franco-prussienne et chute de Napoléon III en France. Le premier concile du Vatican promulgue le dogme de l'infaillibilité du pape. • Jules Verne publie *Vingt mille lieues sous les mers*. |

## Des grands feux de forêt

En 1870, à la suite d'un printemps hâtif et d'un mois de mai exceptionnellement chaud et sec, un grand feu de forêt – peut-être le plus important de la période historique – ravage le Saguenay, le Lac-Saint-Jean, les forêts de la Péribonka et de la Mistassini. Des villages entiers comme Saint-Félicien, Saint-Prime, Chambord, Saint-Jérôme, Saint-Fulgence, Laterrière, Saint-Alexis et Saint-Alphonse, sont rasés. Certains disent que la fumée obscurcit le ciel jusqu'à Gaspé. On ignore jusqu'où il a dévasté l'arrière-pays de la Côte-Nord et l'intérieur de l'Ungava, mais il serait peut-être responsable de la pauvreté actuelle de la faune du Nouveau-Québec et du Labrador. D'autres incendies éclatent en Gaspésie, à la baie des Chaleurs, dans ce qui sera plus tard la réserve faunique des Laurentides, dans la région de Trois-Rivières et dans la vallée de l'Outaouais.

Ces incendies de 1870, qui n'ont pas consumé l'humus forestier, ont permis par la suite la naissance, selon l'ingénieur forestier Marcel Lortie, de peuplements à forte concentration de bouleaux à papier. Quand, durant les années 1950, le gouvernement lui demande d'étudier le dépérissement des forêts de bouleaux à papier, celui-ci constate l'état uniforme des peuplements, leur âge avancé et donc leur commune vulnérabilité aux divers agents d'origine virale ou aux insectes. Bref, le temps et les conditions naturelles du milieu, davantage que l'homme, avaient fait leur œuvre.

## 1871

La population du Québec s'élève à 1 191 516 habitants.

---

Départ de la garnison britannique à Québec : fin de l'ère de la ville fortifiée. Le gouverneur général lord Dufferin met de l'avant un vaste projet d'aménagement pour intégrer les fortifications au tissu urbain.

---

La Colombie-Britannique entre à son tour dans la Confédération. • P.T. Barnum lance son cirque américain, « le plus grand spectacle sur Terre ». • Invention aux États-Unis du marteau-piqueur à air comprimé.

---

La Commune de Paris dure deux mois. • Deux ouvriers français, Pottier et Degeyter, composent *L'Internationale*. • G.A. Hansen découvre le bacille de la lèpre. • Fondation des Témoins de Jéhovah.

## 1872

### CULTURE ET SOCIÉTÉ

Le curé Labelle organise une corvée pour fournir du bois de chauffage à des familles pauvres de Montréal. Une caravane de 80 traîneaux chargés à ras bord quitte Saint-Jérôme avec le curé Labelle lui-même aux commandes du premier traîneau. • Le sulpicien Jean Moyen publie *Cours élémentaire de botanique et flore au Canada*, en usage longtemps dans les maisons d'enseignement du Québec.

### POLITIQUE

*Le curé Antoine Labelle.*

### AMÉRIQUE DU NORD

### MONDE

Emma Lajeunesse, dite Albani, chante au Covent Garden de Londres. • Jules Verne publie *Le tour du monde en 80 jours*. • Bizet compose la musique de *L'Arlésienne*.

## 1873

Dans la *Gazette des campagnes* : « L'Amérique du Nord traverse une période de froid dont on n'a pas exemple dans ce pays. » • Grande tempête dans le golfe : naufrages, noyades et inondations. • Fondation de l'École polytechnique de Montréal. • Première pompe à incendie à vapeur en usage à Québec. • Première beurrerie. • Premier club de golf.

Gédéon Ouimet, conservateur, devient premier ministre du Québec.

Alexander Mackenzie devient premier ministre du Canada. L'Île-du-Prince-Édouard entre dans la Confédération. • Création de la Police montée du Nord-Ouest. • E. Remington & Sons commence à produire des machines à dactylographier.

Union des villes de Buda et de Pest pour former la capitale de la Hongrie. • Exposition internationale de Vienne. • Arthur Rimbaud publie *Une saison en enfer* et Tolstoï, *Anna Karenine*.

## 1874

Création de la Bourse de Montréal et fondation de la Banque d'Hochelaga. • À Montréal, on construit le premier asile, Saint-Jean-de-Dieu. • Le 24 juin à Montréal, grande célébration de la Saint-Jean-Baptiste. • La distribution postale gratuite débute à Montréal ; il faut dès lors donner des noms aux rues et des numéros aux édifices.

Charles Boucher de Boucherville, conservateur, devient premier ministre du Québec.

On invente aux États-Unis ce qui serait le premier insecticide chimique, le vert de Paris, un arséniate de cuivre, pour lutter contre le doryphore. Cela suscite l'opposition de plusieurs. • Prudent Beaudry, frère du maire de Montréal, est élu maire de Los Angeles.

Mise au point du DDT en Allemagne. • Première exposition de peintres impressionnistes à Paris.

## 1875

Abolition du ministère de l'Instruction publique. • Parti du Colorado 17 ans plus tôt, le doryphore est signalé à Lanoraie et à Saint-Hyacinthe. • En 112 ans de relevés météorologiques, record de basse température pour le mois de novembre à Montréal : −27,8 °C. • Durant l'hiver à Montréal, de mémoire d'homme, jamais la misère ne fut si grande.

Création de la Cour suprême du Canada, le plus haut tribunal en matières civiles et criminelles. • Les bisons de l'Ouest sont presque exterminés. • À Portland, Maine, on met en conserve pour la première fois des fèves au lard. • Mark Twain publie *Les aventures de Tom Sawyer*.

Un Français du nom de Goffart met au point le principe de l'ensilage. • Création de *Carmen* de Georges Bizet.

## 1876

### CULTURE ET SOCIÉTÉ

Grandes inondations au lac Saint-Jean et le feu détruit les deux tiers de la ville de Saint-Hyacinthe. • Ouverture d'une succursale de l'Université Laval à Montréal, qui deviendra en 1920 l'Université de Montréal. Création de la Société des Artisans, devenue par la suite Artisans Coop-Vie. • Découverte d'amiante dans la région de Thetford-Mines.

### POLITIQUE

Adoption de la Loi des cités et villes.

### AMÉRIQUE DU NORD

Le gouvernement fédéral adopte la loi des Indiens et institue les « réserves ». • Le chemin de fer Intercolonial entre Québec et Halifax est complété. • Premier club de tennis sur gazon : à Toronto. • Aux États-Unis, Alexander Graham Bell invente le téléphone. • L'Américain Henry Heinz met au point le ketchup.

### MONDE

L'Angleterre se dote de l'English Rivers Pollution Act, alors qu'aux États-Unis il n'y aura pas de politique écologique avant des dizaines d'années.

## 1877

Grave invasion de la tordeuse des bourgeons de l'épinette. • On fait des processions pour être délivré du doryphore. • Premier club de hockey sur glace au Canada : à Montréal. • Fondation des *Annales de la propagation de la foi*.

*La rue Champlain, à Québec, où habitent les familles ouvrières.*

Le poète français Charles Cros invente un procédé d'enregistrement et de reproduction des sons sur son phonographe à cylindre. • Émile Zola publie *L'assommoir*.

## 1878

Première utilisation commerciale du téléphone à Québec. • À Montréal, première utilisation de l'éclairage électrique au Canada. • On sème encore à la volée plutôt qu'en lignes. • Ouverture des mines d'amiante dans la région de Thetford-Mines. • Arrivée des Rédemptoristes.

Henri-Gustave Joly de Lotbinière, libéral, devient premier ministre du Québec.

John A. Macdonald, conservateur, redevient premier ministre du Canada. • Début de l'élevage des animaux à fourrure au Canada.

Exposition universelle de Paris. • Fondation à Londres de l'Armée du salut. • Le Suédois Nordenskjöld franchit le passage du Nord-Est.

## 1879

Honoré Beaugrand fonde *La Patrie*, avant de devenir maire de Montréal. • Les frères Casavant fondent à Saint-Hyacinthe la célèbre entreprise de facture d'orgues. • Naissance à Montréal du poète Émile Nelligan. • Les Rédemptoristes s'installent à Sainte-Anne-de-Beaupré.

J.-Adolphe Chapleau, conservateur, devient premier ministre du Québec.

Institution par le gouvernement fédéral du tarif protectionniste. • Inauguration du chemin de fer Québec Montréal Ottawa Occidental. • Des Américains découvrent la saccharine.

Proclamation de saint Thomas d'Aquin comme Docteur de l'Église. • À l'Exposition commerciale de Berlin, on voit le premier tramway électrique. • Ibsen publie *La maison de poupée*.

## 1880

### CULTURE ET SOCIÉTÉ

Apparition des premiers silos à grains au Québec et en Ontario. • Parution à Québec du journal *L'Électeur*. • À Montréal, Sarah Bernhardt est accueillie triomphalement. • Apparition dans les magasins de fruits et de viandes en conserve.

### AMÉRIQUE DU NORD

Adolphe-Basile Routhier compose l'*Ô Canada*, qui sera mis en musique par Calixa Lavallée. • Création de la Galerie nationale du Canada. • Formation de la Canadian Pacific Railway Co. (le Canadien Pacifique). • La souveraineté du Canada sur l'Arctique est confirmée par un arrêté en conseil du gouvernement britannique.

### MONDE

Le poète Louis Fréchette, de l'École littéraire et patriotique de Québec, est honoré par l'Académie française. • L'Exposition universelle a lieu à Melbourne. • Parutions : *Les frères Karamazov* de Dostoïevski, les *Contes* de Guy de Maupassant, *Ben Hur* de Lew Wallace.

## 1881

### CULTURE ET SOCIÉTÉ

L'abbé Joseph Laflamme publie *Éléments de minéralogie et de géologie*, petit manuel destiné aux étudiants de collèges et de l'Université Laval, en usage dans certains collèges classiques jusqu'en 1930. • La population du Québec est de 1 359 027 habitants.

*Laure Conan, auteur d'*Angéline de Montbrun.

### AMÉRIQUE DU NORD

La population du Canada est de 4 324 810 habitants. • Après quatre années de protestations de la part des Montréalais, le Parlement fédéral transfère tout de même de Montréal à Ottawa les bureaux, les laboratoires et le musée de la Commission géologique du Canada.

### MONDE

Rodolphe Salis fonde à Paris le premier de tous les cabarets, Le Chat Noir. • Publication à titre posthume de l'œuvre d'Offenbach, *Les contes d'Hoffmann*.

## 1882

Fondation à Montréal de la première assemblée locale des Chevaliers du Travail. • Les Ursulines ouvrent la première école supérieure d'enseignement ménager, à Roberval. • Mère Marie-Léonie fonde la congrégation des Sœurs de la Sainte-Famille pour assurer le service matériel des autres communautés religieuses.

J.-Alfred Mousseau, conservateur, devient premier ministre du Québec. • Les Canadiens français deviennent majoritaires au Conseil municipal de Montréal.

Ottawa produit le premier annuaire téléphonique au Canada : il compte 200 abonnés. • La fête du Travail, organisée par les Chevaliers du Travail, est célébrée pour la première fois le 5 septembre à New York. • Les États-Unis défendent l'immigration chinoise pour dix ans.

Le transformateur est mis au point et on fait les premiers transports d'énergie électrique au moyen de lignes à haute tension. • Exposition universelle de Moscou. • Fondation de la Chambre de commerce de Londres. • Claude Debussy donne sa suite orchestrale *Le printemps*.

## 1883

Début de la colonisation du Témiscamingue. • Eugène-Étienne Taché, architecte, ajoute une devise aux armoiries du Québec : *Je me souviens*. • Fondation de l'Armée du salut. • L'ornithologue Charles-Eusèbe Dionne publie *Les oiseaux du Canada*.

Fondation du Congrès des Métiers et du Travail du Canada et de la Société royale du Canada. • Un jugement du Conseil privé de Londres favorise les droits des provinces canadiennes. • Un premier gratte-ciel de 10 étages est construit à Chicago.

Exposition universelle d'Amsterdam. • Éruption volcanique du Krakatoa, la plus puissante des temps modernes. • Nietzsche publie *Ainsi parlait Zarathoustra*.

| | 1884 | 1885 |
|---|---|---|

## CULTURE ET SOCIÉTÉ

Fondation à Montréal du journal *La Presse*, bientôt le quotidien français le plus largement diffusé sur le continent nord-américain. • Fondation par les Jésuites des Ligues du Sacré-Cœur qui visent à «propager et à maintenir l'esprit chrétien dans la paroisse». • Laure Conan publie *Angéline de Montbrun*.

L'archevêque de Québec, M<sup>gr</sup> Élzéar-Alexandre Taschereau, interdit les Chevaliers du Travail (Noble Order of the Knights of Labor), sous prétexte que ce mouvement ouvrier à caractère plus politique que syndical prône l'agitation, l'éducation des travailleurs et leur organisation. • L'Assemblée législative adopte la Loi des manufactures sur la limite des heures de travail: 60 heures par semaine pour les femmes et les enfants, 72 ½ pour les hommes. Plusieurs dérogations permettent aux employeurs de dépasser ce maximum. • Arrivée des Frères de l'Instruction chrétienne et des frères Maristes.

## POLITIQUE

John Jones Ross, un conservateur, devient premier ministre du Québec.

## AMÉRIQUE DU NORD

*Louis Riel dans le box des accusés, lors de son procès à Régina.*

## MONDE

Une première religieuse canadienne des Sœurs Blanches d'Afrique arrive en Algérie. • En Italie, première tentative d'utilisation d'agents de conservation pour les fourrages. • Vincent Van Gogh peint *Les mangeurs de pommes de terre*.

## Louis Riel et les Métis

En 1869, à la suite de l'achat de l'Ouest canadien par le gouvernement fédéral, les 10 000 Métis de la Rivière Rouge se sont donné un gouvernement provisoire dirigé par l'un des leurs, le jeune Louis Riel, âgé de 21 ans. L'évêque de l'Ouest, M$^{gr}$ Alexandre Taché, se livre à un travail d'apaisement. Les Métis se voient concéder des terres. Mais ces terres acquérant bientôt de la valeur, ils les vendent pour aller plus à l'ouest et reprennent leur vie de chasseurs sur les bords de la rivière Saskatchewan. Là encore, ils sont rejoints par les Blancs et leurs arpenteurs, qui se réservent pour eux-mêmes les meilleures terres.

Devant l'apathie du gouvernement, les Métis décident d'agir : Louis Riel, rappelé par les siens du Montana, crée une petite république dont il se fait proclamer président. Le gouvernement fédéral envoie des troupes qui se livrent à des engagements armés avec les Métis. Riel se constitue prisonnier le 15 mai 1885. Conduit à Régina, il subit un procès comportant de nombreuses irrégularités ; trouvé coupable de haute trahison, il est condamné à mort. Le 16 novembre 1885, Louis Riel est pendu, ce qui soulève une très grande colère au Québec. On tiendra alors, à Montréal, la plus grande assemblée populaire jamais vue : 50 000 participants. Le chef du Parti libéral, Honoré Mercier, prône alors l'idée d'un parti national qui unirait toutes les forces de la nation québécoise et il fonde ledit parti.

## 1886

Épidémies de « picote ». L'Assemblée législative vote une loi créant un Conseil provincial d'hygiène et obligeant les municipalités à établir un bureau local de santé. • Fondation de la Chambre de commerce de Montréal. • M$^{gr}$ Taschereau, archevêque de Québec, devient le premier cardinal canadien. • Georges-Émile Amyot fonde à Québec une fabrique de corsets qui se développera au point de pénétrer les marchés étrangers de façon spectaculaire et unique à l'époque.

---

Création de la Commission royale d'enquête sur les relations entre le capital et le travail. • Inauguration du chemin de fer transcontinental canadien. • Fondation de l'Amateur Hockey Association. • Aux États-Unis, reddition de Geronimo, qui avait dirigé les tribus apaches contre la cavalerie. • Le pharmacien américain John Pemberton invente le Coca-Cola.

Arrivée en Afrique du premier Père Blanc d'origine canadienne, John Forbes. • Fondation de l'Institut Pasteur à Paris. • *Les Illuminations* d'Arthur Rimbaud paraissent à Paris. • R.L. Stevenson publie *Dr. Jekyll and Mr. Hyde*.

## 1887

### CULTURE ET SOCIÉTÉ

Tenue à Trois-Rivières du premier grand congrès des cercles agricoles québécois. • Inauguration du chemin de fer Québec-Lac-Saint-Jean. • Louis Fréchette publie *La légende d'un peuple*, ouvrage couronné par l'Académie française.

### POLITIQUE

Le 25 janvier, L.-Olivier Taillon, conservateur, devient premier ministre du Québec. Mais quatre jours plus tard, grâce à la vague de fond nationaliste provoquée par l'affaire Riel, Honoré Mercier, libéral, lui succède et forme un cabinet « national ».

### AMÉRIQUE DU NORD

Une première locomotive va de Montréal jusqu'à Vancouver. • J.B. Maclean et H.T. Hunter fondent à Toronto l'entreprise d'édition Maclean Hunter Limited. • L'Américain d'origine allemande Emile Berliner fait évoluer le phonographe et invente ainsi le disque et l'appareil qui permet de le lire, le gramophone.

### MONDE

Tenue de la première conférence coloniale à Londres. • Arthur Conan Doyle publie le premier *Sherlock Holmes*. • Van Gogh peint *Le moulin de la Galette*. • Mise au point en Allemagne de l'automobile à essence.

---

**Les relations Québec-Ottawa**

Le 29 janvier 1887, Honoré Mercier, libéral, devient premier ministre du Québec et forme un cabinet « national ». Selon Mercier, le Québec doit s'affirmer comme nation française et catholique et il faut sauvegarder les éléments de cette nationalité. Aussi adopte-t-il à l'égard du gouvernement fédéral une attitude fortement autonomiste. Sans compter que, depuis plusieurs années maintenant, les augmentations de population ne se traduisent pas par une augmentation correspondante des subventions fédérales. Pour discuter de l'autonomie provinciale et obtenir une révision décennale de la subvention fédérale aux provinces établie d'après la population, Mercier convoque en octobre 1887 une conférence interprovinciale — la première dans l'histoire de la Confédération.
La conférence, qui regroupe les délégués de cinq provinces — l'Île-du-Prince-Édouard et la Colombie-Britannique préférant s'abstenir — rédige un plan de réforme constitutionnelle et fiscale. La demande d'augmentation des subventions fédérales s'appuie sur le fait que les provinces sont dans le besoin, alors que les revenus du gouvernement central, eux, ne cessent d'augmenter. Mais la rencontre demeure sans résultats, car le gouvernement fédéral en ignore par la suite les recommandations et n'apporte aucun élément de solution.

## 1888

Tremblements de terre, tornades et orages dévastateurs. • Le gouvernement met sur pied la première station expérimentale agricole québécoise et le premier laboratoire de chimie agricole au Séminaire de Saint-Hyacinthe.

On crée le ministère de l'Agriculture et de la Colonisation. Le premier ministre Mercier nomme le curé Labelle sous-ministre.

L'ingénieur écossais J.B. Dunlop fabrique le premier pneu. • Jack l'Éventreur assassine six femmes à Londres. • Un premier concours de beauté se tient à Spa, en Belgique. • Abolition de l'esclavage au Brésil.

## 1889

Fondation de l'Ordre du mérite agricole (qui existe toujours) par le gouvernement d'Honoré Mercier. • Formation des premiers syndicats de fabrique de beurre et de fromage. • Plante remarquée aux environs de New York vers 1875, l'épervière orangée est signalée pour la première fois au Québec, au lac Magog.

*Des Montagnais à la Pointe Bleue.*

Pour l'Exposition universelle de Paris, Gustave Eiffel construit la tour qui porte son nom. • On célèbre le « 1$^{er}$ mai », à Paris, pour la première fois.

| 1890 | 1891 |
|---|---|

### CULTURE ET SOCIÉTÉ

Arrivée des Pères Franciscains et des Pères Eudistes. • Le gouvernement encourage la culture du maïs à ensilage et la construction des silos. • Dans certaines régions, on battrait encore le blé à la main ou à la batteuse à vent. • Premier arrosage d'arbres fruitiers à l'aide d'une pompe ; on utilise alors la bouillie bordelaise et le vert de Paris.

La population du Québec est de 1 488 535 habitants. • Naissance informelle des premières beurreries et fromageries d'inspiration coopérative au Québec.

### POLITIQUE

Une loi de la législature québécoise oblige désormais les membres des professions libérales à détenir d'abord le diplôme de bachelier ès arts, et donc à terminer le cycle des études classiques.

Le lieutenant-gouverneur Auguste-Réal Angers destitue le premier ministre Honoré Mercier à la suite du scandale du chemin de fer de la baie des Chaleurs, bénéficiaire de subventions dont une partie avait été détournée par le trésorier du Parti libéral. • Charles Boucher de Boucherville, conservateur, redevient premier ministre du Québec.

### AMÉRIQUE DU NORD

Dalton McCarthy dépose aux Communes une proposition de loi demandant l'abrogation du français dans les Territoires du Nord-Ouest. Le gouvernement Greenway du Manitoba fait adopter des lois antifrançaises. Début de la question des écoles du Manitoba qui se poursuivra jusqu'en 1897. • Dirigés par le chef Big Foot, quelque 350 Sioux, des guerriers et leurs familles, sont refoulés dans la réserve de Pine Ridge, dans le Dakota du Sud, par la cavalerie américaine. Rassemblés le long de la rivière Wounded Knee, ils sont sommés de rendre leurs armes. Ils refusent et sont massacrés.

La population du Canada est de 4 833 239 habitants. • J.C. Abbott, conservateur, devient premier ministre du Canada. • Fusion des sociétés Massey et Harris qui fait de la nouvelle entreprise le plus important manufacturier canadien de machines agricoles. • La compagnie American Express invente le chèque de voyage.

### MONDE

Le peintre Paul Gauguin s'installe à Tahiti.

*Les rails de tramway à l'angle des rues Saint-Laurent et Sainte-Catherine, à Montréal.*

## 1892

On construit le Château Frontenac à Québec. • Les tramways électriques font leur apparition à Montréal. • Fondation à Montmagny du Syndicat des cultivateurs. • Ouverture de l'école de laiterie de Saint-Hyacinthe par la Société d'industrie laitière. • Louis Fréchette publie *Originaux et détraqués*.

---

Louis-Olivier Taillon, conservateur, devient premier ministre du Québec.

## 1893

Fusion des quatre collèges vétérinaires qui deviennent l'École de médecine comparée et de science vétérinaire, affiliée à l'Université Laval à Montréal. • Les Pères Trappistes d'Oka ouvrent une école d'agriculture. • Fondation des cercles agricoles par acte de la Législature pour la diffusion des méthodes modernes d'agriculture par l'amélioration du sol, des plantes et des animaux.

---

John S. Thompson, conservateur, devient premier ministre du Canada. • On fonde le quotidien *The Toronto Star*.

Aux États-Unis : Henry Ford construit sa première voiture, les premiers films font leur apparition et Chicago est l'hôte de l'Exposition universelle.

|  | 1894 | 1895 |
|---|---|---|

## CULTURE ET SOCIÉTÉ

On met sur pied le Conseil d'hygiène de la Province de Québec. • Création par le ministère de l'Agriculture du Québec du premier organisme de propagande du porc à bacon et des salaisons. • Durant l'hiver, pour la première fois depuis 75 ans, il se forme un pont de glace sur le lac Champlain.

Fondation de l'École littéraire de Montréal par Jean Charbonneau et quelques autres jeunes poètes, dont Louvigny de Montigny et Germain Beaulieu.

## POLITIQUE

Mort de l'ex-premier ministre Honoré Mercier.

Inspiré par le courant conservationniste américain, le gouvernement québécois crée deux grands parcs nationaux, des Laurentides et du Mont-Tremblant. L'objectif est triple : protéger les forêts, les eaux et la faune.

## AMÉRIQUE DU NORD

Mackenzie Bowell, conservateur, devient premier ministre du Canada. • Fondation à Montréal des premiers clubs féminins de curling au Canada et de la Royal Canadian Golf Association. • Le volume de la production industrielle aux États-Unis est maintenant le double de la production anglaise.

*Wilfrid Laurier, premier ministre du Canada de 1896 à 1911.*

## MONDE

Début de l'affaire Dreyfus en France. • Kipling publie *Le livre de la jungle*. • Louis Lumière invente le cinématographe. • Le baron Pierre de Coubertin fonde un comité pour mettre sur pied les jeux olympiques modernes.

Mise au point du télégraphe sans fil en Italie. À Paris, à l'hôtel Scribe, première présentation du cinématographe de Lumière. • La firme allemande Benz construit et met en service le premier autobus à moteur à essence. • Le physicien allemand Wilhelm Conrad Röntgen découvre les rayons X.

## 1896

L'essayiste Edmond de Nevers (Edmond Boisvert) publie *L'avenir du peuple canadien-français*, qui offre un premier programme complet d'action publique privilégiant les forces morales et intellectuelles pour la culture de l'esprit. • Des cirques ambulants présentent à Montréal des « photographies animées ».

Edmund J. Flynn, conservateur, devient premier ministre du Québec.

Charles Tupper, conservateur, devient premier ministre du Canada. Après des élections générales, les conservateurs sont battus. • Élection de Wilfrid Laurier comme premier ministre du Canada, une figure par la suite omniprésente dans la vie québécoise et une idole de beaucoup de Québécois pour une génération. • Ruée vers l'or du Klondyke.

Des savants hollandais commencent à identifier les vitamines. • Tenue à Athènes des premiers Jeux olympiques modernes.

## 1897

Le 18 janvier, en l'espace de quelques heures, on passe de fortes averses à une température de − 30 °F. On ne se rappelle pas plus dur hiver pour les arbres. • Une première automobile apparaît dans les rues de Québec : elle va « dix-huit milles à l'heure, en troisième vitesse, sur le chemin Sainte-Foy ». Mise en place de la première ligne de transmission d'énergie hydro-électrique sur une longue distance : Saint-Narcisse – Trois-Rivières. • William Drummond publie son recueil de poésie *The Habitant and Other French Canadian Poems*.

Négociation de l'accord du Nid-de-Corbeau entre le gouvernement d'Ottawa et le Canadien Pacifique, accord qui permet d'ouvrir la ligne Lethbridge-Vancouver, nécessaire pour l'exploitation des ressources minières du sud de la Colombie-Britannique. • Compromis Laurier-Greenway sur les écoles du Manitoba.

Tenue d'une nouvelle conférence coloniale à Londres. • J.J. Thomson découvre l'électron. • Exposition universelle de Bruxelles. • Au Salon de Paris, les deux journalistes d'origine russe Eugène et Michel Werner exposent, pour la première fois, une motocyclette. • Edmond Rostand publie *Cyrano de Bergerac*.

### Le gouvernement Marchand

Le 24 mai 1897, Félix-Gabriel Marchand, le chef du Parti libéral, devient premier ministre du Québec. Le rôle de l'État québécois sera désormais plus déterminant. Profitant de la conjoncture économique mondiale, le gouvernement adopte une solide politique de développement et d'exploitation des ressources naturelles. Ce développement lui apporte des revenus accrus (droits de coupe, vente de terres) qui permettent l'assainissement des finances du Québec.

Par ailleurs, le Québec a alors le triste honneur de posséder un taux d'analphabétisme fort supérieur à celui de l'Ontario ou du Canada en général. Le recensement de 1891 n'a-t-il pas montré que, sur 1 073 815 Québécois âgés de plus de 9 ans, plus de 275 000 ne savent ni lire ni écrire? Le gouvernement Marchand projette donc une nouvelle politique en matière d'éducation et présente en décembre 1897 un projet de loi visant à créer un véritable ministère de l'Éducation. L'évêque de Montréal, M$^{gr}$ Paul Bruchési, s'en alarme et presse sans succès Rome d'intervenir. La loi est adoptée par 44 voix contre 19, mais rejetée ensuite par le Conseil législatif, formé d'une majorité du Parti conservateur soumise aux pressions épiscopales. Selon Thomas Chapais, qui le dirige et se fait le porte-parole des évêques : « Ne faisons pas cette injure au Conseil de l'instruction publique qui ne l'a pas méritée... Ne transformons pas les évêques, membres *ex officio* de ce Conseil, en subalternes d'un politicien. »

## 1898

À Saint-Justin, dans certaines familles, on fabrique encore des chandelles de suif pour s'éclairer. • Un an après un quotidien américain, une première photographie apparaît dans un quotidien québécois, *Le Soleil*.

*La manufacture de chaussures Jobin et Rochette, à Québec.*

On retranche une partie des Territoires du Nord-Ouest pour créer le Yukon. • Les États-Unis entrent en guerre avec l'Espagne et envahissent Cuba, dont ils font un protectorat américain. Par le traité de Paris, ils obtiennent les Philippines et Porto Rico. • L'Américain Will Keith Kellogg invente les *corn flakes* ou flocons de maïs.

Marie et Pierre Curie découvrent le radium. En France, on commence dès lors à recourir à la radiothérapie contre le cancer. • H.G. Wells publie *La guerre des mondes*.

## 1899

Émile Nelligan, dans une soirée de l'École littéraire de Montréal, lit sa *Romance du vin*. C'est sa dernière apparition publique ; il est interné peu après. • Ouverture du canal Soulanges. • Fondation de la Société canadienne pour l'avancement du sport par des membres éminents de la communauté francophone de Montréal dans le but de mettre au point des méthodes scientifiques d'entraînement et de « coaching ». En dépit de nombreux appuis, dont celui du gouverneur général, la société ne vit qu'un an.

*Émile Nelligan.*

Un premier contingent de volontaires canadiens est envoyé en Afrique du Sud pour participer à la guerre entre l'Angleterre et les Boers.

### Le syndicalisme catholique

Les cordonniers de la ville de Québec déclarent la grève en 1899. Ils appartiennent à des loges des Chevaliers du Travail, ce qui déplaît aux 22 employeurs groupés en association. Niant à leurs ouvriers le droit de s'associer professionnellement, ils ferment boutique et exigent pour le retour au travail que chaque individu promette de ne faire partie d'aucune association. Les travailleurs refusent cette condition et le conflit dure plus de deux mois. L'archevêque de Québec, M<sup>gr</sup> Bégin, sert alors d'arbitre.

Les Chevaliers du Travail ne sont-ils pas des ennemis dont on combat les principes et les idéologies depuis aussi loin que la réforme protestante ? Ne séparent-ils pas le social du religieux ? Ne font-ils pas la promotion d'une société qui confine le prêtre à la sacristie ? Ne limitent-ils pas leurs horizons aux seules conditions matérielles ? Et que dire de leur neutralité confessionnelle pernicieuse ?

Basant ses décisions sur l'encyclique *Rerum Novarum* de 1891, l'archevêque reconnaît aux ouvriers le droit de s'associer selon le métier ou la profession et exige d'eux qu'ils révisent leur constitution et acceptent les conseils d'un aviseur moral. Le conflit se règle ainsi, alors que naît le syndicalisme catholique au Québec.

## 1900

### CULTURE ET SOCIÉTÉ

Grève générale de 5000 ouvriers de la chaussure à Québec.

### POLITIQUE

Simon-Napoléon Parent, libéral, devient premier ministre du Québec. • De 1900 à 1920, la prohibition de l'alcool s'étend à tout le Québec, à l'initiative du clergé d'abord, puis de l'État, avec des dérogations diverses.

### AMÉRIQUE DU NORD

On crée le ministère fédéral du Travail. • Fondation de l'Association canadienne de canotage et de l'Association cycliste canadienne. • La population des États-Unis est de 75 994 575 habitants. • Le Massachusetts possède un étang de décantation pour l'assainissement de ses eaux. • Fondation de la Ligue américaine de baseball.

### MONDE

C'est l'Exposition universelle de Paris. • Max Planck formule la théorie des quanta. • La ville de Berlin met en place le premier incinérateur urbain. • La Grande-Bretagne possède 56% des navires du monde (les États-Unis : 3,4%). • Publications : *Oncle Vania* d'Anton Tchekhov, *Claudine à l'école* de Colette, *L'interprétation des rêves* de Freud.

---

**Les caisses populaires**

Dans l'espoir d'éduquer les citoyens des milieux populaires à l'épargne, de mettre à leur service un réseau d'institutions décentralisé, face aussi aux abus des usuriers et, enfin, dans le but de promouvoir un idéal collectif conforme aux aspirations des «Canadiens français», puisque le réseau bancaire concentré dans les grandes villes ne respecte pas la «vocation» rurale du Québec, Alphonse Desjardins, un ancien journaliste devenu sténographe à la Chambre des communes d'Ottawa, fonde en 1900 à Lévis la première coopérative d'épargne et de crédit. Desjardins fait face immédiatement à l'opposition du gouvernement fédéral qui refuse d'adopter une loi régissant ce type de coopératives. De plus, l'Association des marchands-détaillants et la Banque nationale, pourtant administrée par des francophones, voient dans l'avènement des caisses populaires une concurrence dangereuse. Mais l'expansion du mouvement sera finalement facilitée à compter de 1906, alors que le gouvernement du Québec adopte la Loi des syndicats coopératifs et que Desjardins, disposant de l'appui du clergé, peut travailler à implanter des caisses populaires dans les paroisses.

Les années passant, le mouvement Desjardins, avec ses coopératives attentives aux besoins du milieu, deviendra, plus qu'un simple rassemblement de caisses populaires locales, une véritable puissance financière dont l'actif total atteindra plusieurs milliards de dollars.

## 1901

La population du Québec s'élève à 1 648 898 habitants. • Inauguration à Shawinigan de l'usine de la Northern Aluminium Co., la première usine d'aluminium au Canada et la seconde en Amérique.

Sanction de la Loi d'hygiène publique du Québec, permettant au Conseil d'hygiène de la Province d'exercer un contrôle sur les politiques municipales en matière de santé. • Sanction de la Loi des différends ouvriers qui prévoit le règlement des conflits par un recours à la conciliation et à l'arbitrage, à la condition que les deux parties y consentent.

Mort de la reine Victoria ; son fils Édouard VII lui succède.

## 1902

L'Orchestre symphonique de Québec fait entendre ses premières notes. • Fondation du Trust général du Canada, la première société de fiducie canadienne-française. • Les Oblats se voient confier la garde du sanctuaire de Notre-Dame-du-Cap à Cap-de-la-Madeleine. Désormais, l'endroit devient un haut lieu de pèlerinage.

*Alphonse Desjardins.*

Une conférence coloniale a lieu à Londres. • Le scooter fait son apparition en France sous le nom d'« autofauteuil ». • Enrico Caruso fait ses premiers enregistrements phonographiques.

|  | 1903 | 1904 |
|---|---|---|
| **CULTURE ET SOCIÉTÉ** | Début du grand mouvement des coopératives agricoles, grâce surtout à l'abbé J.A.B. Allaire, curé d'Adamsville. • Construction de l'École polytechnique de Montréal. • Nomination d'un « médecin municipal » à Québec, ce qui amène des mesures d'assainissement et l'abaissement du taux de mortalité. | Le frère André installe une statue de saint Joseph dans le petit oratoire érigé à cette fin sur le mont Royal. • Mise sur pied du Conservatoire de musique de l'Université McGill. • Création des syndicats d'élevage dans le but de développer et d'améliorer les races employées en agriculture. |
| **POLITIQUE** | Olivar Asselin fonde la Ligue nationaliste qui canalise la révolte de la jeunesse contre les « vieux partis ». • Les abbés Lionel Groulx et Émile Chartier fondent l'Association catholique de la Jeunesse canadienne-française (ACJC), qui adopte des attitudes nationalistes basées autant sur la religion que sur la politique. | Armand Lavergne est élu député fédéral de Montmagny. • Olivar Asselin lance le journal *Le Nationaliste*, organe de la Ligue nationaliste. Jules Fournier collabore au journal avant de remplacer Asselin à la direction. |
| **AMÉRIQUE DU NORD** | Création de la Commission d'énergie hydro-électrique de l'Ontario, Hydro-Ontario. • Création de la Commission canadienne des chemins de fer. • Henry Ford fonde la Ford Motor Company. • L'Américain G.C. Beidler invente la photocopie. | Étienne Desmarteau gagne une médaille d'or au lancer du poids aux Jeux olympiques d'été de Saint-Louis, Missouri. |
| **MONDE** | Création, pour les besoins du canal, de la république de Panama. • Apparition des premiers taxis à Londres. • Pogroms contre les Juifs en Russie. • Premier Tour de France. • Le boulanger français Charles Heudebert met au point la biscotte, ce produit dit de « panification sèche ». | Fondation de la compagnie Rolls-Royce. • Anton Tchekhov publie *La cerisaie* et Puccini donne son opéra *Madame Butterfly*. • Jean Jaurès lance le journal socialiste *L'Humanité*. |

## 1905

Grève des plâtriers et des charretiers de Montréal. • Construction du Macdonald College, la faculté d'agriculture de l'Université McGill, à Sainte-Anne-de-Bellevue, grâce à la générosité du roi du tabac, William C. Macdonald.

---

Jean-Lomer Gouin, libéral, devient premier ministre. Partisan du «laisser-faire», il laisse le développement économique aux mains de l'entreprise privée mais cherche à l'appuyer par des réformes dans les secteurs de l'éducation et de la construction des routes. • Adoption de la Loi des dépôts volontaires ou «loi Lacombe» pour protéger les petites gens contre les créanciers impitoyables.

---

Créées à même les Territoires du Nord-Ouest, l'Alberta et la Saskatchewan entrent dans la Confédération. • L'Arizona et le Nouveau-Mexique sont les 47$^e$ et 48$^e$ États à entrer dans l'Union. • L'Américain Orville Wright vole en avion à moteur durant 33 minutes et arrive à s'élever à une altitude de 37 mètres. • Les premières réclames au néon font leur apparition.

---

Albert Einstein formule la théorie de la relativité restreinte. • Claude Debussy compose *La mer*.

## 1906

L'ornithologue Charles-Eusèbe Dionne publie *Les Oiseaux de la province de Québec*. • On fonde l'École d'architecture de Montréal. • Ernest Ouimet ouvre le premier véritable cinéma à Montréal, le Ouimetoscope. Il y projettera des films américains et les films français de la maison Pathé. • Grève dans les textiles et première grève des travailleurs de l'amiante. • Errol Bouchette publie son essai *L'indépendance économique du Canada français*.

---

Tenue d'une conférence interprovinciale à Ottawa et augmentation du subside fédéral aux provinces. • Début des concours de récoltes et des foires de semences au Canada. • John McClelland fonde à Toronto la maison d'édition McClelland and Stewart Limited. • Aux États-Unis, premier dessin animé au cinéma et première émission de radio. • Un tremblement de terre à San Francisco tue 700 personnes et cause des dommages de 400 millions de dollars. • Le navigateur norvégien Roald Amundsen franchit le passage du nord-ouest et détermine la position du pôle Nord magnétique.

|  | 1907 | 1908 |
|---|---|---|

### CULTURE ET SOCIÉTÉ

**1907** — Fondation de l'École des hautes études commerciales. • L'abbé Lapointe fonde le premier syndicat catholique : la Fédération ouvrière mutuelle du Nord. • Création de l'Action sociale, qui publie un quotidien, *L'Action catholique*. • Chaire d'histoire du Canada de Thomas Chapais à l'Université Laval.

**1908** — Célébration des fêtes du Tricentenaire de Québec. • L'épiscopat accepte la fondation d'un premier collège classique pour jeunes filles, dirigé par les religieuses de la Congrégation Notre-Dame, qui deviendra le collège Marguerite-Bourgeoys. • On développe une nouvelle variété de poule, la Chantecler, « la première race canadienne authentique ».

### POLITIQUE

**1907** — Sanction de la Loi constituant en corporation l'Assistance publique, à la demande d'hommes d'affaires désireux de se regrouper en association pour « secourir les affligés et supprimer la mendicité ». • Sanction de la Loi des établissements industriels qui défend à tout enfant de moins de 14 ans de travailler.

**1908** — Armand Lavergne et Henri Bourassa font leur entrée à l'Assemblée législative du Québec.

### AMÉRIQUE DU NORD

**1907** — Émeutes anti-asiatiques à Vancouver. • À Philadelphie, le deuxième dimanche de mai devient le jour de la fête des Mères.

*La drave sur les rivières.*

**1908** — Début de la livraison de la poste rurale dans le sud-ouest de l'Ontario. • Lucy Maud Montgomery publie *Ann of Green Gables*, traduit en français sous le titre *La maison aux pignons verts*. • Fondation de la General Motors Company. • L'Américain L.H. Baekeland invente la bakélite, et c'est le début de l'ère du plastique.

### MONDE

**1908** — Inspiré par les jeunes éclaireurs qu'il avait formés à l'occasion de la guerre des Boers, le général anglais Robert Baden-Powell fonde le scoutisme (boy-scouts), un mouvement qui met les adolescents en contact avec la nature, à laquelle ils doivent s'adapter par un entraînement physique particulier et en développant leur esprit d'observation.

## 1909

Le jésuite Papin Archambault crée l'œuvre des retraites fermées. • Fondation de la Société coopérative agricole des fromagers de Québec pour fins de vente du beurre et du fromage. • Le journal *La Patrie* commence à publier la première traduction d'une bande dessinée américaine, *Buster Brown*, les faits et gestes d'un petit garnement.

Sanction de la Loi concernant les responsabilités des accidents dont les ouvriers sont victimes dans leur travail, la première véritable mesure de sécurité sociale. C'est l'embryon de la Loi des accidents de travail.

La compagnie Canadien Pacifique achète la compagnie Allan. • Fondation de la Canadian Amateur Swimming Association. • La pyrale du maïs est signalée pour la première fois en Amérique, aux États-Unis. • Mise au point du dactylographe portatif. • La Compagnie générale électrique de Schenectady, État de New York, commercialise les premiers grille-pain.

Le chimiste français Eugène Schueller met au point les colorants capillaires et fonde la Société française des teintures inoffensives pour les cheveux, qui deviendra en 1910 la société L'Oréal. • Fondation du mouvement guide en Grande-Bretagne. • Le Français Louis Blériot est le premier aviateur à traverser la Manche en avion à moteur.

## 1910

Ouverture de l'Abitibi à la colonisation. • Tenue du congrès eucharistique de Montréal où Henri Bourassa répond dans un discours célèbre à M$^{gr}$ Bourne qui s'était déclaré partisan de l'anglicisation de l'Église canadienne. • On tient à Québec le premier Congrès de la langue française. • Henri Bourassa fonde *Le Devoir*. • Édouard Montpetit devient professeur à l'École des hautes études commerciales de Montréal. Il fait figure de premier économiste québécois officiellement reconnu et dispense son enseignement pendant 35 ans. • Le frère André établit sur le mont Royal l'oratoire Saint-Joseph, qui deviendra un haut lieu de pèlerinage. • Le Québec, pour la première fois dans le monde occidental et six mois avant l'Angleterre, établit un système gouvernemental de bureaux de placement. Auparavant, des agences privées échappant au contrôle de l'État se chargeaient des intérêts des employeurs et des travailleurs. • Le parlement du Québec adopte une loi, pilotée par Armand Lavergne, rendant le bilinguisme obligatoire dans les entreprises de services publics. • Fondation de l'Union expérimentale des agriculteurs de Québec.

|  | 1911 | 1912 |
|---|---|---|
| CULTURE ET SOCIÉTÉ | Création à Montréal de l'École sociale populaire, par le père Papin Archambault, pour diffuser auprès des classes moyennes l'interprétation catholique des problèmes sociaux par des conférences et des publications populaires. • Marie Gérin-Lajoie est la première femme « bachelier » du Québec et arrive en tête de tous les candidats. • Jules Fournier fonde l'hebdomadaire L'Action. • Fondation de la Ligue antituberculeuse à Trois-Rivières. • Grave invasion de la tordeuse des bourgeons de l'épinette. • Fondation du Prix d'Europe par l'Académie de musique de Québec, attribué chaque année à un étudiant pour couvrir les frais d'un séjour de deux ans d'études en Europe. • Albert Lozeau commence à faire paraître ses Billets du soir. | Albert Lozeau publie Le miroir des jours. • Le 11 août, une tempête de pluie persiste durant 108 heures à Québec. • Fondation du Musée des beaux-arts de Montréal. |
| POLITIQUE |  | Le Québec obtient le territoire de l'Ungava. • Fondation à Montréal de la Montreal Suffrage Association, inspirée du mouvement des suffragettes américaines et anglaises. • La Société du parler français au Canada convoque le premier Congrès de la langue française, placé sous le patronage de l'Université Laval. |
| AMÉRIQUE DU NORD | Le conservateur Robert L. Borden devient premier ministre du Canada. • Ouverture à Cap-Rouge de la première station agronomique fédérale au Québec. • Le nombre de véhicules moteurs immatriculés au Canada est de 20 000. | Le gouvernement de l'Ontario adopte le règlement XVII restreignant l'usage du français dans les écoles bilingues. • Fondation de la F.W. Woolworth Company. |
| MONDE | Révolution chinoise. • Tenue d'une conférence impériale à Londres. • Le navigateur norvégien Roald Amundsen atteint le pôle Sud. | Dans la nuit du 14 au 15 avril, le Titanic, fierté de la flotte commerciale anglaise, heurte un iceberg à 700 kilomètres au sud-est de Terre-Neuve. Quelque 1500 passagers trouvent la mort. • Premier saut en parachute réussi. • Paul Claudel publie L'Annonce faite à Marie. • Carl Jung publie La théorie de la psychanalyse. |

## 1913

Construction à Montréal de la crèche d'Youville, de l'École normale Jacques-Cartier et du Loyola College.

Le père Papin Archambault fonde la Ligue des droits du français pour la diffusion de cette langue dans le commerce et l'industrie. • Création du service agronomique au ministère de l'Agriculture du Québec par la nomination de cinq premiers agronomes de comté.

Organisation du service fédéral de production, qui contribue à l'amélioration des races animales et des produits. • Adoption de la première loi canadienne régissant les communications. • Les premiers récepteurs de radio aux États-Unis. • Le Domelre, fabriqué à Chicago, est le premier réfrigérateur domestique fonctionnel.

Manifestations des suffragettes à Londres. • Albert Schweitzer ouvre un hôpital au Congo. • Le fox-trot devient à la mode et on invente les mots croisés. • La première juge anglaise est assermentée. • Marcel Proust commence *À la recherche du temps perdu* et Alain-Fournier publie *Le grand Meaulnes*.

## 1914

Une centaine de coopératives regroupent les cultivateurs autour d'une production ou d'un service. • L'*Empress of Ireland* heurte le *Storstad* dans le fleuve Saint-Laurent et coule en 15 minutes, faisant 1024 victimes. • Première élection de Médéric Martin à la mairie de Montréal.

La Commission québécoise des eaux courantes est chargée de surveiller l'utilisation des rivières et d'en régulariser le débit au moyen de barrages, afin d'accroître la capacité des usines fonctionnant à l'hydro-électricité.

Première Guerre mondiale : le premier bataillon canadien, formé de volontaires, traverse l'Atlantique le 3 octobre. • Sanction de la Loi conférant certains pouvoirs au Gouverneur en conseil, citée sous le nom de Loi des mesures de guerre, 1914. • Fondation de l'Association catholique des voyageurs de commerce du Canada. • Invention aux États-Unis de la photographie pleine couleur.

Ouverture du canal de Panama. • Publication en France du roman de Louis Hémon, *Maria Chapdelaine*, un an après la mort de son auteur. • Mort au champ de bataille du poète Charles Péguy. • Assassinat de l'homme politique français Jean Jaurès (né en 1859).

|  | 1915 | 1916 |
|---|---|---|
| **CULTURE ET SOCIÉTÉ** | À Montréal, Lionel Groulx commence son enseignement de l'histoire du Canada. | Olivar Asselin prononce un discours au Monument national : « Pourquoi je m'enrôle ». • Les Éditions Beauchemin publient un ouvrage du peintre et dessinateur Henri Julien dans lequel paraît pour la première fois son dessin *Un vieux de « 37 »*. Cette silhouette armée apparaîtra sur les communiqués de la cellule Chénier au cours de la crise d'octobre 1970. |

|  | | |
|---|---|---|
| **POLITIQUE AMÉRIQUE DU NORD** | Le gouvernement fédéral fait appel aux investisseurs canadiens, petits et gros, et lance sa première campagne de vente d'obligations de la Victoire. | Création de l'organisme fédéral appelé Conseil national de recherches. • Le Manitoba devient la première province canadienne à accorder le droit de vote aux femmes. • Le Canada et les États-Unis signent la Convention des oiseaux migrateurs, pourvoyant à la protection de nombreux oiseaux parmi ceux qui traversent la frontière deux fois par année. |
| **MONDE** | Albert Einstein formule la théorie de la relativité généralisée. | Mise au point de l'acier inoxydable en Angleterre. • L'heure avancée d'été est adoptée en Angleterre. |

## 1917

En janvier, la Ligue des droits du français lance *L'Action française* et l'abbé Lionel Groulx se joint à la Ligue. • Naissance du service des productions animales au ministère de l'Agriculture du Québec. • Inauguration du Pont de Québec dont la travée centrale était tombée deux fois pendant sa construction.

*Billet de cinq dollars émis par la Banque d'Hochelaga.*

Dans le port d'Halifax, un navire de sauvetage entre en collision avec le *Mont-Blanc*, un vaisseau français chargé de munitions, et une gigantesque explosion tue 1600 personnes, en blesse 9000 et détruit le quartier industriel de la ville. • Les États-Unis entrent en guerre. • À 72 ans, Sarah Bernhardt entreprend une dernière tournée en Amérique.

Création d'un Cabinet impérial de guerre en Angleterre et tenue d'une conférence impériale de guerre. • Bataille de Vimy en France. • Révolution d'octobre en Russie. • Commencé en 1891, le transsibérien est complété. • Freud publie *Introduction à la psychanalyse*.

### La première conscription

En juillet 1917, le premier ministre conservateur Robert Borden fait adopter la loi du service militaire, ce qui soulève la colère des Québécois qui s'opposent à toute conscription. La violence éclate. Aux élections fédérales du 17 décembre, on accorde le droit de vote aux femmes qui ont des proches parents dans l'armée ou qui travaillent pour celle-ci et le débat sur le droit de vote est relancé avec vigueur. Ce qui était d'abord une manœuvre politique pour augmenter les votes en faveur de la conscription débouche l'année suivante sur une loi qui étend le suffrage, aux élections fédérales, à toutes les femmes majeures. Et le gouvernement Borden remporte la victoire avec une majorité de 71 sièges dans l'ensemble du Canada. Mais le Québec vote en bloc contre ce gouvernement, à l'exception de trois circonscriptions anglophones de Montréal.

L'application de la conscription se fait sans discernement. Le 1<sup>er</sup> avril 1918, lundi de Pâques, après cinq jours d'émeutes à Québec pour protester contre la manière dont on applique la conscription, des militaires dépêchés par Ottawa chargent la foule, sabre au clair, et tirent à la mitrailleuse : 4 morts et 70 blessés. Le 4 avril, on confirme, par un arrêté ministériel, la proclamation de la loi martiale à Québec, qui suspend toutes les libertés civiles et confère au chef des troupes tous les pouvoirs « nécessaires » pour rétablir la paix.

| 1918 | 1919 |
|---|---|

## CULTURE ET SOCIÉTÉ

La revue esthético-littéraire *Le Nigog* dénonce vigoureusement le retard du Québec sur le plan culturel. • Mise en service du réservoir Gouin pour régulariser le cours de la rivière Saint-Maurice.

La vaccination antivariolique devient obligatoire pour l'entrée à l'école. • Grève des policiers et pompiers de Montréal. • Lionel Groulx publie *La naissance d'une race* et Marie-Victorin, *Récits laurentiens*.

*Les installations électriques de la Shawinigan Water & Power, à Shawinigan.*

## POLITIQUE

## AMÉRIQUE DU NORD

Le 24 juin a lieu le premier vol aéropostal officiel au Canada, à bord d'un biplan Curtiss JN4 qui transporte 124 lettres de Montréal à Toronto. • Robert S. McLaughlin fonde la General Motors du Canada, filiale canadienne de la General Motors américaine. • L'heure d'été est adoptée en Amérique.

Commission du salaire minimum pour les femmes. • Grève générale de Winnipeg. Commission royale d'enquête sur les relations industrielles, la commission Mathers, alors que tout le Canada est traversé par des grèves et des malaises ouvriers. • Aux États-Unis, ratification de l'amendement établissant la prohibition.

## MONDE

Le 11 novembre, signature de l'armistice. • Épidémie mondiale de grippe espagnole. • Controverse entre Freud et Jung au sujet de la psychanalyse.

Tenue de la Conférence de paix de Paris. • Fondation à Genève de la Société des nations. Le Canada en devient membre. • L'Autriche abolit la peine de mort. • On observe pour la première fois dans le monde, aux Pays-Bas, la maladie hollandaise de l'orme. • André Gide publie *La symphonie pastorale*.

## 1920

L'abbé Lionel Groulx prend la direction de *L'Action française* qu'il conservera jusqu'en 1926. • Maintenant indépendante de l'Université Laval, l'Université de Montréal ouvre l'École des sciences sociales, économiques et politiques. • À cause des ravages de la mouche à scie, le mélèze a pratiquement disparu des forêts du Québec.

---

Louis-Alexandre Taschereau, libéral, devient premier ministre du Québec.

---

Arthur Meighen, unioniste, devient premier ministre du Canada. • Création du Royal 22ᵉ Régiment. • La fusion de la Police montée du Nord-Ouest et de la force fédérale du Dominion créée au moment de la Confédération en 1867 amène la formation de la Gendarmerie royale du Canada. • La prohibition est décrétée partout aux États-Unis.

---

On fonde la Société des nations et on établit son siège social à Genève. • On introduit l'assurance chômage en Grande-Bretagne et en Autriche. • Jeanne d'Arc est canonisée par le pape Benoît XV. • Un tremblement de terre dans la province de Kansu, en Chine, fait 200 000 morts. • Paul Valéry publie *Le cimetière marin*.

## 1921

Crise économique : 16% des ouvriers syndiqués sont chômeurs. • Fondation de la Confédération des Travailleurs catholiques du Canada (CTCC), pour représenter l'ensemble du mouvement syndical catholique. La CTCC deviendra au début des années 1960 la CSN. • Fondation de la Ligue des bonnes mœurs.

---

Le Québec est le premier gouvernement en Amérique à étatiser la vente des boissons alcooliques. Une politique audacieuse. • À la suite de deux grèves importantes, l'État adopte une loi interdisant toute grève ou contre-grève dans les services municipaux. • Adoption de la Loi de l'Assistance publique, qui pourvoit à l'entretien des indigents placés en institution.

---

William Lyon Mackenzie King, libéral, devient premier ministre du Canada. • Découverte de l'insuline à la faculté de médecine de l'Université de Toronto. • Une directive du ministère des Affaires indiennes à ses agents : « faire tout ce qui est en votre pouvoir pour dissuader les Indiens de s'adonner de façon excessive à la danse ». • Aux États-Unis, fondation du *Reader's Digest*. • La compagnie Kimberley-Clark met en vente la première serviette hygiénique, commercialisée sous le nom de « Kotex ».

|  | 1922 | 1923 |
|---|---|---|
| **CULTURE ET SOCIÉTÉ** | CKAC, fondée par *La Presse*, est la première station radiophonique de langue française. • Montréal possède 56 salles de cinéma. • Fondation de l'École de musique de l'Université Laval. • Fondation du Musée du Québec. • Fondation par le frère Marie-Victorin de l'Institut botanique de Montréal. | Le record de froid pour le Québec : – 54 °C. • Fondation de la première coopérative de pêcheurs, en Gaspésie. • Jules Masse fonde à Montréal la Société du bon parler français. • Fondation de l'Association canadienne-française pour l'avancement des sciences (ACFAS) et de la Société canadienne d'histoire naturelle. • Construction de l'École des Beaux-Arts de Montréal. • En mai, juin et juillet, plusieurs centaines d'incendies de forêts au Québec. On parle de 2000 km² ravagés ! • Fondation à Sainte-Marie de Beauce de l'entreprise de fabrication de petits gâteaux par Arcade Vachon et son épouse Rose-Anna Giroux. |
| **POLITIQUE** | Avec la Loi sur les monuments historiques et artistiques, Québec est la première province à reconnaître l'intérêt de son patrimoine. • Le gouvernement gagne de vitesse les propagandistes du mouvement agricole politique et forme la Coopérative Fédérée du Québec qui vendra « pour le compte des cultivateurs les produits qu'elle recevra d'eux ». • Loi de l'hygiène publique : les municipalités doivent se donner un programme en matière de salubrité et d'hygiène. • L'épiscopat demande au premier ministre de ne pas accorder le droit de vote aux femmes. • Le secrétaire de la province, Louis-Athanase David, crée le prix David désormais accordé annuellement à un écrivain de marque. | |
| **AMÉRIQUE DU NORD** | | Ouverture à New York de la première clinique de contrôle des naissances. George Gershwin fait jouer sa *Rhapsody in Blue*. |
| **MONDE** | Début du fascisme en Italie. • Roger Martin du Gard commence la publication des *Thibault*, et *Siddhartha* de Hermann Hesse paraît. | Fin du mouvement dadaïste. • Louis de Broglie explique la mécanique ondulatoire. • Maurice Ravel donne son opéra *L'enfant et les sortilèges*. |

## 1924

À la suite des très nombreux incendies de forêts, le gouvernement fonde l'école des gardes forestiers, à Berthier, et met sur pied le Service de protection des forêts. • Fondation de l'Union catholique des cultivateurs (UCC). • La Banque d'Hochelaga absorbe la Banque nationale et deviendra l'année suivante la Banque canadienne nationale.

La Loi relative à la tuberculose et à la mortalité infantile permet au Service provincial d'hygiène de mettre en œuvre des moyens pour améliorer la situation. • La Loi des syndicats professionnels reconnaît le droit d'association et l'octroi d'un statut légal aux conventions collectives.

Kenneth C. Irving, du Nouveau-Brunswick, fonde sa propre chaîne de stations-service. • Il y a 2 500 000 appareils radio aux États-Unis. • La compagnie Kimberley-Clark met en vente ses premiers mouchoirs en papier jetables, commercialisés sous le nom de « Kleenex ».

André Breton publie son premier *Manifeste du surréalisme*. • Création en Italie de la première autoroute, une « autostrada » à deux voies.

## 1925

Robert Choquette publie un premier recueil de poèmes, *À travers vents*. • Invasion importante du hanneton commun qui dévore les feuilles des érables, des ormes et d'autres arbres de l'est du Québec.

Le gouvernement du Québec, appuyé par la fondation Rockefeller, organise un système d'unités sanitaires de comtés. • Création d'Asbestos Corporation, consortium regroupant plusieurs entreprises exploitant les mines d'amiante.

Fondation de l'Église Unie du Canada. • L'homme politique Raoul Dandurant devient président de l'Assemblée de la Société des nations. • Les premiers magasins d'alimentation libre-service ouvrent leurs portes aux États-Unis. • Invention du ruban adhésif opaque, le *masking tape*. • Walter P. Chrysler fonde la Chrysler Corporation.

Le charleston et les mots croisés deviennent à la mode. • Eisenstein réalise *Le Cuirassé Potemkine*. • Alain Saint-Ogan publie *Zig et Puce*, la première bande dessinée française originale, qui sera reproduite pour la première fois en 1948 dans un journal québécois, *Le Petit Journal*.

| 1926 | 1927 |
|---|---|

## CULTURE ET SOCIÉTÉ

La pyrale du maïs, déjà aux États-Unis et en Ontario, est signalée pour la première fois au Québec, à quatre endroits différents. • Fondation du *Petit Journal*.

Fondation de la Ligue catholique féminine vouée à la défense de la modestie dans le vêtement. • Épidémie de typhoïde à Montréal causée par le lait avarié : 4755 cas et 453 décès. • L'incendie du cinéma Laurier Palace à Montréal cause la mort de 78 enfants.

## POLITIQUE

Parce que les ressources de l'assistance publique ont peine à suffire aux besoins, le gouvernement impose « un droit de 5 pour cent sur le coût de chaque repas d'un dollar et plus servi au public dans un hôtel ou un restaurant dans les cités et villes ». • Une loi québécoise rend obligatoire la pasteurisation du lait.

## AMÉRIQUE DU NORD

À la suite d'une intervention inopportune du gouverneur général Byng – la dernière « bévue » politique commise par un représentant du pouvoir royal –, Arthur Meighen, conservateur, redevient premier ministre du Canada. Mais, bientôt, William Lyon Mackenzie King, libéral, revient au pouvoir. • Les États-Unis succèdent à la Grande-Bretagne comme principal investisseur étranger au Canada. • Mise au point du principe de la télévision en Écosse et aux États-Unis. • La compagnie Kodak produit le premier film en 16 mm. • Les premiers disques de Duke Ellington font leur apparition sur le marché.

## MONDE

Le Conseil privé de Londres attribue le Labrador à Terre-Neuve. • Le gouvernement fédéral met sur pied un programme de pensions de vieillesse. • Émission de timbres-poste bilingues à l'occasion du 60e anniversaire de la Confédération. • On utilise pour la première fois des aéroplanes pour répandre des insecticides dans les forêts. • Aux États-Unis, Sacco et Vanzetti sont exécutés. • L'Américain Charles A. Lindbergh file de New York à Paris en 33 heures et demie sur son monoplan, le *Spirit of St. Louis*. • À New York, première projection publique d'un film parlant, *The Jazz Singer* avec Al Jolson.

## 1928

Wilder Graves Penfield fonde l'Institut de neurologie de Montréal. • Georges Vattier publie *Essai sur la mentalité canadienne-française*. • Création à Montréal de la société Seagram, devenue plus tard le plus important fabricant d'alcool au monde. • Camillien Houde élu pour la première fois maire de Montréal. • On entreprend la construction de l'Université de Montréal au flanc du mont Royal.

Mise sur pied de la Commission des accidents du travail, qui a pour tâche de fixer les indemnités à payer aux accidentés. La Loi des accidents du travail qui l'accompagne n'est que la deuxième du genre au Québec.

*Dessin d'un violoneux paru dans l'*Almanach du Peuple.

George Gershwin lance à New York *An American in Paris*. Le chanteur Al Jolson vend 12 millions de disques en quatre semaines avec *Sonny Boy*. • Naissance de Mickey Mouse. • Invention aux États-Unis du rasoir électrique par Jacob Schick, et du calculateur analogique.

Création du *Boléro* de Maurice Ravel. • Découverte de la pénicilline par le bactériologiste anglais Alexander Fleming. • D.H. Lawrence publie *L'amant de Lady Chatterley*.

# Le Québec moderne
# 1929-1980

## 1929

### CULTURE ET SOCIÉTÉ

Camillien Houde choisi chef du Parti conservateur du Québec. • Fondation de la Société linnéenne de Québec. • Le service de Grande culture du ministère de l'Agriculture inaugure le système des concours de fermes, dont l'objet est l'organisation systématique de la production des entreprises agricoles. • Inauguration également du système d'écoles moyennes d'agriculture, avec l'ouverture de la première à Rimouski. On en ouvrira 12 dans diverses régions du Québec, de même que 10 orphelinats agricoles. • Alfred Desrochers publie *À l'ombre de l'Orford*.

### POLITIQUE

Sanction de la Loi permettant d'employer annuellement une somme d'un million de dollars provenant de la vente des liqueurs alcooliques pour aider au maintien des institutions

*Une paroisse de colonisation.*

### AMÉRIQUE DU NORD

Le 24 octobre, le krach du « jeudi noir » survient : la Bourse de New York s'effondre. Bientôt, la crise touche tout l'Occident. Partout, chômage et misère gagnent toutes les couches de la société. De 7,7% qu'il est en 1929, le taux de chômage chez les syndiqués du

### MONDE

Le mot « apartheid » est utilisé pour la première fois. • Mise au point de l'électro-encéphalogramme en Allemagne. • Publications : *Les enfants terribles* de Jean Cocteau, *L'école des femmes* d'André Gide, *Courrier Sud* d'Antoine de Saint-Exupéry et, à titre posthume, *Lettres à un jeune poète* de Rainer Maria Rilke. • Salvador Dali se joint au groupe des surréalistes.

## 1929

Le rue principale de Rouyn.

d'assistance publique. • Le parlement québécois autorise une dépense de 17 millions de dollars pour la mise sur pied d'un programme de routes permanentes.

Québec passe à 26,4% en 1932. • La sécheresse débute dans les Prairies et se poursuit par intermittence jusqu'en 1937. • Des mets surgelés sont mis en marché pour la première fois aux États-Unis. • Ernest Hemingway publie *L'adieu aux armes*.

## 1930

**CULTURE ET SOCIÉTÉ**

La Société du parler français publie *Glossaire du parler français au Canada*. • La Bolduc (Mary Travers) crée un type de chansons populaires unique au Québec, souvent fort rythmé, alors que Jean Lalonde et Jean Sablon chantent, au micro, des mélodies langoureuses. Formation également du Quatuor Alouette. • Le 1er

*La construction de l'Oratoire Saint-Joseph sera interrompue de 1931 à 1937.*

**MONDE**

Canonisation à Rome de sept missionnaires morts en 1648-1649, connus sous le nom de saints martyrs canadiens, soit Jean de Brébeuf, Isaac Jogues, Antoine Daniel, Gabriel Lalemant, Charles Garnier, Noël Chabanel et Jean de la Lande. • Tenue d'une conférence impériale à Londres. • Le microbiologiste sud-africain Max Theiler met au point un vaccin contre la fièvre jaune. • L'Allemagne met au point des détergents synthétiques. • Paul Claudel publie *Le soulier de satin*.

## 1930

août, venant d'Angleterre, le dirigeable britannique R-100 arrive à Montréal après un vol de 19 heures, événement qui inspire justement une chanson à la Bolduc. • Fondation de l'*Illustration* qui deviendra plus tard *Montréal Matin*.

*Travaux de construction à l'Université de Montréal.*

Mise sur pied de la Commission d'assurances sociales de Québec, présidée par l'économiste Édouard Montpetit, pour les questions relevant de l'assistance publique, des assurances sociales et de l'hygiène industrielle. • Le 11 décembre, sanction de la Loi de l'aide aux chômeurs : une somme est remise aux municipalités « pour soulager directement les chômeurs » ou mettre en chantier certains travaux d'ordre public. Le gouvernement fédéral s'engage à verser la moitié de la somme, soit 10 millions de dollars.

Richard Bedford Bennett, conservateur, devient premier ministre du Canada. • Le nombre de véhicules moteurs immatriculés au Canada est passé à plus d'un million cette année. • On signale pour la première fois aux États-Unis la maladie hollandaise de l'orme. • Découverte de la planète Pluton par C.W. Tombaugh, du Lowell Observatory.

## 1931

### CULTURE ET SOCIÉTÉ

Le 4 octobre, la station de radio CKAC commence la diffusion de sa grande émission du dimanche soir, *L'heure catholique à la radio*, patronnée et conçue par le Comité des œuvres catholiques de Montréal. • Fondation d'une première section de la Jeunesse ouvrière catholique (JOC) et des Cercles des jeunes naturalistes. • L'Université Laval crée la Station biologique du Saint-Laurent à Trois-Pistoles. • Le 18 novembre, à Cape Hopes Advance (Koartak, au Nouveau-Québec), on atteint un record de

### POLITIQUE

*Louis-Alexandre Taschereau, premier ministre du Québec de 1920 à 1936.*

Le gouvernement introduit une législation qui prévoit l'octroi de « secours directs » pour « l'alimentation, l'habillement, le combustible et le loyer » des indigents. • Mise sur pied d'un premier département du Travail. • Le ministère de l'Agriculture fonde les syndicats d'élevage de chevaux de race pure et met sur pied les couvoirs

### AMÉRIQUE DU NORD

La Cour suprême du Canada décide que le gouvernement fédéral a juridiction sur la radio. • Entrée en vigueur du Statut de Westminster établissant une complète égalité législative entre le Parlement canadien et celui du Royaume-Uni. • Une grève dans les houillères de Saskatchewan se

### MONDE

Le Japon envahit la Mandchourie. • L'Angleterre met au point des résines synthétiques.

vitesse du vent pendant une heure : 201,1 km/heure. • Mort du poète Nérée Beauchemin. • La population de l'agglomération de Montréal dépasse 1 000 000 d'habitants.

coopératifs. • Au cours d'élections générales, le Parti libéral de Louis-Alexandre Taschereau est reporté au pouvoir. • Un jugement du Conseil privé de Londres établit le droit du gouvernement du Québec de nommer des commissions comme celles des Services publics, des Accidents du travail, etc.

termine dans un bain de sang quand les policiers de la Gendarmerie royale tirent sur des manifestants. • Inauguration de l'Empire State Building à New York et début de la construction du Rockefeller Center. • Le *Star-Spangled Banner* devient l'hymne national américain.

*La place Jacques-Cartier, à Montréal.*

**CULTURE ET SOCIÉTÉ**

Fondation du mouvement des Jeunes-Canada, qui lance sur la place publique son *Manifeste de la jeune génération*, rédigé par André Laurendeau. Il dénonce la trahison des élites, en particulier celle des dirigeants politiques responsables du « marasme collectif » et de la « marche du peuple canadien-français vers l'abîme ». • Naissance de la Jeunesse étudiante catholique (JEC), calquée sur la Jeunesse ouvrière catholique. • La crise se poursuit et le taux de chômage chez les ouvriers syndiqués du Québec atteint 26,4%. • Le musicien Claude Champagne est le premier professeur de nationalité

**AMÉRIQUE DU NORD**

*La Crise provoque de nombreuses faillites.*

**MONDE**

Un Français met au point le premier moulin à légumes presse-purée du nom de Moulinex. • Le physicien anglais James Chadwick découvre le neutron. • Louis-Ferdinand Céline publie *Voyage au bout de la nuit* et François Mauriac, *Le nœud de vipères*. • On célèbre partout dans le monde le centenaire de la mort de Goethe.

## 1932

canadienne à entrer au Conservatoire de l'Université McGill. • Joseph-Armand Bombardier et Edmond Fontaine construisent le premier modèle de motoneige à hélice. • Le 31 août, éclipse totale de soleil au Québec. • Jean Narrache publie *Quand j'parl tout seul*.

---

L'Assemblée législative du Québec s'oppose à la canalisation du Saint-Laurent qui risque de marginaliser le port de Montréal. • Création de la Commission québécoise des affaires municipales.

Tenue d'une conférence impériale à Ottawa. • Fondation à Calgary d'une coalition formée d'agriculteurs, de chefs ouvriers et d'intellectuels, la Cooperative Commonwealth Federation (CCF), connue en français sous le nom de Parti social démocratique.

*Richard B. Bennett, premier ministre du Canada de 1930 à 1935.*

## 1933

### CULTURE ET SOCIÉTÉ

Parution du premier numéro de *L'Action nationale*, organe de la Ligue d'Action nationale qui vient tout juste d'être fondée. • Un groupe de Jésuites et de laïcs publient le *Programme de restauration sociale* : on condamne les abus du capitalisme et on souhaite l'adoption du corporatisme et la suspension de l'immigration. Les mots « renaissance », « redressement », « ressaisie » et « restauration » expriment tous l'idée d'un retour à des valeurs et à des formes sociales que l'évolution moderne aurait bafouées ou négligées. Ce programme connaîtra une ample diffusion et restera une référence

### MONDE

Accession triomphale d'Adolf Hitler au pouvoir. Il devient chancelier de l'Allemagne. • Quelque 60 000 artistes (écrivains, acteurs, peintres et musiciens) fuient l'Allemagne. • André Malraux publie *La condition humaine*.

*Construction de la centrale hydro-électrique de Beauharnois.*

## 1933

majeure pour l'ensemble du mouvement nationaliste durant une douzaine d'années. • Alain Grandbois publie *Né à Québec* et Claude-Henri Grignon, *Un homme et son péché*. • L'archevêque de Québec, Rodrigue Villeneuve, est nommé cardinal. • Fondation à Vaudreuil par le père Papin Archambault de l'École de formation sociale.

---

La Commission d'assurances sociales de Québec recommande diverses solutions comme l'adoption, les orphelinats, l'allocation aux mères nécessiteuses, l'allocation familiale, l'assurance du vieil âge, l'assurance chômage et l'assurance-maladie-invalidité. Ce rapport marque une date capitale, car maintes mesures subséquentes viendront en droite ligne de ses recommandations. • Création du Conseil québécois du tourisme. • Le gouvernement du Québec pourra désormais autoriser l'exportation d'énergie hydro-électrique jusqu'à concurrence de 300 000 chevaux-vapeur.

---

Tenue à Ottawa d'une conférence fédérale-provinciale sur les transports. • Les États-Unis adoptent la législation du New Deal. • À la radio, on commence la diffusion en modulation de fréquence. • L'Américain Charles Darrow, en chômage, invente le jeu de Monopoly. • Fondation à Toronto de la Société canadienne d'histoire de l'Église.

## 1934

**CULTURE ET SOCIÉTÉ**

Fondation des Scouts catholiques de la province de Québec. • Inauguration de l'Institut de neurologie de Montréal. • Création de l'orchestre des Concerts symphoniques de Montréal par Wilfrid Pelletier et M<sup>me</sup> Athanase David, qui deviendra l'Orchestre symphonique de Montréal. • Fondation de la société historique du Saguenay. • Gérard Morisset entreprend, avec l'aide du Secrétariat de la province, l'Inventaire des œuvres d'art. • Ouverture du premier magasin libre-service Steinberg. • Le plus haut sommet des monts Chic-Chocs, en Gaspésie, est

**POLITIQUE**

Fondation de l'Action libérale nationale, parti politique dirigé par Paul Gouin et qui prône le *Programme de restauration sociale*. • Adoption de la Loi relative à l'extension des conventions collectives de travail, devenue nécessaire parce que les patrons n'acceptent pas la Loi des syndicats professionnels. La convention collective devient un règlement professionnel par le fait de son extension obligatoire à tous les membres d'un secteur industriel, signataires ou non de ladite convention. On espère aussi que la formation de comités paritaires amènera de

nommé mont Jacques-Cartier pour le 400ᵉ anniversaire de l'arrivée de Jacques Cartier. • On lance la Classique internationale de canot de la Mauricie, événement sportif populaire qui existe toujours. • Le roman de Jean-Charles Harvey, *Les demi-civilisés*, est mis à l'index. • Un quotidien de Québec, *L'Action catholique*, commence à publier en français *La souris Miquette* de Walt Disney.

---

meilleures relations de travail. • Mise sur pied d'une commission d'enquête sur les conditions de travail des bûcherons québécois.

---

Le gouvernement fédéral crée l'Office des marchés qui vise à réglementer la vente des produits naturels de façon à en relever la qualité et à en stabiliser les prix. • Naissance des cinq jumelles Dionne en Ontario. • L'Américain Roger Tory Peterson publie *Guide des oiseaux de l'Amérique du Nord à l'est des Rocheuses*.

---

Raoul Jobin, un jeune ténor québécois de 27 ans, fait ses débuts à l'Opéra de Paris, auquel il demeurera attaché durant plus de 20 ans. • Henry Miller publie à Paris *Tropique du Cancer*.

*Le théâtre Saint-Denis, à Montréal.*

## 1935

### CULTURE ET SOCIÉTÉ

Fondation du Collège Garnier, à Québec. • Fondation de la Jeunesse agricole catholique (JAC). Le frère Marie-Victorin publie *La flore laurentienne*. • Robert Choquette crée le premier feuilleton québécois, *Le curé de village*. • La Société Provancher obtient la permission de recueillir le duvet d'eider sur les îles Razades dans l'estuaire du Saint-Laurent.

### POLITIQUE

À cause de la Crise, le gouvernement Taschereau adopte la Loi pour promouvoir la colonisation et le retour à la terre avec une série de subventions rattachées à tous les éléments de l'installation sur une terre : primes au défrichement, à la construction de l'habitation, à la mise en culture, etc. • Fondation de l'Union nationale par Maurice Duplessis. • Fondation de la Ligue de moralité publique pour assainir les mœurs électorales. • Création à Québec du département de l'Industrie et du Commerce. • Au

### AMÉRIQUE DU NORD

*À cause de la Crise, le gouvernement Taschereau fait la promotion du retour à la terre.*

### MONDE

En Écosse, on invente le radar pour détecter les avions. • Ouverture du métro de Moscou. • Le chimiste allemand Gerhard Domagk annonce la découverte du premier sulfamide. • On met au point l'échelle Richter qui

## 1935

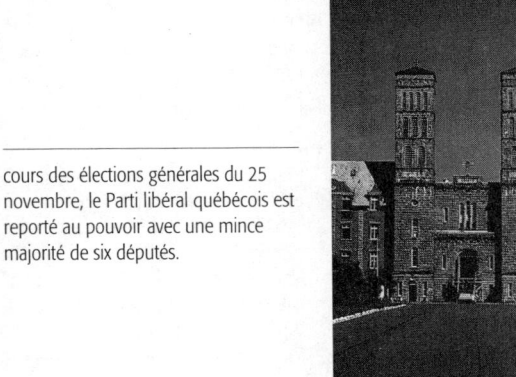

*La Trappe de Mistassini devient abbaye en 1935.*

cours des élections générales du 25 novembre, le Parti libéral québécois est reporté au pouvoir avec une mince majorité de six députés.

William Lyon Mackenzie King redevient premier ministre du Canada.
• Fondation de la Banque du Canada. • La firme américaine Douglas fait voler le premier DC 3. • Fondation à New York du mouvement des Alcooliques Anonymes (AA). • On met au point les parcomètres.

permet de classer les tremblements de terre selon leur énergie et non selon leurs effets superficiels. • Jean Giraudoux publie *La guerre de Troie n'aura pas lieu*. • La rumba devient la danse à la mode.

## 1936

### CULTURE ET SOCIÉTÉ

Neige le 20 mai. • En marge des centrales existantes, Laure Gaudreault fonde le premier syndicat d'institutrices rurales à Clermont, dans Charlevoix. À cette époque, les institutrices ne gagnent que la moitié du salaire des instituteurs. L'année suivante, le mouvement prend de l'ampleur avec la création de la Fédération des institutrices rurales, suivie de celle des instituteurs. • Fondation à Montréal des Variétés lyriques par Charles Goulet et Lionel Daunais. • Le frère Marie-Victorin fonde le Jardin botanique de Montréal. • Claude-Henri Grignon publie le périodique *Les pamphlets de Valdombre*.

### POLITIQUE

L'enquête du Comité des comptes publics révèle la corruption du régime Taschereau et Adélard Godbout devient premier ministre du Québec. • Quand Maurice Duplessis, à la tête de l'Union nationale, prend le pouvoir le 17 août, la population y voit une véritable libération. Fini le règne des libéraux ! •

*Des sans-travail parcourent le Canada à la recherche d'une pitance problématique.*

### AMÉRIQUE DU NORD

### MONDE

## 1936

Le Crédit agricole québécois donne une impulsion nouvelle à l'agriculture québécoise. • Après le gouvernement fédéral et la majorité des autres gouvernements provinciaux, le Gouvernement du Québec adopte la Loi des pensions de vieillesse de Québec. • Création du premier département de la Santé et du Bien-Être social. • Abolition de l'Agence du Québec à Londres, créée en 1908 et dirigée par un agent général. • Le Québec décrète la tenue d'un inventaire de ses ressources naturelles.

---

Création de la Société Radio-Canada. • Le Parlement adopte la monnaie bilingue. • Fondation du quotidien torontois *Globe and Mail*. • Aux États-Unis, Margaret Mitchell publie *Gone with the Wind* (*Autant en emporte le vent*), et Dale Carnegie, *Comment se faire des amis*. • Sortie du film *Les temps modernes*, de Charles Chaplin.

---

Francis Amyot gagne une médaille d'or à la course de canots monoplaces sur 1000 mètres aux Jeux olympiques d'été de Berlin. • À l'été, la guerre civile éclate en Espagne. • Léon Blum, chef du Parti socialiste français, crée le Front populaire. • Georges Bernanos publie *Le journal d'un curé de campagne*.

## 1937

### CULTURE ET SOCIÉTÉ

Grand dépérissement des merisiers, un des trois épisodes graves de dépérissement d'espèces feuillues au xx$^e$ siècle. • Création du Parc national de la Gaspésie. • Fondation de la ville de Baie-Comeau autour de la papeterie de la Quebec North Shore. • On met sur pied à Montréal la Croisade de la prière. • Fondation de la première coopérative de consommation, « La Familiale ». Pour les nationalistes, la coopération constitue un instrument de reconquête économique. • Grèves de Sorel, touchant 350 ouvriers d'industries. • Grève du textile. • Émile Legault fonde la troupe de jeunes acteurs Les Compagnons de Saint-Laurent. Fondation des Éditions Fides. •

### POLITIQUE

Maurice Duplessis fait voter la célèbre « loi du cadenas » interdisant à toute personne d'utiliser sa maison pour propager le communisme ou le bolchevisme. • Adoption de la Loi des salaires raisonnables, qui deviendra plus tard loi du salaire minimum. • Adoption de la Loi de l'assistance aux mères nécessiteuses.

### AMÉRIQUE DU NORD

La Commission Rowell-Sirois étudie les relations fédérales-provinciales. • Invention aux États-Unis de la presse à foin autochargeuse et lieuse. • On dépose le brevet du tampon hygiénique et on fonde la société Tampax. • On commence à utiliser l'insuline pour le traitement du diabète.

### MONDE

La Tchécoslovaquie assiste impuissante à l'agitation de sa minorité allemande et à la montée de l'autonomisme slovaque. Au cours d'une réunion qui se tient à Munich sous la présidence de Mussolini, les quatre grands (Allemagne, France, Grande-Bretagne et Italie) signent les accords de Munich, qui permettent au Reich d'annexer les territoires tchécoslovaques à majorité germanique et accordent l'autonomie à la Slovaquie. L'Occident accueille ces accords avec « un lâche soulagement ». En fait, il fallut reconnaître par la suite

## 1937

Parution des cahiers de *La Bonne Chanson* de l'abbé Charles-Émile Gadbois. • Jean-Charles Harvey fonde l'hebdomadaire *Le Jour*. Félix-Antoine Savard publie *Menaud, maître-draveur* et Saint-Denys Garneau, *Regards et jeux dans l'espace*. • Gratien Gélinas crée à la radio le personnage de Fridolin.

*Les Compagnons de Saint-Laurent.*

• John Steinbeck publie *Des souris et des hommes*. • Walt Disney réalise *Blanche-Neige et les sept nains*.

que cette démarche faisait partie d'un plan d'Hitler pour annexer de nombreux pays européens. • Conférence impériale à Londres. • La société suisse Nestlé crée le «Nescafé», premier essai réussi de fabrication et de commercialisation de café instantané. • André Malraux publie *L'espoir* et Jean-Paul Sartre, *La nausée*. • Carl Orff compose *Carmina Burana*. • Picasso peint sa murale *Guernica* pour l'Exposition universelle de Paris. • Jean Renoir réalise *La grande illusion*.

## 1938

**CULTURE ET SOCIÉTÉ**

Fondation à l'Université Laval de l'École des Sciences sociales par le père Georges-Henri Lévesque, avec un nouveau type d'approche, plus moderne, plus scientifique, pour étudier les réalités sociales. • Création de l'Institut de microbiologie de Montréal. • Fondation, en Gaspésie, du premier syndicat forestier coopératif. • Congrès eucharistique de Québec. • Ringuet publie *Trente arpents*. • Robert Choquette crée pour la radio de Radio-Canada le feuilleton *La pension Velder*. • Le grand incendie de la rivière York en Gaspésie rase 6200 hectares de forêts. • Invasion d'importance

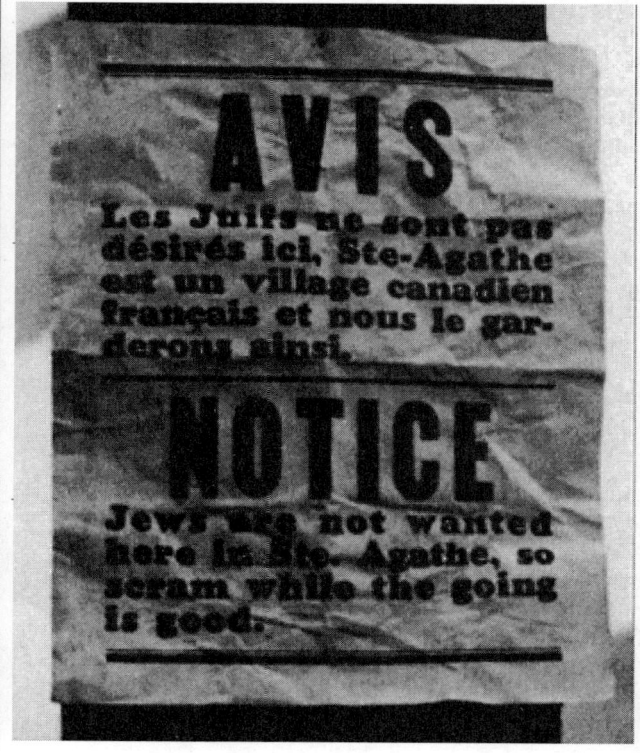

économique majeure de l'insecte appelé la Légionnaire : ravage de 45 000 acres en cultures de toutes sortes.

---

Le gouvernement du Québec achète la mine Gale, dans la région de Val-d'Or, pour l'établissement d'une école des mines. • La législature québécoise vote une somme de 50 millions de dollars pour la voirie.

---

Fondation de la Société canadienne du cancer. • On pratique pour la première fois une chirurgie pour une maladie cardiaque congénitale. • L'adaptation à la radio américaine par Orson Welles du roman de H.G. Wells, *La guerre des mondes*, cause une forte panique.

---

Le docteur Norman Bethune, chirurgien de Montréal, devient le médecin en chef de l'armée de Mao Tsê-tung. • Sortie du film de Marcel Carné *Quai des brumes*, avec Jean Gabin.

*À l'approche de la guerre,
l'antisémitisme sévissait aussi au Québec.*

## 1939

### CULTURE ET SOCIÉTÉ

Tous les futurs enseignants, sauf les religieux et les religieuses, doivent maintenant s'inscrire à l'École normale. • Fondation de la fédération des Pêcheurs unis du Québec et de la Ligue ouvrière catholique (LOC). • Le peintre John Lyman fonde la Société d'art contemporain qui regroupe, autour de Paul-Émile Borduas, un certain nombre de jeunes artistes.

*Des volontaires viennent s'enrôler dans l'armée canadienne.*

### POLITIQUE / AMÉRIQUE DU NORD

La Cour suprême décide que les Inuit dépendent de l'autorité constitutionnelle du gouvernement fédéral. • Le 10 septembre, le Canada, à son tour, déclare la guerre à l'Allemagne. • Inauguration du service aéropostal canadien et transcontinental. • Le gouvernement King crée l'Office national du film. • John Steinbeck publie *Les raisins de la colère*. • Du Pont de Nemours fabrique le premier nylon : apparition immédiate des bas de nylon. • Le mathématicien américain George R. Stibitz réalise dans les laboratoires Bell le premier calculateur binaire sous le nom de Model 1 Relay

### MONDE

L'Allemagne envahit la Pologne et la Seconde Guerre mondiale éclate. • Découverte de la fission de l'uranium par Joliot-Curie. • Construction du premier hélicoptère par le Russo-Américain Igor Sikorsky. • Antoine de Saint-Exupéry publie *Terre des hommes*.

Aux élections, Duplessis mord la poussière et Adélard Godbout, chef du Parti libéral, devient premier ministre. • La Loi relative à l'arbitrage interdit désormais toute grève dans les institutions de charité et les hôpitaux. • Fondation de l'Union des électeurs, qui défend la doctrine créditiste, et parution du journal *Vers demain*.

Computer ou Complex Number Calculator. • Le DDT est utilisé comme insecticide pour la première fois.

*Mariages collectifs organisés par la Jeunesse ouvrière catholique.*

### La deuxième conscription

Le 3 septembre 1939, la Seconde Guerre mondiale éclate, alors que l'Angleterre et la France déclarent la guerre à l'Allemagne. Une semaine plus tard, le Canada entre aussi en guerre. Bientôt, l'Europe entière s'est embrasée. À la fin de 1941, les forces canadiennes outre-mer atteignent près de 125 000 hommes, qui ont tous signé en qualité de volontaires. Le premier ministre canadien, Mackenzie King, et son bras droit, Ernest Lapointe, avaient pourtant promis que jamais il n'y aurait de conscription. Mais voilà qu'au début de 1942 le Parti conservateur, la presse anglophone et certains libéraux réclament la conscription immédiate. Pour être libéré de ses engagements, si telle est la volonté populaire, King annonce la tenue d'un plébiscite national.

Le 27 avril, le Québec refuse à 71,2% de libérer le gouvernement de ses engagements antérieurs touchant le service militaire, alors que les huit autres provinces y sont favorables à 80%. Le 23 juillet, le parlement fédéral révoque l'article 3 de la loi de mobilisation et peut maintenant imposer l'enrôlement obligatoire. Les adversaires québécois de la conscription, dirigés par Maxime Raymond et André Laurendeau, fondent un nouveau parti politique, le Bloc populaire canadien. Mais la maladie de Raymond et des dissensions internes empêchent le parti de prendre son envol.

Au cours de la Seconde Guerre mondiale, parmi les 618 354 militaires envoyés outre-mer, plus de 41 000 seront tués et 53 000, blessés, portés disparus ou non rapatriés.

## 1940

### CULTURE ET SOCIÉTÉ

Installation de Mgr Joseph Charbonneau à l'évêché de Montréal. • Fondation de l'École catholique de service social. • Début d'une grave invasion de la tordeuse des bourgeons de l'épinette.

*Détachement de la Réserve volontaire de la Marine royale canadienne.*

### POLITIQUE

On accorde le droit de vote aux femmes. • Camillien Houde, maire de Montréal, est arrêté pour avoir proclamé son intention de conseiller au peuple de refuser de remplir la carte d'enregistrement pour le recrutement militaire obligatoire. Houde est interné sans procès pendant quatre ans. • Disparition des derniers vestiges du régime seigneurial ; les propriétaires de seigneuries perçoivent leurs rentes pour la dernière fois. • Le Québec crée des agences commerciales à l'étranger.

### AMÉRIQUE DU NORD

### MONDE

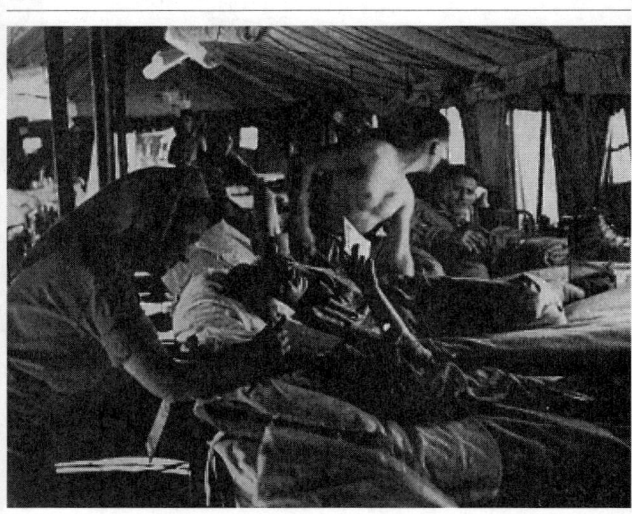

**1940**

Adoption de la Loi de l'assurance chômage. • Découverte à Leduc en Alberta de gisements de pétrole. • Signature de l'accord d'Ogdensburg, qui établit une commission permanente de défense canado-américaine. • La pénicilline devient un antibiotique courant. • La population des États-Unis est de 132 164 569 habitants.

Début de la bataille d'Angleterre, reddition de la France et évacuation de Dunkerque. • Découverte des grottes de Lascaux, en France, et de leurs peintures qui remontent à 20 000 ans avant Jésus-Christ.

*Un hôpital de guerre.*

## 1941

Fondation de la première coopérative d'habitation, à Asbestos. • Grands incendies de forêts dont certains causent une destruction complète de la végétation et même de l'humus sur les sols à schiste. C'est 1,6 million d'acres de forêts (650 000 hectares) qui sont rasés. • Un curé de Courville, en banlieue de Québec, dont la fabrique est endettée, demande l'aide de J.-E. Prudhomme qui organise alors ses premiers grands bingos. • Tenue du congrès eucharistique de Trois-Rivières. • Lancement par la JOC du Service de

## 1941

préparation au mariage qui, au cours de conférences hebdomadaires, invite les futurs époux à venir rencontrer un prêtre, un notaire, un avocat, un médecin et une infirmière.

*J.-Adélard Godbout, premier ministre du Québec du 11 juin au 24 août 1936, et de 1939 à 1944.*

Le ministère de l'Agriculture ouvre une section de production des animaux à fourrure, élevage qui prend maintenant rang parmi les productions animales de la ferme.

Création du Service d'information de Radio-Canada. • Le 7 décembre, attaque japonaise de Pearl Harbor. Entrée en guerre des États-Unis. • Commercialisation de la bombe aérosol.

*Une des nombreuses affiches qui faisaient la promotion du travail des femmes en temps de guerre.*

## 1942

### CULTURE ET SOCIÉTÉ

En août, on interdit la circulation dans les forêts de la Gaspésie menacées de destruction par les incendies. • Début de la parution de la collection d'*Études sur notre milieu* sous la direction d'Esdras Minville. • Jean-Marie Poitevin réalise *À la croisée des chemins*, le premier long métrage de fiction québécois « parlant ». • Maurice Richard fait ses débuts avec les Canadiens de Montréal. • Création du Conservatoire de musique et d'art dramatique du Québec.

### POLITIQUE

Se déclarent contre la conscription et fondent la Ligue pour la défense du Canada : Georges Pelletier, André Laurendeau, Gérard Filion, Jean Drapeau, Michel Chartrand et Paul Gouin. Ils parcourent le Québec pour inciter la population à répondre NON au plébiscite qui doit venir. • L'Assemblée législative se prononce également contre la conscription.

### AMÉRIQUE DU NORD

### MONDE

Le 18 août, débarquement meurtrier à Dieppe en Normandie. Un échec. Des 4963 Canadiens embarqués à Londres, 2210 rentrent en Angleterre le lendemain, parmi lesquels 617 blessés. • Albert Camus publie *L'étranger* et Jean-Paul Sartre, *Les mouches*.

*Le Québec dispose en grande quantité d'une matière première recherchée.*

## 1942

*Manifestation contre la conscription de 1942.*

Le Parlement adopte la conscription. • Maxime Raymond fonde le Bloc populaire canadien, le parti des opposants québécois à la conscription à Ottawa, et André Laurendeau en devient le secrétaire. • Le gouvernement canadien ordonne l'internement des Canadiens d'origine japonaise. • Le physicien italo-américain Enrico Fermi réussit la fission de l'atome.

## 1943

### CULTURE ET SOCIÉTÉ

Norman McLaren crée le département de l'animation à l'Office national du film. • Félix Leclerc publie *Adagio*. • Robert Choquette crée pour la radio le feuilleton *Métropole*.

### POLITIQUE

À la suite d'une enquête, l'État institue une commission qui aura pour tâche de préparer un plan universel d'assurance-maladie, commission que s'empressera de dissoudre Maurice Duplessis un an plus tard. • Bien que le clergé s'y oppose encore, la Loi de l'instruction obligatoire entre en vigueur. Les frais de scolarité sont abolis au cours primaire. • L'Assemblée législative du Québec adopte une motion réclamant le retour du Labrador au Québec. • Le gouvernement fédéral cède à Québec l'administration des

### AMÉRIQUE DU NORD

Aux États-Unis, on commence à utiliser la streptomycine pour le traitement de la tuberculose.

### MONDE

Le 14 août, sous le nom de code de « Quadrant », se tient la Conférence de Québec entre Winston Churchill, premier ministre de Grande-Bretagne, et Franklin Delano Roosevelt, président des États-Unis, à laquelle assiste Mackenzie King, le premier ministre canadien. Abordant la guerre contre l'Allemagne et le Japon, les deux principaux chefs alliés considèrent comme prioritaire le grand débarquement en Normandie, appelé Opération Overlord, et se mettent d'accord pour

**1943**

pêcheries des Îles-de-la-Madeleine. • Le département de l'Industrie et du Commerce est détaché du département des Affaires municipales.

*Un calendrier « de rationnement ».*

en accélérer la préparation. Pour diminuer la pression allemande du côté de l'Union soviétique, ils décident aussi d'un débarquement sur la péninsule italienne, l'objectif étant la capitulation sans condition de l'Italie.

**1944**

## CULTURE ET SOCIÉTÉ

La maladie hollandaise de l'orme est signalée pour la première fois au Québec. • Fondation de la Société d'assurance des caisses populaires. • Victor Barbeau fonde l'Académie canadienne-française. • Création des Archives de folklore de l'Université Laval par Luc Lacourcière. • Roger Lemelin publie *Au pied de la pente douce* et Yves Thériault, *Contes pour un homme seul*. • La maison d'édition montréalaise Fides commence à publier *Hérauts*, une traduction des histoires saintes et édifiantes en images d'une maison catholique américaine, Topix. Distribué par le clergé dans beaucoup

## POLITIQUE

Adoption de la Loi établissant Hydro-Québec, d'un nouveau code du travail, et d'une nouvelle loi des relations ouvrières, de la Loi sur les différends entre les services publics et leurs salariés qui définit le mode de procédure au moment des conflits dans les services publics. • Aux élections, le Parti libéral d'Adélard Godbout est défait : l'Union nationale de Maurice Duplessis reprend le pouvoir.

d'écoles du Québec, *Hérauts* paraîtra jusqu'en 1966. La Jeunesse étudiante catholique commence la distribution dans les écoles de deux revues, une pour les filles, *Claire*, et l'autre pour les garçons, *François*. Ces revues continueront de paraître jusqu'en 1961.

---

Adoption du programme fédéral des allocations familiales ; vive opposition chez les traditionalistes du Québec qui y voient une atteinte à l'autonomie provinciale et à la conception chrétienne de la famille. • Adoption de la Loi de la protection de l'enfance.

---

Débarquement en Normandie le 6 juin. • Marcel Carné réalise *Les enfants du paradis*.

*Sans légende.*

## 1945

**CULTURE ET SOCIÉTÉ**

Scission au sein du mouvement des caisses populaires avec la création de la Fédération de Montréal des caisses Desjardins. • Trois organismes se regroupent pour former la Corporation des instituteurs et institutrices catholiques du Québec (CIC). • Fondation du Service de l'Orientation des foyers pour renseigner les époux qui ont moins de cinq ans de mariage sur leur état de vie, leurs devoirs et les inviter à une meilleure compréhension mutuelle de l'amour conjugal et de son sens chrétien. • Gabrielle Roy publie *Bonheur d'occasion*, roman pour lequel elle obtiendra le prix Fémina, et

*Le cardinal Villeneuve sur le front itclien avec le Royal 22ᵉ régiment.*

**MONDE**

Le 8 mai, l'Europe fête le jour de la victoire. • Les 6 et 9 août, les Américains lancent des bombes atomiques sur Hiroshima et Nagasaki. • Conférences de Yalta et de San Francisco. • Fondation de l'Organisation

## 1945

Germaine Guèvremont publie *Le Survenant*. • Fondation de l'orchestre symphonique de Sherbrooke.

Maurice Duplessis refuse de renouveler les ententes fédérales-provinciales et reprend le droit de taxer le revenu des personnes et des corporations, les successions et l'essence. • On crée l'Office de l'électrification rurale et le département des Ressources naturelles.

Le Canadien Hugh McLennan publie *Two Solitudes*. On signe à San Francisco la charte de l'Organisation des Nations Unies, qui fait suite à la Société des nations et qui a pour but d'assurer le maintien de la paix et de la sécurité internationale.

des Nations Unies (ONU). • Eisenstein réalise *Ivan le Terrible*. • Mort du dictateur nazi Adolf Hitler et du dictateur fasciste italien Benito Mussolini.

**1946**

*Il y a beaucoup de pauvreté dans les faubourgs de Montréal.*

Pour *Le Survenant*, Germaine Guèvremont obtient le prix Sully-Olivier de Serres attribué annuellement par le ministère de l'Agriculture et de la Forêt de France à un ouvrage qui s'inspire du monde rural et dont les qualités littéraires ou iconographiques sont remarquables. • L'Italie accorde aux

## 1946

Fondation de l'Institut d'histoire et de géographie de l'Université Laval ainsi que, par Lionel Groulx, de l'Institut d'histoire de l'Amérique française, à Montréal. • Fondation de la Corporation des enseignants du Québec. • Félix Leclerc publie *Pieds nus dans l'aube*.

Le gouvernement du Québec accorde un bail de 20 ans à la Hollinger North Shore Exploration Co. pour l'exploitation de toutes les mines de l'Ungava.

Jusqu'alors sujets britanniques, les résidants du Canada sont maintenant citoyens canadiens, citoyenneté que les immigrés peuvent désormais obtenir. • Le 9 octobre, vers 22 heures, passage de la comète Giacobini-Zinner. • Aux États-Unis, on met au point l'ordinateur électronique et on invente le procédé de la xérographie.

femmes le droit de vote. • Création de l'Organisation internationale du Travail (OIT), de l'Organisation des Nations Unies pour l'éducation, la science et la culture (UNESCO) et du fonds des Nations Unies pour l'enfance (UNICEF), organismes de l'ONU. • L'Italien Gaggia met au point sa machine à espresso.

## 1947

### CULTURE ET SOCIÉTÉ

Apparition de l'édition en langue française de *Sélection du Reader's Digest*, bientôt le mensuel le plus répandu au Québec. • Lancement à Montréal de la *Revue d'histoire de l'Amérique française*. • Fondation de l'Institut d'histoire et de l'Institut de géographie de l'Université de Montréal.

### POLITIQUE

Hydro-Québec, qui a pris possession de Montreal, Light, Heat and Power, dédommage les actionnaires de cette dernière. Le règlement définitif des actionnaires minoritaires de deux filiales, Beauharnois, Light, Heat and Power et Montreal Island Power ne se fera qu'en 1955, après un long arbitrage. • Une loi donne au

### AMÉRIQUE DU NORD

Après 134 sondages, le pétrole jaillit en Alberta. • Le Canada devient membre du Conseil de sécurité de l'ONU. • Les États-Unis adoptent le Taft-Hartley Act, restreignant les droits des centrales syndicales. • Jackie Robinson devient le premier Noir à signer un contrat avec une équipe de baseball majeur. • Mise au point du transistor et de la datation à partir du carbone-14.

### MONDE

Nationalisation de l'industrie du charbon en Grande-Bretagne. • Londres décide d'accorder son indépendance à l'Inde. • Afin de prouver l'immigration préhistorique, Thor Heyerdal file en 101 jours sur un radeau à voile du Pérou à la Polynésie. • Publications : *La peste* d'Albert Camus et le *Journal d'Anne Frank*. • Maria Callas fait ses débuts à Vérone.

*Une manifestation d'appui
aux grévistes du textile à Valleyfield.*

gouvernement du Québec le pouvoir d'exiger que tout bois coupé sur les terres de la Couronne soit entièrement ouvré au Québec. • L'Assemblée législative du Québec adopte à l'unanimité une loi abolissant les appels au Conseil privé de Londres en matière civile.

## 1948

### CULTURE ET SOCIÉTÉ

Le peintre Paul-Émile Borduas et ses amis automatistes, Claude Gauvreau, Jean-Paul Riopelle, Marcelle Ferron, Fernand Leduc, Marcel Barbeau, Jean-Paul Mousseau et Muriel Guilbault, publient en 1948 le *Refus global*, un texte incendiaire et violent qui dénonce le passéisme, l'obscurantisme et le conformisme artistique et moral de la société québécoise, attaque le clergé et le système d'enseignement et plaide en faveur de la libération totale de l'individu. Chacun a le droit de vivre libre, sans contrainte idéologique ni morale, et d'exprimer cette liberté. « Place à la magie ! Place aux mystères

### POLITIQUE

L'Assemblée législative adopte le fleurdelisé comme drapeau officiel du Québec. • Aux élections générales, l'Union nationale est réélue avec 82 députés sur 92.

*Maurice Duplessis.*

### AMÉRIQUE DU NORD

Louis Stephen Saint-Laurent, libéral, devient premier ministre du Canada. • Le 11 décembre, signature à Ottawa du document relatif à l'entrée de Terre-Neuve dans la Confédération. • Les États-Unis adoptent le plan Marshall,

### MONDE

Les communistes fomentent un coup d'État et prennent le pouvoir en Tchécoslovaquie. • Naissance de l'État d'Israël. • Nationalisation des chemins de fer britanniques. • Assassinat du leader nationaliste indien Mahatma Gandhi.

objectifs! Place à l'amour!» L'ouvrage, traduit en anglais en 1950, qui n'a une influence réelle que dans des cercles restreints, soulève la colère des autorités et vaut au peintre Borduas son renvoi de l'École du meuble de Montréal. • Paul Gury réalise *Un homme et son péché*. • Yvette Brind'Amour et Mercédès Palomino fondent le premier théâtre permanent de Montréal, le Rideau Vert.

*Des religieuses à un cours de tissage, au camp d'été de l'école ménagère provinciale.*

plan d'aide économique de 17 milliards de dollars pour la reconstruction de l'Europe. • Une équipe de Princeton invente le premier ordinateur de l'histoire: l'IBM SSEC. • Invention de la caméra Polaroïd.

## 1949

**CULTURE ET SOCIÉTÉ**

Les 5000 mineurs d'Asbestos débrayent pour des revendications salariales, le problème des poussières d'amiante, la cotisation syndicale et une forme de participation syndicale à la gestion. Le conflit traîne et des ouvriers sont victimes de violence de la part des policiers, ce qui soulève l'indignation de M$^{gr}$ Joseph Charbonneau, entre autres personnalités. Le travail reprend à la suite de la médiation de l'archevêque de Québec, M$^{gr}$ Camille Roy, mais il faudra attendre plusieurs mois la signature de la nouvelle convention collective. • Pierre Tisseyre crée le prix du Cercle du livre de France. • On

*Grève des 5000 mineurs d'Asbestos.*

**MONDE**

L'Union soviétique fait exploser sa première bombe atomique. • Le cardinal hongrois Josef Mindszenty est condamné à la prison à vie pour haute trahison. • L'apartheid est mis en vigueur en Afrique du Sud. • Triomphe des communistes en Chine. • George Orwell publie *1984*.

## 1949

diffuse le radio-roman de Pierre Dagenais, *Faubourg à m'lasse*. • Fondation à Montréal par Gilles Lefebvre des Jeunesses musicales du Canada.

---

Adoption de la loi prohibant la fabrication et la vente de l'oléo-margarine au Québec. • Le Québec se porte acquéreur de la seigneurie de Mingan, sur la Côte-Nord. • Le gouvernement du Québec rachète des limites forestières appartenant à la compagnie Quebec Pulp & Paper. • Le gouvernement du Québec vend à Hydro-Québec pour la somme de 20 millions de dollars les propriétés physiques, les usines et les barrages érigés sur la rivière Outaouais.

---

Terre-Neuve entre dans la Confédération et devient la 10e province canadienne. • Le gouvernement étend la citoyenneté de plein droit à tous les Canadiens d'origine asiatique. • Abolition par le parlement canadien du droit d'appel au Conseil privé de Londres. • Signature entre les États-Unis, le Canada et les pays d'Europe occidentale du pacte de l'OTAN. • On découvre la cortisone.

## 1950

### CULTURE ET SOCIÉTÉ

À la suite de la démission de M<sup>gr</sup> Joseph Charbonneau, M<sup>gr</sup> Paul-Émile Léger devient archevêque de Montréal. • Lancement de la Croisade du chapelet en famille. • Création de l'Ordre du mérite du défricheur. • Gigantesques feux ravageurs à Rimouski et à Cabano. Les chiffres les plus sombres disent

### POLITIQUE

Pierre Elliott Trudeau et Gérard Pelletier fondent *Cité libre*, revue qui est un canal d'expression et un centre de rassemblement du nouveau libéralisme. Elle marque son époque par sa fonction critique qui s'attaque d'abord aux vieux thèmes du nationalisme traditionaliste. Le Québec

### AMÉRIQUE DU NORD

Tenue à Québec d'une conférence fédérale-provinciale dans le but « de trouver une méthode satisfaisante d'amendement à la Constitution canadienne, au besoin ». La conférence est un échec. • La route transcanadienne est entreprise. On mettra 12 ans à la parachever. • La population des États-Unis est de 151 325 798 habitants. • Premières transplantations du rein aux États-Unis. • Mise sur pied à New York de Diner's Club, la première organisation de paiement par carte de crédit.

### MONDE

Béatification à Rome de Marguerite Bourgeoys. • Pie XII proclame le dogme de l'Assomption. • La Corée du Nord envahit la Corée du Sud. C'est le début de la guerre de Corée. • On estime à environ 2 300 000 000 habitants la population de la Terre.

*Maurice Duplessis vers 1950. Premier ministre du Qubec de 1936 à 1939 et de 1944 à 1959.*

qu'il y eut 317 immeubles brûlés et 3000 personnes jetées à la rue. • Jean-Yves Bigras réalise *Les lumières de ma ville* et Paul Gury, *Séraphin*. • Parutions : *La petite poule d'eau* de Gabrielle Roy et le premier des quatre tomes de *Histoire du Canada français depuis la découverte* de Lionel Groulx.

de 1950 serait une société bloquée et rétrograde à laquelle il faudrait insuffler un nouvel esprit susceptible de l'introduire de plain-pied dans le monde moderne. • Mise en chantier par Hydro-Québec de la centrale de Rapide 2 en Abitibi. • Adoption d'une loi québécoise changeant le nom officiel de la résidence du lieutenant-gouverneur à Québec : de « Spencerwood », il devient « Bois de Coulonge ».

*Gabrielle Roy photographiée par Zarov en 1945.*

## 1951

### CULTURE ET SOCIÉTÉ

La population du Québec s'élève à 4 055 681 habitants. • Jean-Louis Roux, Jean Gascon et d'autres comédiens formés par le père Émile Legault fondent le Théâtre du Nouveau Monde.

### POLITIQUE

Création de la Commission des loyers, dont la juridiction cependant ne couvre que les logements anciens. • Adoption de la première Loi sur la protection de la jeunesse qui vise à protéger les enfants exposés aux dangers physiques et moraux. C'est une étape importante en matière de reconnaissance du droit des enfants. La loi établit la nécessité d'intervenir dans l'univers familial et de substituer l'autorité juridique à l'autorité paternelle lorsque la protection de l'enfant le requiert.

### AMÉRIQUE DU NORD

La population du Canada s'élève à 14 009 429 habitants. • En juin, publication du rapport de la commission Massey sur les arts, les lettres et les sciences au Canada. • L'année dernière, on dénombrait 1 500 000 téléviseurs aux États-Unis ; il y en a maintenant 15 millions. Et on introduit la couleur. • Mise au point du réacteur nucléaire et de la première bombe à hydrogène.

### MONDE

L'architecte Le Corbusier reçoit du gouvernement indien la commande de créer une capitale nouvelle pour le Pendjab, Chandigarh.

## 1951

*Une scène du film* La petite Aurore l'enfant martyre *de Jean-Yves Bigras.*

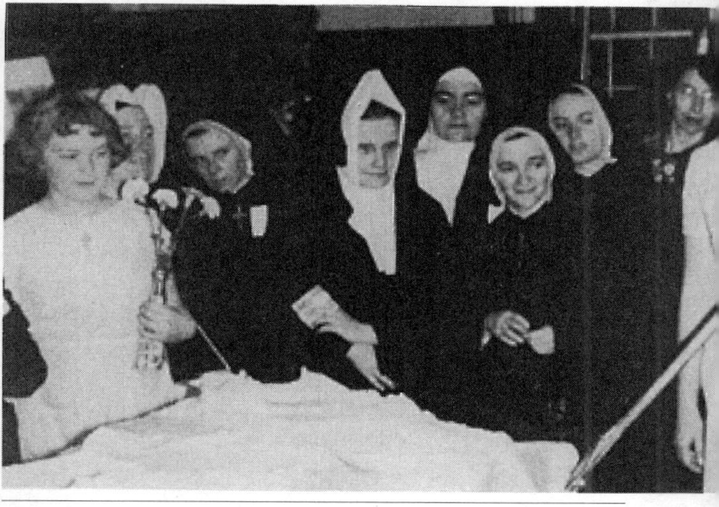

*Visite d'une coopérative agricole par les élèves et les enseignantes d'une école ménagère.*

## 1952

**CULTURE ET SOCIÉTÉ**

Début à Montréal de la télévision canadienne de langue française, alors que la Société Radio-Canada met sur pied un service local de production et de diffusion. • Fondation de la Faculté de musique de l'Université de Montréal. • Dissolution de la compagnie de théâtre Les Compagnons de Saint-Laurent. • Tenue du troisième Congrès de la langue française au Canada. • Grève des tisserands de Louiseville. • L'Union des Artistes adopte son appellation définitive. • Marcel Dubé publie *De l'autre côté du mur*.

*L'animatrice Michelle Tisseyre à Radio-Canada.*

**MONDE**

Les derniers tramways londoniens sont mis au rancart. • Samuel Beckett publie *En attendant Godot*. • Sortie du premier film *Don Camillo*, mettant en vedette Fernandel.

## 1952

Aux élections générales, l'Union nationale, dirigée par Maurice Duplessis, est reportée au pouvoir avec l'élection de 68 députés contre 23 libéraux et un indépendant. • L'Assemblée législative du Québec adopte une loi créant le ministère des Transports.

Les États-Unis font exploser dans le Pacifique la première bombe à hydrogène. • Ernest Hemingway publie *Le vieil homme et la mer* et John Steinbeck, *À l'est d'Éden*.

## 1953

### CULTURE ET SOCIÉTÉ

L'archevêque Paul-Émile Léger est nommé cardinal. • Mise en chantier du projet Bersimis 1 sur la Côte-Nord. • Fondation des Éditions de l'Hexagone, qui deviennent aussitôt un foyer d'animation et de création dynamique.

### POLITIQUE

Le premier ministre Maurice Duplessis annonce que le Québec n'acceptera plus les subsides fédéraux pour les maisons d'enseignement supérieur.

### AMÉRIQUE DU NORD

Création de la Commission royale d'enquête sur les problèmes constitutionnels (Commission Tremblay), qui marque une étape fondamentale dans l'évolution de la pensée constitutionnelle au Québec. Elle arrive à la conclusion que les Québécois sont taxés pour l'établissement d'un système dont ils ne tirent aucun avantage. • La Commission recommande que le gouvernement fédéral et les provinces entreprennent la réadaptation du régime général de l'impôt. • Débat aux Communes sur les chèques bilingues. • Fondation de la Bibliothèque nationale du Canada. • Un

### MONDE

Signature de l'armistice coréen à Panmunjom. • Les États-Unis et la Corée du Sud signent un traité de défense mutuelle. • L'URSS fait exploser une bombe à hydrogène. • Un Américain et un Anglais décrivent la structure exacte de la molécule de l'ADN. • Le Néo-Zélandais Edmund Hillary et son guide népalais font la conquête du mont Everest. • Simone de Beauvoir publie *Le deuxième sexe*.

## 1953

- Création d'une section française d'animation à l'Office national du film.
- Création du Service des reportages de Radio-Canada.
- Marcel Dubé publie *Zone*.

*La pièce* Tit-Coq *de Gratien Gélinas a beaucoup de succès à la scène puis au cinéma.*

homme d'affaires ontarien met sur pied le grand festival annuel de Shakespeare, à Stratford. La première pièce est *Richard III*, avec Alec Guiness dans le rôle titre.
- Aux États-Unis, Julius et Ethel Rosenberg, trouvés coupables d'espionnage, sont exécutés.
- Les femmes obtiennent le droit de vote au Mexique.

## 1954

**CULTURE ET SOCIÉTÉ**

Premières expéditions de minerai de fer en provenance de Schefferville à partir du port de Sept-Îles. • Création de l'Institut de cardiologie de Montréal. • Fondation de l'Université de Sherbrooke. • On diffuse pour la première fois une messe à la télévision, la messe de Pâques, célébrée à l'église Notre-Dame de Montréal. • Jacques Henripin publie *La population canadienne au début du XVIIIe siècle*. • Fondation des *Écrits du Canada français*.

*Maurice Richard et Dickie Moore.*

**MONDE**

Les communistes vietnamiens s'emparent de Dien Bien Phu et occupent bientôt Hanoi. La France est contrainte de quitter l'Indochine. • Françoise Sagan publie *Bonjour tristesse* et J.R.R. Tolkien, *Le seigneur des anneaux*.

## 1954

Le gouvernement du Québec établit l'impôt provincial sur le revenu des particuliers et contraint le gouvernement fédéral à diminuer de 10% sa propre taxation. • L'Assemblée législative mandate le gouvernement du Québec pour conclure une entente avec le gouvernement fédéral afin de doter le Québec d'un régime de pension aux invalides.

Le médecin américain Jonas E. Salk met au point un vaccin contre la poliomyélite.

## 1955

**CULTURE ET SOCIÉTÉ**

Le réseau d'Hydro-Québec alimente la Gaspésie et la région de Chibougamau. • Fondation du Club des ornithologues de Québec, le premier groupe structuré d'ornithologues francophones au Québec. • Le 17 mars, après avoir suspendu Maurice Richard pour le reste de la saison, le président de la Ligue Nationale, Clarence Campbell, subit les foudres des partisans du Canadien au forum ; par la suite, la foule en colère saccage de nombreux magasins de la rue Sainte-Catherine. • Le nageur de longue distance québécois Jacques Amyot remporte la première traversée internationale du lac Saint-Jean. • Les

**MONDE**

La conférence de Bandoung, avec les dirigeants de 29 pays asiatiques et africains, dont Nasser, Nehru, Chou En Lai et Soekarno, consacre l'émergence du tiers monde sur la scène internationale. • Les briques Lego, inventées par le Danois Ole Kirk Christiansen, apparaissent sur le marché. Le mot lui-même vient du danois « leggodt », qui signifie « bien jouer ».

## 1955

ballets Chiriaeff, fondés par Ludmilla Chiriaeff, donnent à Montréal leur première représentation. • Félix Leclerc enregistre *Moi, mes souliers* et Gabrielle Roy publie *Rue Deschambault*. • Le comédien Henri Norbert fonde le premier théâtre d'été à Sun Valley.

À la conférence fédérale-provinciale d'octobre, le premier ministre Maurice Duplessis réclame d'Ottawa la clarification et la délimitation précise des pouvoirs de taxation du fédéral et des provinces, suivant l'esprit et la lettre de la constitution canadienne. • Le Comité permanent de la survivance française prend le nom de Conseil de la vie française en Amérique.

Inauguration du parc pour enfants Disneyland aux États-Unis.

*Le maire Jean Drapeau, le cardinal Léger et Maurice Duplessis avec les membres du clergé.*

## 1956

### CULTURE ET SOCIÉTÉ

Mise en service de Bersimis 1 sur la Côte-Nord. Mise en chantier de Bersimis 2 et de la troisième section de Beauharnois. • René Lévesque commence à animer l'émission d'affaires publiques télévisée *Point de Mire* à Radio-Canada. • L'Office national du film s'installe à Montréal. • Hans Selye publie *The Stress of Life*.

*La rue Sainte-Catherine, à Montréal.*

### MONDE

Les troupes soviétiques envahissent la Hongrie. • Aux Jeux olympiques de Cortina, en Italie, la skieuse montréalaise Lucile Wheeler remporte deux médailles de bronze en descente et en slalom géant. • Le Français Michel Quoist publie *Aimer, ou le Journal de Dany*, que les adolescents dévorent.

## 1956

Aux élections générales, l'Union nationale dirigée par Maurice Duplessis est reportée au pouvoir avec 73 députés contre 19 libéraux et un indépendant. • L'Assemblée législative porte de 7% à 9% l'impôt sur les corporations. • Mise sur pied de l'Office des marchés agricoles, à la suite des recommandations de la Commission d'enquête pour la protection des agriculteurs et des consommateurs formée en 1952. Le but est d'aider à la mise en marché des produits agricoles au moyen de plans conjoints. • Pour la première fois, le ministère de la Santé a le pouvoir d'étudier la pollution des cours d'eau au Québec.

À Ottawa, entrée en vigueur de la Loi sur l'assurance-chômage. • Lester B. Pearson obtient le prix Nobel de la paix. • Fondation du Congrès du travail du Canada (CTC). • Aux États-Unis, Elvis Presley fait fureur avec une première chanson, *Heartbreak Hotel* et le rock'n roll est la musique à la mode. • Découverte du neutrino au laboratoire américain de Los Alamos. • La population de l'Amérique du Nord est rattrapée, puis dépassée par celle de l'Amérique latine.

## 1957

### CULTURE ET SOCIÉTÉ

Fondation de la Fédération des travailleurs du Québec, la FTQ. • Une grande épidémie de rougeole frappe le Québec. • Les Ballets Chiriaeff deviennent les Grands Ballets canadiens. • L'écologiste Pierre Dansereau publie *Biogeography, an Ecological Perspective*. • Jacques Languirand publie *Les grands départs*.

Une classe de première année.

### MONDE

Création du Marché commun européen. • L'ancienne colonie britannique de la Côte de l'Or est le premier territoire colonial africain à obtenir son indépendance et prend le nom de Ghana. • La Grande-Bretagne fait exploser une bombe thermonucléaire dans le Pacifique. • Lancement par l'Union soviétique le 4 octobre du premier satellite artificiel dans l'espace, le Sputnik 1.

## 1957

En janvier, Raymond Barbeau fonde l'Alliance laurentienne, un mouvement prônant l'indépendance du Québec.

John G. Diefenbaker, conservateur, devient premier ministre du Canada. • Création de NORAD (North American Aerospace Defense), commandement intégré des forces américaines et canadiennes pour la défense aérienne du continent. • Jack Kerouac publie *On the Road*. Il est le premier à utiliser les mots *beat* et *beatnik*.

**1958**

*Félix Leclerc.*

Charles de Gaulle devient président de la France. • Exposition universelle de Bruxelles. • Boris Pasternak publie *Docteur Jivago* et Leon Uris, *Exodus*. • Jacques Tati réalise *Mon oncle*. • Le Suédois Ake Senning invente le stimulateur cardiaque. • Les premiers parcomètres font leur apparition à Londres.

## 1958

Première grève générale des étudiants québécois. • Gratien Gélinas fonde La Comédie canadienne. • Création des Éditions de l'Homme. • Publications : *Agaguk* d'Yves Thériault, *Un simple soldat* de Marcel Dubé, *Les grands soleils* de Jacques Ferron.

Une scission au sein du mouvement créditiste amène Réal Caouette à créer un nouveau parti, le Ralliement des créditistes. • L'assemblée législative adopte à l'unanimité la division en deux départements du ministère du Bien-Être social et de la Jeunesse.

Le gouvernement fédéral adopte le programme national et universel d'assurance-hospitalisation à frais partagés avec les provinces. • L'Alaska devient le 49ᵉ État de l'Union. • Les États-Unis mettent sur pied l'Adminis-

*John Diefenbaker est premier ministre du Canada de 1957 à 1963.*

tration nationale de l'Aéronautique et de l'Espace (NASA) pour gérer l'exploration spatiale. • Invention du laser et de la stéréophonie.

## 1959

**CULTURE ET SOCIÉTÉ**

Grève des réalisateurs de Radio-Canada. • Jacques Labrecque interprète la première chanson de Gilles Vigneault, *Jos Montferrand*, et Gratien Gélinas crée *Bousille et les justes*. • Mordecai Richler publie *The Apprenticeship of Duddy Kravitz*. • Jacques Plante devient le premier gardien de but à porter un masque.

**POLITIQUE**

Le 7 septembre, le premier ministre Maurice Duplessis (né en 1890) meurt à Shefferville à la suite d'une congestion cérébrale, alors qu'il effectue une tournée des régions minières. Il est porté en terre à Trois-Rivières le 10 septembre. Paul Sauvé (né en 1907) lui succède comme premier ministre, mais meurt

*La Voie maritime du Saint-Laurent, écluse Saint-Louis.*

## 1959

*Paul Sauvé, premier ministre du Québec de septembre 1959 à janvier 1960.*

subitement au matin du 2 janvier 1960, après « cent jours » de gouvernement. • Le premier ministre Paul Sauvé annonce une hausse générale des salaires pour les fonctionnaires régis par la Commission du service civil, de même qu'une classification des tâches. • Inauguration des travaux à Manic-Outardes. • Inauguration de la Voie maritime du Saint-Laurent par la reine Elizabeth II, qui remet en cause la vocation séculaire du port de Montréal. Désormais Montréal n'est plus le lieu de transbordement obligé de la navigation fluviale. • L'Assemblée législative vote une somme de dix millions de dollars pour faciliter aux étudiants l'accès aux études supérieures.

Hawaï devient le 50e État de l'Union. • La compagnie américaine New Hampshire's Toy Manufacturing lance la poupée de plastique Barbie.

Fidel Castro renverse Fulgencio Batista et prend le pouvoir à Cuba. • Le satellite Lunik 3 de l'Union soviétique prend des photos de la lune. • Alain Resnais réalise *Hiroshima, mon amour* et Federico Fellini, *La Dolce Vita*.

## 1960

### CULTURE ET SOCIÉTÉ

Bombe : *Les insolences du frère Untel*, de Jean-Paul Desbiens, un livre qui dénonce les carences du système d'éducation. L'ouvrage connaît un immense succès. • Raoul Roy, rédacteur de la *Revue socialiste*, fonde l'Action socialiste pour l'indépendance du Québec. • Fondation du Mouvement laïque de langue française. • Fondation en Beauce de la compagnie Les Aciers Canam, qui deviendra Canam Manac. • Wilfrid Pelletier devient directeur général de l'enseignement de la musique au Québec. • Claude Hurtubise fonde les Éditions Hurtubise/HMH (Hurtubise, Mame et Hatier). • Ouverture de l'autoroute métropolitaine à Montréal.

### POLITIQUE

Antonio Barrette succède à Paul Sauvé, décédé subitement le 2 janvier. • Aux élections générales, le Parti libéral dirigé par Jean Lesage est porté au pouvoir avec 51 des 95 sièges. On fera de cet événement le début de la Révolution tranquille. • Le gouvernement confie à Hydro-Québec les droits d'aménagement et d'exploitation de toutes les ressources hydrauliques non concédées. • Création d'une commission d'enquête sur l'administration provinciale de 1955 à 1960. • Augmentation des impôts des particuliers et des corporations en vue de financer l'assurance-hospitalisation.

### AMÉRIQUE DU NORD

La population des États-Unis est de 179 323 175 habitants. • John Fitzgerald Kennedy est élu président des États-Unis. • Mise au point de la cuisine sous vide. • Les Américains Bill Hanna et Joe Barbara lancent le dessin animé *The Flintstones* (*Les Pierrafeu*), une version préhistorique de l'émission télévisée de Jackie Gleason, *The Honeymooners*.

### MONDE

Brasilia remplace Rio de Janeiro comme capitale du Brésil. • Dix-sept anciens territoires coloniaux d'Afrique, dont 14 français, proclament leur souveraineté. • Alain Resnais réalise *L'année dernière à Marienbad* et Alfred Hitchcock, *Psychose*.

*Le visage anglais de Montréal...*

### Maintenant ou jamais

Le 27 avril 1960, le premier ministre et chef de l'Union nationale, Antonio Barrette, annonce la tenue en juin d'élections générales très attendues. Voilà maintenant 16 ans que son parti est au pouvoir. Rapidement, il enfourche le vieux cheval de bataille de l'autonomie provinciale. Le chef du Parti libéral, lui, Jean Lesage, cherche depuis un moment déjà à recruter des candidats de prestige. En voici un : René Lévesque, journaliste bien connu de l'émission télévisuelle *Point de Mire*. Lévesque accepte, frappé par le programme du parti et la personnalité de Georges-Émile Lapalme, l'ex-chef du parti. Le Parti libéral propose de mettre de l'ordre dans les affaires publiques québécoises, la création d'une commission d'enquête sur l'éducation, l'institution de l'assurance-hospitalisation, l'adoption d'un code du travail, la création d'un ministère des Richesses naturelles, etc. La publicité oppose les trois « L » du Parti libéral, Jean Lesage, Georges-Émile Lapalme et René Lévesque, aux trois « B » de l'Union nationale, Antonio Barrette, Maurice Bellemare et Jos D. Bégin.
La campagne est dure : on dirait une guerre de tranchées. Mais les libéraux ont le vent dans les voiles : les sondages le prouvent. On a choisi comme slogan « C'est maintenant ou jamais ! » Le 22 juin, les jeux sont faits : le Parti libéral dirigé par Jean Lesage est porté au pouvoir avec 51 des 95 sièges à pourvoir. On fera de cet événement le début de la Révolution tranquille.

## 1961

*La construction de la place Ville-Marie, terminée en 1961, transforma le centre-ville de Montréal.*

**CULTURE ET SOCIÉTÉ**

La population du Québec atteint 5 259 211 habitants. • Marcel Chaput publie *Pourquoi je suis séparatiste*.

*Italo-Québécois et Canadiens français s'affrontent au sujet de la langue d'enseignement, à Saint-Léonard.*

**POLITIQUE**

Sanction de la loi créant le ministère des Affaires culturelles, l'Office de la langue française, le Conseil des Arts du Québec et le Département du Canada français d'outre-frontière. • Création également de la Régie des alcools du Québec. • Le 10 juin, *Le Devoir* publie les résultats d'un sondage selon lequel

**AMÉRIQUE DU NORD**

Fondation du Nouveau Parti démocratique (NPD), à la suite d'une entente entre le CCF (Cooperative Commonwealth Federation) et le CTC (Congrès du Travail du Canada). • Invasion manquée de Cuba, dite de la

**MONDE**

Yuri Gagarine, le cosmonaute russe, est mis en orbite autour de la terre. • Construction du mur de Berlin. • François Truffaut réalise *Jules et Jim*.

15,2% des Québécois sont favorables à l'indépendance du Québec. • Marcel Chaput et André d'Allemagne fondent le Rassemblement pour l'indépendance nationale (RIN). • Claire Kirkland-Casgrain devient la première femme élue député à l'Assemblée législative.

baie des Cochons, depuis le sud des États-Unis. Quelques jours plus tard, Cuba devient la première république socialiste d'Amérique latine. • Un premier astronaute américain, Alan Sheppard, est envoyé dans l'espace.

### La Commission Parent

À la fin des années 1950, les études secondaires publiques sont devenues la grande faiblesse du système scolaire québécois. On estime qu'elles mènent une très large proportion d'élèves, sinon la majorité, à un cul-de-sac. En mars 1961, le gouvernement Lesage met sur pied une commission royale d'enquête, présidée par le vice-recteur de l'Université Laval, M$^{gr}$ Alphonse-Marie Parent, avec pour tâche « d'étudier l'organisation et le financement de l'éducation au Québec ». Au cours de leurs travaux, qui s'échelonnent de 1961 à 1966, les commissaires reçoivent 300 mémoires et visitent plusieurs institutions scolaires au Canada, aux États-Unis et en Europe.

Leurs premières recommandations, déposées en 1963, proposent l'abolition du Département de l'instruction publique, un organisme plus que centenaire, et la création d'un ministère de l'Éducation, flanqué d'un organe consultatif, le Conseil supérieur de l'éducation. Plusieurs groupes cependant s'y opposent, dont l'épiscopat catholique, et il faut plus d'un an pour acheminer un projet de loi à cet effet à la sanction royale (19 mars 1964).

Pour assurer à tous les jeunes l'accès à l'école secondaire, le ministère regroupe d'abord les 1500 commissions scolaires locales en 55 commissions scolaires régionales. Rapidement, un grand nombre d'écoles régionales, dites « polyvalentes », sont mises en chantier. En 1967, les 12 premiers collèges d'enseignement général et professionnel ouvrent leurs portes. Un an plus tard, c'est la création de l'Université du Québec.

## 1962

### CULTURE ET SOCIÉTÉ

Les Caisses populaires acquièrent La Sauvegarde, compagnie d'assurance-vie. • Grand incendie englobant les forêts situées entre le lac Saint-Jean et la tête du Saint-Maurice. Le nuage de fumée est tel qu'il obscurcit le ciel de Montréal. • Arthur Lamothe réalise *Les bûcherons de la Manouane*. • Lancement du journal historique *Le Boréal Express*. Lancement du magazine scientifique *Le Jeune Scientifique*, qui deviendra plus tard *Québec Science*. • Montréal est choisie par le Bureau des expositions internationales comme site de l'exposition universelle et mondiale de 1967.

### POLITIQUE

Le *Magazine Maclean* publie les résultats d'un sondage selon lequel 26,2% des Québécois sont favorables à l'indépendance du Québec. • Formation du « Réseau de résistance », qui veut aider à l'indépendance du Québec par la violence. • Donald Gordon, président du Canadien National, déclare qu'il ne peut trouver dans son personnel aucun Canadien français apte à occuper l'un des 28 postes supérieurs de l'entreprise. Flambée de manifestations nationalistes dans à peu près tous les coins du Québec. Au cours de l'une d'elles, la police de Montréal lance ses chevaux dans la mêlée. • Marcel Chaput et un

### AMÉRIQUE DU NORD

Inauguration de la route Transcanadienne. • À Toronto, Marshall McLuhan publie *La Galaxie Gutenberg*. • Menace d'affrontement URSS-États-Unis à propos de Cuba. • L'astronaute américain John Glenn effectue un vol orbital dans l'espace. • Mort à 36 ans de l'actrice Marilyn Monroe, née Norma Jean Baker. • Sortie en salle de *Dr. No*, premier film américain mettant en vedette James Bond.

### MONDE

La population de la Terre est d'environ 3 100 000 000 d'habitants. • Deux avocats britanniques fondent Amnistie internationale. • Deuxième concile du Vatican. • L'usage de la thalidomide est à l'origine de malformations congénitales. • Le néologisme « informatique » est formé à partir des mots « information » et « automatique ».

## 1962

groupe de ses partisans quittent le RIN et fondent le Parti républicain du Québec. • Aux élections de novembre, le Parti libéral est reporté au pouvoir sur le thème de la nationalisation de l'électricité, avec le slogan « Maîtres chez nous ». Pour le ministre des Richesses naturelles, René Lévesque, c'est la première étape d'une conquête économique. • Création de la Société générale de financement.

## 1963

### CULTURE ET SOCIÉTÉ

Le 20 juillet, éclipse totale de soleil. • Hydro-Québec prend possession de dix sociétés privées d'électricité : on estime à 604 millions de dollars le coût de l'opération. • Fondation à Trois-Rivières de la maison d'édition Boréal Express. • Michel Brault et Pierre Perrault réalisent *Pour la suite du monde*.

### POLITIQUE

Création de la revue Parti pris, dirigée par Pierre Maheu, qui oriente sa lutte sur trois fronts : laïcisme, indépendantisme, socialisme. • Premières flambées de violence du Front de libération du Québec. • Le Rassemblement pour l'Indépendance nationale (RIN), réuni en congrès à Montréal, se constitue en parti politique. • Le gouvernement lance sur le marché sa première émission d'obligations d'épargne. • Création du Bureau d'aménagement de l'Est du Québec. • Adoption de la Loi sur les caisses d'épargne et de crédit et de la Loi sur les associations coopératives.

### AMÉRIQUE DU NORD

Lester B. Pearson, libéral, devient premier ministre du Canada. • Institution de la Commission royale d'enquête sur le bilinguisme et le biculturalisme, présidée conjointement par André Laurendeau et Davidson Dunton. • Le 22 novembre, assassinat à Dallas du président américain John Fitzgerald Kennedy. Lyndon B. Johnson devient président. • Aux États-Unis, au cours d'une opération à cœur ouvert, on recourt pour la première fois à un cœur artificiel. • Alfred Hitchcock réalise *Les oiseaux*.

### MONDE

Yasser Arafat fonde le mouvement de résistance Al Fatah contre Israël. • La cosmonaute russe Valentina Tereshkova fait un vol de trois jours dans l'espace et devient ainsi la première femme cosmonaute. • Présentation à Berlin du premier magnétophone à cassettes.

### Le terrorisme québécois

Le terrorisme québécois commence le 23 février 1963 avec l'annonce d'une bombe déposée à la station anglaise CKGM par l'aile radicale du « Réseau de résistance » formé en octobre 1962. Bientôt, par vagues, le Front de libération du Québec frappe. De 1963 à 1967, le mouvement terroriste pose environ 35 bombes, la plupart de faible puissance, dont une sur deux peut être désamorcée. On s'en prend aux symboles de la Couronne britannique et du gouvernement fédéral : manèges et casernes militaires, monuments, centres de recrutement de l'armée canadienne, boîtes aux lettres. De 1968 à 1970, voici environ 60 bombes, de forte puissance, dont une sur quatre peut être désamorcée. Généralement, on s'en prend cette fois-ci au grand capital. Et viennent les événements d'octobre 1970 : l'enlèvement de l'attaché commercial britannique, James Richard Cross, la lecture du manifeste du FLQ sur les ondes de la radio et de la télévision d'État, l'enlèvement du ministre du Travail et de l'Immigration, Pierre Laporte, le décret de la Loi des mesures de guerre, la mort de Pierre Laporte, les perquisitions (31 700 selon les chiffres alors fournis par le Protecteur du citoyen), les 502 arrestations sans mandat, les détentions prolongées sans motifs ni comparutions, la culpabilité par association avec définition rétroactive des offenses. La population en général sortira meurtrie d'« octobre 1970 », événements encore aujourd'hui ténébreux, porteurs de significations multiples et où il est difficile de bien identifier la part réelle de chacun des intervenants.

## 1964

### CULTURE ET SOCIÉTÉ

Mise en service de la centrale de Carillon. • Fondation de la compagnie Cascades, à Kingsey Falls. • Naissance de l'Union générale des étudiants du Québec (UGEQ). • Françoise Gratton, Gilles Pelletier et Georges Groulx fondent la Nouvelle Compagnie théâtrale. • Alain Grandbois reçoit le prix Molson, décerné pour la première fois. • Gilles Groulx réalise *Le chat dans le sac* et obtient le grand prix du Festival du cinéma canadien. • Fondation du Musée d'art contemporain de Montréal. • À la suite d'un vote,

### POLITIQUE

Le 30 mai, Pierre Bourgault devient président du RIN. • René Jutras, médecin de Victoriaville, fonde le Regroupement national, qui deviendra le Ralliement national, un autre parti indépendantiste. • Par esprit de dérision politique, Jacques Ferron fonde le Parti Rhinocéros. • Le 10 octobre, « Samedi de la matraque » à Québec à l'occasion de la visite de la reine Elizabeth II. Journée de répression brutale face à des foules sans armes. Rupture entre un grand nombre d'indépendantistes et le projet de Révolution tranquille du

### AMÉRIQUE DU NORD

Émeutes raciales aux États-Unis. • Martin Luther King reçoit le prix Nobel de la paix. • Foire universelle de New York. • Le professeur américain G. Rosen utilise pour la première fois la chimiothérapie. • La compagnie américaine Hasbro met en marché son militaire miniature pour enfants G.I. Joe.

*Une assemblée du Rassemblement pour l'indépendance nationale.*

### MONDE

Les Beatles ont un succès fou et tous les jeunes connaissent leurs premières chansons, comme *I Want to Hold your Hand*. • Le film *Zorba le Grec* de Cacoyannis attire un large public. • Jean-Paul Sartre publie *Les mots*. • La dernière œuvre de Claude Champagne, *Altitude*, pour chœur, orchestre et ondes Martenot, est consacrée par un concert parisien au palais de Chaillot.

plus de 75% des fonctionnaires québécois décident d'adhérer au Syndicat des fonctionnaires, affilié à la Confédération des syndicats nationaux.

gouvernement Lesage. • Le projet de loi prévoyant la création d'un ministère de l'Éducation reçoit la sanction royale, mais la confessionnalité du système public est assurée par diverses mesures. • Adoption par le Parlement du Code du travail et de la loi établissant le régime des rentes. La nouvelle Caisse de dépôt et de placement administre les fonds perçus par la Régie des rentes et la Régie de l'assurance-récolte.

## 1965

### CULTURE ET SOCIÉTÉ

Inauguration de la première ligne de transport d'électricité au monde à 735 kilovolts. • La naissance et le développement des pratiques d'animation sociale, des comités de citoyens et des groupes populaires constituent une première tentative de transformation des pratiques sociales. • Publications : *Le couteau sur la table* de Jacques Godbout, *Prochain épisode* d'Hubert Aquin, *L'afficheur hurle* de Paul Chamberland. • Marie-Claire Blais remporte le prix Médicis avec *Une saison dans la vie d'Emmanuel*. • Gilles Carle réalise *La vie heureuse de Léopold Z* et Arthur Lamothe, *Poussière*

### POLITIQUE

Le 24 mai, jour de la fête de Dollard ou de la reine, se déroule la plus violente manifestation que Montréal ait connue depuis des années. Bilan : 203 détentions, 131 accusations, 13 policiers blessés. Claude Wagner est alors ministre de la Justice. • Le premier ministre Jean Lesage se lance dans une violente attaque contre les «rêveurs séparatistes». • Adoption de la Loi de la fonction publique. • Création de la Société québécoise d'exploration minière, connue sous le sigle SOQUEM, et de la Caisse de dépôt et de placement du Québec. • On crée le ministère de la Famille et du Bien-Être

### AMÉRIQUE DU NORD

Pierre Elliott Trudeau, Jean Marchand et Gérard Pelletier, surnommés alors les «trois colombes», adhèrent au Parti libéral du Canada. • L'unifolié devient l'emblème officiel du Canada. • Le rapport préliminaire de la commission Laurendeau-Dunton constate que la Confédération arrive à un tournant décisif de son histoire et que l'avenir est

### MONDE

Le cosmonaute soviétique Leonov quitte son engin spatial Voskhod II et flotte dans l'espace durant dix minutes. • L'Angleterre fête le 900e anniversaire de l'abbaye de Westminster.

*Pierre Elliott Trudeau, Jean Marchand et Gérard Pelletier, les «trois colombes».*

*sur la ville*. • Gilles Vigneault chante pour la première fois *Mon pays*.

social, tel que recommandé par le rapport Boucher, du Comité d'étude de l'assistance publique. • Le gouvernement du Québec signe à Paris ses premières ententes internationales visant à développer la coopération France-Québec dans les domaines de l'éducation et de la culture. • Le gouvernement accorde le droit de vote à toute personne âgée de 18 ans et plus pour l'élection des commissaires d'écoles.

d'autant plus douteux qu'une bonne partie de la population anglophone n'a même pas conscience de l'existence de la crise. • En Alabama, Martin Luther King dirige une marche avec 4000 défenseurs des droits sociaux. • Violentes altercations raciales à Los Angeles. • Herbert Marcuse publie *Culture et société*.

## 1966

### CULTURE ET SOCIÉTÉ

Signature d'une lettre d'intention en vue de l'aménagement, par Churchill Falls (Labrador) Corp., d'une centrale sur la rivière Churchill, au Labrador, et de l'achat par Hydro-Québec de la majorité de la production de cette centrale. • Fondation à Shawinigan de la première association coopérative d'économie familiale. • Début de la

### POLITIQUE

La commission royale d'enquête sur l'enseignement, la commission Parent, remet au gouvernement son dernier rapport. • La Commission royale d'enquête sur la fiscalité, présidée par Marcel Bélanger, propose des réformes à tous les niveaux du régime fiscal et un partage plus favorable au Québec des taxes prélevées par les gouvernements de Québec et d'Ottawa. • L'assurance-hospitalisation couvre maintenant les services d'urgence, la radiothérapie, la physiothérapie, les services externes de radiologie et de laboratoire, de même que les services sociaux offerts aux malades hospitalisés. • Création de la

### AMÉRIQUE DU NORD

Adoption par le gouvernement fédéral du régime national et universel d'assurance-maladie, un programme à frais partagés. • Aux États-Unis, Timothy Leary, psychologue, directeur de recherches à l'Université d'Harvard et

### MONDE

La sonde spatiale soviétique Luna 9 se pose en douceur sur la lune. • En URSS, Leonid Brejnev devient secrétaire général du Parti communiste. • En Chine, le comité central du Parti communiste réclame « une grande révolution culturelle prolétarienne ». • Un DC 8 canadien s'écrase à Tokyo : 188 morts.

télévision en couleur au Québec. • Wilfrid Pelletier, Jean Papineau-Couture, Serge Garant et Pierre Mercure fondent la Société de musique contemporaine de Québec. • Inauguration du métro de Montréal. • La mini-jupe est à la mode.

*Gilles Vigneault.*

Commission d'enquête sur la santé et le bien-être social (Commission Castonguay-Nepveu). Le 5 juin, l'Union nationale, dirigée par Daniel Johnson, reprend le pouvoir. • Pierre Vallières écrit *Nègres blancs d'Amérique*.

chantre du LSD, est arrêté pour « possession de stupéfiants prohibés ». • Pour protester contre la guerre du Viêt-nam, tenue d'un premier *love-in* à San Francisco.

*Une affiche pour l'Exposition internationale de 1967.*

## 1967

### CULTURE ET SOCIÉTÉ

Création des collèges d'enseignement général et professionnel qui garantissent à tous les étudiants la gratuité et l'accessibilité aux études collégiales. • Création de l'Institut de recherche d'Hydro-Québec et de la revue *Forces*. Mise en service des centrales Manic 1 et 2 et première hausse de tarifs d'électricité depuis 1944. • L'Exposition universelle de Montréal s'ouvre le 28 avril alors qu'il fait un temps ensoleillé. André Prévost compose le poème symphonique *Terre des hommes* pour le concert inaugural. L'exposition se termine le 27 octobre. • Début d'une grave invasion de la tordeuse des bourgeons de l'épinette. En neuf ans, elle s'étendra à 360 000

### POLITIQUE

En juillet, Charles de Gaulle, président de la République française, s'écrie du balcon de l'hôtel de ville de Montréal « Vive le Québec libre ! » • François Aquin se déclare partisan de la souveraineté totale du Québec et devient le premier député indépendantiste à siéger à l'Assemblée législative. • On met sur pied le ministère des Affaires intergouvernementales. • Le député libéral de Laurier, René Lévesque, propose une indépendance assortie d'une étroite association, surtout en matière économique, avec le reste du Canada. Il quitte le Parti libéral, qui refuse de discuter de son manifeste et fonde quelques semaines plus tard le Mouvement Souveraineté-Association. •

### AMÉRIQUE DU NORD

La commission Laurendeau-Dunton recommande de déclarer le français langue officielle aux parlements du Canada, de l'Ontario et du Nouveau-Brunswick, ainsi que dans l'administration gouvernementale canadienne et les tribunaux fédéraux. On suggère également la création de districts bilingues et l'adoption d'une loi sur les langues officielles. • Tenue d'une conférence interprovinciale sur la constitution. • Suspension de la peine de mort au Canada pour une période de cinq ans. • Le gouvernement Pearson adopte l'*Ô Canada* comme hymne national canadien. • Intégration des forces armées du Canada. • On institue l'Ordre du Canada. • On crée la

### MONDE

Début de la guerre du Biafra. • Troisième guerre israélo-arabe, la « guerre des six jours ». En Grèce, « régime des colonels ». • Première transplantation cardiaque par le docteur Christian N. Barnard à Cape Town, en Afrique du Sud. • La République de Chine fait exploser sa première bombe à hydrogène. • Le révolutionnaire cubain d'origine argentine Ernesto Che Guevara (né en 1928) est tué en Bolivie. • Des tonnes d'herbicides défoliants sont déversées sur le Viêt-nam par l'armée américaine. • Le

## 1967

kilomètres carrés de forêts. • Jacques Godbout publie *Salut Galarneau !* et Gérald Godin, *Les Cantouques*. • Michel Brault réalise *Entre la mer et l'eau douce*.

*Expo 67, c'est aussi la Ronde.*

Tenue à Montréal des États généraux du Canada français, qui se concluent par un rejet catégorique du fédéralisme canadien, un appui généralisé en faveur des pleins pouvoirs pour le Québec et une orientation vers l'indépendance du Québec.

Société de développement de l'industrie cinématographique canadienne qui deviendra Téléfilm Canada. • Ouverture de la Bibliothèque nationale à Ottawa. • Aux États-Unis, tenue du festival pop de Monterey, qui dure trois jours et attire 50 000 jeunes. • Émeutes raciales à Newark et à Detroit.

superpétrolier *Torrey Canyon* se brise sur des récifs au large de l'Angleterre. C'est la première grande marée noire. • Accord entre la France, l'Angleterre et l'Allemagne pour construire l'Airbus.

*Le général de Gaulle et le premier ministre Daniel Johnson.*

## 1968

### CULTURE ET SOCIÉTÉ

Le 25 septembre, inauguration du barrage de Manic 5 par Daniel Johnson, Jean Lesage et René Lévesque. • Le premier parc industriel d'État est créé à Bécancour. • Création de l'Université du Québec, avec campus à Montréal, Trois-Rivières et Chicoutimi. Une quatrième constituante ouvrira ses portes plus tard à Rimouski. • Création de Radio-Québec et de l'Office franco-québécois pour la jeunesse. • Sur le plan municipal, on accorde le droit de

*René Lévesque, Jean Lesage et Daniel Johnson.*

### POLITIQUE

Après la mort de Daniel Johnson, Jean-Jacques Bertrand devient premier ministre du Québec. • Abolition du Conseil législatif et création du ministère de l'Immigration. • Le gouvernement décide de verser ses propres allocations familiales. • Invité directement par le Gabon, le Québec se rend à la conférence des ministres de

### AMÉRIQUE DU NORD

Pierre Elliott Trudeau, succédant au démissionnaire Lester B. Pearson, triomphe à la convention du Parti libéral fédéral. Il annonce bientôt la tenue d'élections et toute la campagne électorale sera centrée sur la personne de ce nouveau chef. On parlera de «trudeaumanie». Et il sera élu premier ministre du Canada aux élections du 25 juin. • Aux États-Unis, assassinat du pasteur baptiste Martin Luther King et de l'homme politique Robert F. Kennedy. • Le président Lyndon B. Johnson annonce l'arrêt des bombardements sur la majeure partie du Nord-Viêt-nam et son retrait de la

### MONDE

Violentes manifestations pendant les événements de mai 68 en France. • Les Russes envahissent la Tchécoslovaquie. • Durcissement des relations entre Pékin et Moscou. • Explosion de la première bombe H française. • En Chine, le Parti communiste annonce la fin de «la grande révolution culturelle prolétarienne». • En URSS, vol d'essai de Tupolev 144, premier avion commercial supersonique. • L'encyclique *Humanæ Vitæ* de Paul VI se prononce contre toute forme de contraception artificielle. • Hewish et Bell, de l'observatoire Mullard, à Cambridge, en Angleterre, découvrent les pulsars. • Marguerite Yourcenar publie *L'œuvre au noir*.

## 1968

vote à tous les résidents âgés de 18 ans et plus. • Le médecin montréalais Henry Morgentaler ouvre une première clinique d'avortement. • À la rentrée de septembre 15 cégeps sur 23 se mettent en grève. • À l'été, le docteur Pierre Grondin réussit la première transplantation cardiaque québécoise. • La pièce *Les belles-sœurs* de Michel Tremblay est jouée pour la première fois, au Théâtre du Rideau Vert. • Hubert Aquin publie *Trou de mémoire*. • Denis Héroux réalise *Valérie*.

l'Éducation des pays francophones, ce qui soulève l'ire d'Ottawa. • René Lévesque lance son livre *Option Québec* et fonde le Parti québécois. • Pierre Elliott Trudeau parle du «*lousy French*» des francophones québécois. • Lors du défilé de la Saint-Jean-Baptiste à Montréal, en présence du maire Jean Drapeau et de Pierre Elliott Trudeau, des échauffourées éclatent entre manifestants indépendantistes et policiers : 135 blessés, près de 300 arrestations, dont 81 mineurs. Parmi les personnes arrêtées : Pierre Bourgault, Paul Rose, Jacques Lanctôt, Jacques Larue-Langlois, Richard Bizier et un prêtre-ouvrier, Jacques Couture.

course électorale. On estime qu'un million de tonnes de bombes a été lancé sur le Viêt-nam. • Élection du républicain Richard Nixon à la présidence des États-Unis. • Stanley Kubrick réalise *2001 : Odyssée de l'espace*.

*Jean-Jacques Bertrand succède à Daniel Johnson.*

## 1969

### CULTURE ET SOCIÉTÉ

L'AGEUM (Association générale des étudiants de l'Université de Montréal) et l'UGEQ (Union générale des étudiants du Québec) se sabordent. • Les Expos de Montréal jouent leur premier match à domicile, contre les Cardinaux de Saint-Louis au parc Jarry. • Sainte-Scholastique est choisie comme site du deuxième aéroport international canadien : Mirabel. • Première édition du Festival de la chanson de Granby. • Arthur Lamothe réalise *Le mépris n'aura qu'un temps* et Pierre Perrault, *Les voitures d'eau.* • Marcel Rioux publie *La question du Québec.*

### POLITIQUE

Création des ministères de la Fonction publique et des Communications. • Mise en place de l'Office de planification et de développement du Québec et du Conseil québécois de l'environnement. • Création de la Société d'exploitation des loteries et courses (Loto-Québec), de la Société québécoise d'initiatives pétrolières (SOQUIP), du Centre de recherche industrielle du Québec (CRIQ) et de la Société de récupération, d'exploitation et de développement forestiers (REXFOR). • Les assises nationales des États généraux du Canada français réclament une nouvelle constitution

### AMÉRIQUE DU NORD

Création de Télésat Canada. • Des centaines de milliers de personnes défilent dans les rues de plusieurs villes américaines pour protester contre la guerre au Viêt-nam. • Tenue du festival pop de Woodstock où 400 000 jeunes assistent à une grand-messe psychédélique et fraternelle.

### MONDE

Le 20 juillet, l'homme marche sur la Lune. • Jan Palach, un étudiant tchécoslovaque, s'immole à Prague pour protester contre l'occupation soviétique. • Yasser Arafat devient le premier président de l'Organisation de libération de la Palestine. • À la suite de la démission du général de Gaulle, Georges Pompidou est élu président de la république française. • En Irlande du Nord, les affrontement entre catholiques et protestants font plusieurs dizaines de morts et des centaines de blessés. L'armée britannique intervient. • Willy Brandt devient chancelier de la RFA. • Des commandos égyptiens

pour le Québec et un système présidentiel. • Nouvelle flambée de violence à l'occasion du défilé de la Saint-Jean-Baptiste à Montréal. La statue représentant saint Jean-Baptiste est décapitée. • Violentes manifestations en faveur des droits linguistiques des francophones québécois à McGill et Saint-Léonard entre autres. • Le « bill 63 », projet de loi sur l'enseignement du français, provoque de graves remous. La loi est adoptée.

sabotent deux navires israéliens dans le port d'Eilat. • Au Danemark, tenue d'une première foire internationale du sexe. • *Papillon*, la narration des aventures d'un ancien bagnard, Henri Charrière, devient un best-seller. • Le *Concorde*, l'avion supersonique anglo-français, vole pour la première fois.

## 1970

### CULTURE ET SOCIÉTÉ

Quelque 450 conducteurs de la compagnie de transport G. Lapalme inc. déclenchent une grève. Le conflit, parfois violent, durera plusieurs mois, mais « les gars de Lapalme » n'auront pas gain de cause. • Montréal est choisi comme site des Jeux olympiques de 1976. • Le Front d'action politique (FRAP), principal parti d'opposition au maire Jean Drapeau, tient son premier congrès politique. • Création de la Société pour vaincre la pollution (SVP). • Première nuit de la poésie au Gesù à Montréal. • Gaston Miron publie *L'homme rapaillé* et Anne Hébert, *Kamouraska*. • Claude Jutra réalise

### POLITIQUE

Le Parti libéral du Québec se choisit un nouveau chef : Robert Bourassa, député à l'Assemblée nationale depuis 1966. • À la suite des recommandations de la Commission d'enquête sur la santé et le bien-être social (Commission Castonguay-Nepveu), le gouvernement adopte le régime universel d'assurance-maladie, puis réorganise le système de dispensation des services de santé et des services sociaux. • Le Parti libéral, dirigé par Robert Bourassa, remporte les élections avec 45,4% des suffrages et 72 des 108 sièges de l'Assemblée

### AMÉRIQUE DU NORD

Au Canada, l'âge du droit de vote est abaissé à 18 ans. • Les États-Unis adoptent le National Environmental Protection Act.

### MONDE

Salvador Allende est élu président du Chili. • Fin de la guerre du Biafra, qui capitule aux mains du gouvernement fédéral nigérian. • Le colonel Kadhafi devient premier ministre de la Libye. • La Rhodésie, ancienne colonie britannique, se proclame république

## 1970

*Mon oncle Antoine*, désigné en 1984 comme le meilleur film de toute l'histoire du cinéma canadien. • Fondation de la revue *Mainmise*.

nationale. Le Parti québécois arrive second quant au suffrage populaire avec 23,1% des voix, mais ne remporte que 7 sièges. • Crise d'octobre : enlèvement par le Front de Libération du Québec de l'attaché commercial britannique à Montréal, James Cross, et du ministre du Travail, Pierre Laporte. Décret par le gouvernement fédéral de la Loi sur les mesures de guerre. Suspension de certaines libertés civiles. Des centaines d'arrestations. Assassinat de Pierre Laporte.

*Robert Bourassa.*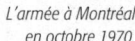

*L'armée à Montréal en octobre 1970.*

indépendante. • Au Cambodge, après 11 siècles de monarchie, proclamation de la république. • Israël bombarde par erreur une école égyptienne : 40 morts. • Première mondiale à Paris : un stimulateur cardiaque au plutonium est implanté sur un malade. • Découverte d'une riche zone pétrolifère dans la mer du Nord, au large de la Norvège. • En Égypte, on termine la construction du barrage d'Assouan. • Les Beatles se séparent. • Exposition universelle du Japon.

## 1971

### CULTURE ET SOCIÉTÉ

Annonce du projet de développement hydro-électrique de la baie de James. Création de la Société d'énergie de la Baie James (SEBJ) et de la Société de développement de la Baie James (SDBJ). • Mise en service de la centrale de Manic 5. • Le Québec devient pour la première fois membre d'une organisation internationale gouvernementale, l'Agence de coopération culturelle et technique. • Le 4 mars, Montréal connaît une des pires tempêtes : 47 centimètres de neige, soufflée par des rafales de 110 kilomètres/heure, formant d'énormes bancs de neige. C'est l'un des mois de

### POLITIQUE

Création du ministère des Affaires sociales et introduction de la Loi sur les services de santé et les services sociaux (loi 65). Mise sur pied des CLSC et création des conseils régionaux de la santé et des services sociaux (CRSSS). • Le Protecteur du citoyen critique

### AMÉRIQUE DU NORD

Le premier ministre du Québec, Robert Bourassa, refuse le rapatriement de Londres de la constitution canadienne s'il n'y a pas reconnaissance préalable d'un droit de veto du Québec à tout changement constitutionnel. • À Washington, nouvelle manifestation de plus de 500 000 personnes contre la

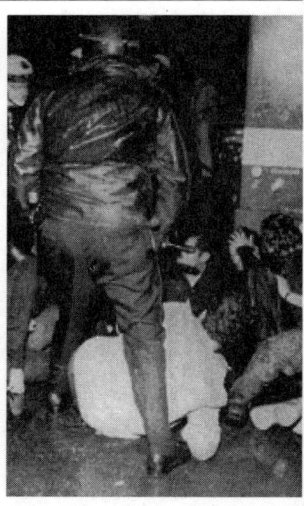

### MONDE

En Ouganda, coup d'État sanglant du major Idi Amin Dada. Au cours des sept années qui suivent, il fait exécuter sommairement des dizaines de milliers de personnes. • Le Congo devient le Zaïre. • Le Bangladesh proclame son indépendance. • Proclamation de la Fédération des Émirats arabes, regroupant six principautés du golfe Persique. • Réfugié depuis 15 ans à l'ambassade américaine de Budapest, le cardinal Mindszenty peut fuir pour Rome. • La Chine populaire est admise à l'ONU. • En France, élection de François Mitterrand comme secrétaire du Parti socialiste. • En URSS, mise en service de la plus grande centrale

mars les plus enneigés dans l'histoire du Canada. • Affaissement de terrain à Saint-Jean-Vianney. • Admission des femmes comme jurés. • Antonine Maillet publie *La Sagouine*.

sévèrement la conduite des forces policières pendant la crise d'octobre 1970. • Pierre Vallières, entré dans la clandestinité, rompt avec le FLQ et préconise l'usage des moyens démocratiques pour réaliser la libération des travailleurs québécois.

«sale guerre du Viêt-nam». • Le lieutenant américain William L. Calley est trouvé coupable de meurtre prémédité au moment du massacre de Mylai, au Viêt-nam.

*L'escouade anti-émeutes à Montréal lors des célébrations du 1ᵉʳ juillet 1970.*

*Affrontements pendant la grève de* La Presse.

hydro-électrique du monde à Krasnoïarsk, sur le Ienissei. • Nationalisation des banques privées et des mines de cuivre au Chili. • Faillite de l'entreprise britannique Rolls Royce. • En Suisse, par référendum, le droit de vote est accordé aux femmes pour les élections au fédéral, alors qu'on le refuse au Liechtenstein.

## 1972

### CULTURE ET SOCIÉTÉ

Les 200 000 employés du gouvernement forment un front commun et déclarent la grève. Malgré les injonctions, les chefs syndicaux décident de défier le gouvernement Bourassa. Il s'ensuit l'emprisonnement immédiat des principaux chefs, dont Louis Laberge, Marcel Pepin et Yvon Charbonneau. • La scission de 150 syndicats jusque-là affiliés à la Centrale des syndicats nationaux amène la fondation de la Centrale des syndicats démocratiques. • Mise en service de la centrale de Churchill Falls. Début des travaux d'aménagement de la baie de James. • Inauguration du projet hydro-

### POLITIQUE

Adoption de la Loi sur les biens culturels.

*Jacques Dion, Paul-Émile Dalpé et Amédée Daigle quittent la CSN et fondent la CSD.*

### AMÉRIQUE DU NORD

Aux États-Unis, début de l'affaire du Watergate. • Le Sénat américain enjoint le président Nixon de retirer les troupes américaines du Viêt-nam dans un délai de quatre mois. • Lancement de la sonde américaine Pioneer X qui porte à travers l'univers une plaque métallique inaltérable, gravée de symboles pouvant renseigner d'éventuels extra-terrestres sur la vie sur Terre. • Un ingénieur âgé de 28 ans invente le premier jeu vidéo, sorte de tennis sur écran. Il créera sa propre société de jeux vidéo, Atari, achetée par Warner en 1976. • Deux Américains inventent la première calculatrice électronique de poche.

### MONDE

Le président américain Richard Nixon rencontre à Pékin le président Mao Tsê-tung. • Le gouvernement britannique prend le pouvoir en Irlande du Nord à la suite de l'escalade de la violence. • À Tel-Aviv, à l'aéroport de Lod, trois terroristes japonais ouvrent le feu sur la foule : 25 morts et 72 blessés. • La police allemande met la main au collet de la «bande à Baader», un groupe terroriste. • Grève mondiale des pilotes de ligne pour protester contre la piraterie aérienne. • En France, Georges Marchais devient secrétaire du Parti communiste. • Luis Buñuel réalise *Le charme discret de la bourgeoisie*.

## 1972

électrique des chutes Churchill au Labrador. • Mise au ban du DDT comme insecticide, tant au Québec qu'au Canada. • Gilles Carles réalise *La vraie nature de Bernadette*.

## 1973

### CULTURE ET SOCIÉTÉ

Début des travaux de la Commission d'enquête sur le crime organisé (CECO). • Fondation à Québec de CKRL MF, la première radio communautaire de langue française au monde. • Création du Conseil de presse du Québec par le milieu journalistique, alors que les gouvernements étudient sérieusement la possibilité de légiférer pour discipliner les médias. • Jean-Pierre Lefebvre réalise *Les dernières fiançailles* et André Brassard, *Il était une fois dans l'Est*.

### POLITIQUE

La Gendarmerie royale du Canada vole à Montréal la liste des membres du Parti québécois. • Dépôt du rapport de la Commission d'enquête sur la situation de la langue française et sur les droits linguistiques (Commission Gendron). • Nouvelle victoire du Parti libéral dirigé par Robert Bourassa. • Adoption du Code des professions, qui subordonne les corporations au pouvoir de l'État jusque dans le champ de la formation.

### AMÉRIQUE DU NORD

Création du Conseil du Statut de la Femme et du Conseil canadien de la Situation de la Femme. • Renouvellement de la suspension de la peine de mort au Canada. • Le président américain Richard Nixon est compromis dans l'affaire du Watergate. • Aux États-Unis, révolte armée de 200 Indiens sioux dans le village de Wounded Knee, au Dakota du Sud. Ils réclament une amélioration de leurs conditions de vie dans les réserves et la prise en considération de leurs droits de citoyens. • Henry Kissinger devient secrétaire d'État aux Affaires étrangères. • Un tremblement de terre au Mexique

### MONDE

Au Chili, le régime Allende est renversé par un coup d'État du général Pinochet et Salvador Allende se suicide. • Quatrième guerre israélo-arabe. • Restauration de la république en Grèce. • À Paris, signature d'un cessez-le-feu entre le Nord-Viêt-nam et les États-Unis. Plus de 56 000 soldats américains sont morts au cours de ce conflit, qui a coûté aux États-Unis 135 milliards de dollars. • Amnistie Internationale organise à Paris un congrès mondial

## 1973

*La basilique de Sainte-Anne-de-Beaupré.*

fait 1000 morts. • Un représentant de commerce américain, Gary Gigax, crée *Donjons et Dragons*, le premier jeu de rôle moderne.

pour l'abolition de la torture. • Crise du pétrole dans le monde à la suite de fortes hausses du prix du pétrole brut. • Bernardo Bertolucci réalise *Le dernier tango à Paris*.

## 1974

### CULTURE ET SOCIÉTÉ

Inondations printanières importantes. Le gouvernement doit verser 20 millions de dollars en aide financière aux victimes réparties dans plus de 200 municipalités. • Saccage des installations de la baie de James par certains ouvriers de la FTQ-Construction. • À cause de la violence accrue sur les chantiers, un commission présidée par le juge Robert Cliche enquête sur l'exercice de la liberté syndicale dans l'industrie de la construction. • Dans les hôpitaux psychiatriques du Québec, on commence à utiliser le lithium, un sel de carbonate, pour le traitement des maniaco-dépressifs. • Fondation du quotidien indépendantiste *Le Jour*. •

### POLITIQUE

La loi 22 proclame le français langue officielle du Québec. Ambiguë et difficile d'application, jugée extrémiste par les uns et trop timide par les autres, cette loi réussit à mécontenter autant la majorité francophone que les minorités anglophones.

### AMÉRIQUE DU NORD

Le ministère des Affaires indiennes crée un bureau des revendications autochtone. • Réélection de Pierre Elliott Trudeau et du Parti libéral à Ottawa. • De 354 qu'il était en 1957, le nombre de Canadiens condamnés pour des offenses reliées à la drogue passe à 30 845. • Gerald Ford succède à Richard Nixon à la présidence des États-Unis. • À Boston, émeutes racistes pour protester contre la mixité dans les écoles pour Blancs. • Mise en chantier à Dallas du plus grand aéroport du monde.

### MONDE

En Yougoslavie, le maréchal Tito est élu président de la république à vie ; en Tunisie, c'est Habib Bourguiba. • L'Inde devient la sixième nation à posséder la bombe atomique. • En France, la majorité civile est abaissée à 18 ans. • Découverte à l'Institut Pasteur de Paris de facteurs immunologiques communs au fœtus et aux cellules cancéreuses. • Alexandre Soljénitsyne perd la citoyenneté soviétique et doit partir en exil. Il commence la publication de *L'archipel du Goulag*.

## 1974

Madeleine Ferron et Robert Cliche publient *Les Beaucerons, ces insoumis, 1735-1867*. • Michèle Lalonde publie *Speak White*. • Michel Brault réalise *Les Ordres* et Anne Claire Poirier, *Les Filles du Roy*. • Suicide de l'écrivain et critique d'art Claude Gauvreau. • Tenue de la Superfrancofête à Québec.

*De plus en plus d'ethnies sont représentées dans les écoles du Québec. (Photo : André Rival).*

## 1975

**CULTURE ET SOCIÉTÉ**

Le 24 juillet, une tornade détruit la moitié du village de Bonaventure, en Gaspésie, faisant quatre morts. • Radio-Québec entre en ondes. • Fondation de l'Association nationale des étudiants du Québec (ANEQ). • Dépôt du rapport de la Commission Cliche qui recommande la mise en tutelle de quatre grands syndicats de la construction. • Tenue des audiences publiques de la Commission d'enquête sur le crime organisé (CECO). • Inauguration de l'aéroport de Mirabel. • Accord avec les Cris et les Inuit au sujet des territoires

**POLITIQUE**

*Edward Broadbent, élu chef du Nouveau Parti démocratique en 1975.*

**AMÉRIQUE DU NORD**

Création de la Société d'État Pétro-Canada, ou Société d'énergie du Canada. • L'Église anglicane du Canada approuve l'ordination des femmes. • On joue pour la première fois, à New York, la pièce de Pierre Shaffer, *Equus*.

**MONDE**

Victoire communiste au Viêt-nam. • En Espagne, mort du dictateur absolu Franco. • À Paris, signature d'un accord de coopération nucléaire entre la France et l'Irak. • La guerre civile entre Musulmans et Phalangistes redouble de violence au Liban. • À l'ONU, on adopte une résolution assimilant le sionisme à une forme de racisme. • En Angola, proclamation de l'indépendance dans une atmosphère de guerre civile. • Les Américains opposent leur veto à l'admission de deux Viêt-nam à l'ONU. • L'ONU proclame «l'Année de la femme». • La Communauté économique européenne crée l'ECU, unité de compte européenne non

## 1975

de la baie de James. Cette convention reconnaît aux Amérindiens des droits d'occupation et d'usage d'une partie du territoire et prévoit le versement de compensations financières assez substantielles.

*Malgré la Convention de la baie de James, la vie continue d'être difficile pour les communautés inuit.*

alignée sur le dollar. • En France, début de l'émission littéraire de Bernard Pivot, *Apostrophes*. • La firme japonaise Sony lance le format vidéo grand public Beta alors que la firme JVC lance le format vidéo grand public VHS (pour «Video Home System»). • Émile Ajar publie *La vie devant soi*.

## 1976

### CULTURE ET SOCIÉTÉ

Grandes inondations du fleuve. Le gouvernement doit verser 23 millions de dollars aux victimes des inondations réparties dans plus de 600 municipalités. • Le 17 juillet, ouverture à Montréal des jeux de la XXIe Olympiade. • Affrontement entre l'Association des Gens de l'Air, qui réclame la francisation de l'espace aérien, et les contrôleurs aériens anglophones. Ottawa cède pour un temps aux pressions des pilotes et des contrôleurs anglophones. • Nouveau front commun des employés du secteur public. • Mise en service de la centrale de Manic 3. •

### POLITIQUE

Aux élections du 15 novembre, le Parti québécois dirigé par René Lévesque remporte la victoire.

*Ralliement lors d'une campagne électorale dans le comté de Sainte-Marie.*

### AMÉRIQUE DU NORD

L'Église anglicane du Canada ordonne six femmes. • La population des États-Unis est de 215 005 859 habitants. • Le démocrate Jimmy Carter est élu président des États-Unis. • La sonde américaine *Viking 1* se pose sur Mars.

### MONDE

Le Venezuela nationalise son industrie pétrolière. • Émeutes raciales à Soweto, en Afrique du Sud. • Raid israélien sur l'aéroport d'Entebbe, en Ouganda, pour libérer 103 otages aux mains de sept pro-Palestiniens qui avaient détourné l'avion. Le raid fait 31 morts. • Entrée des forces syriennes au Liban. • Cuba confirme la présence de militaires cubains en Angola. • Coup d'État militaire en Argentine dirigé par le général Videla. • Création du Front national de libération de la Corse. • Proclamation de la réunification du

## 1976

Gilles Groulx réalise *24 heures ou plus* et obtient le Prix de la critique canadienne. • Luc Plamondon crée l'opéra rock *Starmania*. • Jean Paré fonde la revue *L'actualité*, une fusion de *Le Macleans* et *Actualité*. • Adrien Thério fonde le magazine littéraire *Lettres québécoises*.

Viêt-nam. Hanoi devient la capitale. • Un nuage de dioxine sur la région de Seveso, en Italie, amène l'évacuation d'urgence de la population. • L'Académie nationale des sciences affirme que les gaz des contenants-aérosols peuvent causer des dommages à la couche d'ozone.

*René Lévesque et Claude Morin siégeant à l'Assemblée nationale.*

**1977**

## CULTURE ET SOCIÉTÉ

Fernand Seguin obtient le prix Kalinga, la plus haute distinction internationale dans le domaine du journalisme scientifique. • Fondation de l'Union des écrivains québécois. • Suicide à Montréal de l'écrivain Hubert Aquin (né en 1929).

## POLITIQUE

Adoption par le gouvernement Lévesque de la loi 101, qui va plus loin que la loi 22 dans l'affirmation de la primauté du français au travail et sur la place publique. Regroupés au sein de l'organisation Alliance-Québec, des anglophones choisissent de contester la loi devant les tribunaux et réussissent à en faire invalider certaines parties. • Démarrage du programme OSE (Opération de solidarité économique), alors que le gouvernement injecte jusqu'en 1980 plus d'un demi-milliard de dollars dans l'économie pour créer ou soutenir 46 000 emplois. • Adoption d'une loi régissant le financement des

## AMÉRIQUE DU NORD

Création de la société d'État Via Rail Canada. • Vague de froid sans précédent aux États-Unis ; il neige en Floride. • Jacqueline Means devient la première femme ordonnée prêtre de l'Église épiscopale en Amérique. • Les États-Unis renoncent à leurs droits perpétuels sur la zone du canal de Panama. • Première exécution publique aux États-Unis depuis 1967, celle de Gary Gilmore. • *La guerre des étoiles*, le film de George Lucas, sort en salle.

## MONDE

Durcissement de la répression en Afrique du Sud. • En Lybie, proclamation de la « république populaire socialiste arabe ». • Leonid Brejnev est élu à la tête du præsidium du Soviet suprême. • Ian Smith est élu premier ministre de la Rhodésie. • L'Égypte est mise au ban par les pays arabes pour ses pourparlers de paix avec Israël. • Mise en service du plus grand gazoduc du monde, reliant la Norvège à la Basse-Saxe. • Découverte en Turquie du plus important gisement d'uranium du monde. • Inauguration à Paris du centre Georges-Pompidou.

*Monique Mercure remporte le Grand Prix d'interprétation à Cannes pour sa prestation dans* J.A. Martin, photographe, *un film de Jean Beaudin.*

partis politiques, défendant dorénavant aux compagnies et aux syndicats de contribuer financièrement à la caisse électorale des partis et obligeant ces derniers à divulguer l'état de leurs revenus et de leurs dépenses.

Suivent rapidement les figurines pour les enfants. • La société américaine Apple livre son premier ordinateur domestique «Apple II». • Mort du chanteur américain Elvis Presley (né en 1935).

## 1978

Levée de boucliers lorsque Thomas Galt, le président, annonce le déménagement du siège social de la compagnie d'assurances Sun Life de Montréal à Toronto, prétextant que la loi 101 limite ses possibilités d'embauche de personnes compétentes en anglais. La Sun Life détient alors environ 9% du marché québécois de l'assurance. Elle n'en détient plus que 6,6% 10 ans plus tard. • Mise en service d'Outardes 2, ce qui complète l'aménagement des rivières Manicouagan et aux Outardes. • Gilbert Langevin publie *Mon refuge est un volcan*. • La musique « disco » est à la mode.

*Il y a de moins en moins d'entreprises agricoles, mais elles sont plus grandes et plus mécanisées.*

Neuf cents membres de la secte américaine Temple du Peuple, dirigés par leur chef Jim Jones, se suicident collectivement en Guyane. • Nombreuses manifestations contre le régime du Shah en Iran. • En Italie, les

## 1978

Adoption de la Loi du zonage agricole, qui vise à protéger les terres les plus fertiles, en particulier celles de la région de Montréal, menacées par la spéculation et la stérilisation périurbaines. • Loi assurant l'exercice des droits des personnes handicapées et qui entraîne la création de l'Office des personnes handicapées du Québec.

Mise en service de la première grande ligne d'interconnexion (765 kV) avec les États-Unis. • Une Bible de Gutenberg est vendue deux millions de dollars à un encan à New York. C'est le prix le plus élevé jamais payé pour un livre.

Brigades rouges enlèvent, puis assassinent le leader de la Démocratie chrétienne, Aldo Moro. • Élection papale du cardinal polonais Karol Wojtyla, qui prend le nom de Jean-Paul II. • Le Canadien Michael Birch remporte la Route du Rhum, première transatlantique française en solitaire entre Saint-Malo et Pointe-à-Pitre. • Un bébé-éprouvette, une fille, vient au monde en Angleterre.

## 1979

### CULTURE ET SOCIÉTÉ

Plusieurs orages violents causent de nombreux dommages à travers le Québec. • Mise en service de la centrale LG-2 à la baie de James. • Anne Claire Poirier réalise *Mourir à tue-tête*. • Antonine Maillet publie *Pélagie-la-Charrette*, qui lui vaut le prix Goncourt.

### POLITIQUE

La Loi de la protection de la jeunesse a pour fondement le respect des droits des enfants, la responsabilité parentale et le maintien dans le milieu naturel. Le Comité de protection de la jeunesse devient une sorte d'ombudsman de l'enfant. • La Loi de la santé et de la sécurité au travail vise à diminuer à la source les risques d'accident du travail.

### AMÉRIQUE DU NORD

Joe Clark, conservateur, devient premier ministre du Canada. • La Cour suprême du Canada déclare que la loi québécoise qui fait du français la seule langue officielle est inconstitutionnelle. • En Ontario, 240 000 personnes sont évacuées après le déraillement d'un train transportant du chlore. • Aux États-Unis, signature des accords de Camp David entre le président égyptien Anouar el-Sadate et le premier ministre Menahem Begin. • En Pennsylvanie, la panne du système de refroidissement de la centrale nucléaire de Three Miles

### MONDE

Au Cambodge, fin de la dictature de Pol Pot ; en Ouganda, de celle d'Idi Amin Dada ; au Nicaragua, de celle d'Anastasio Somoza. • Profitant du temps des Fêtes, l'URSS envahit l'Afghanistan. • En Iran, renversement du Shah et instauration de la république islamique. • En Algérie, le colonel Chadli Bendjedid est élu président de la république. • Au Venezuela, on découvre un gisement de pétrole équivalent à l'ensemble des réserves de l'OPEP. • Mise au point du disque compact par Philips aux Pays-Bas et par Sony au Japon. • Un Japonais de la firme Sony, passionné de golf et de musique, met au point le baladeur ou *walkman*.

## 1979

*Une partie du complexe de la baie de James.*

Island provoque l'évacuation des enfants et des femmes enceintes dans un rayon de huit kilomètres. • À l'Université de Minneapolis, première transfusion de sang synthétique.

# Le Québec contemporain 1980-1995

## 1980

### CULTURE ET SOCIÉTÉ

Dans une salle de Chapais, 44 citoyens périssent lorsqu'un jeune homme met le feu à une branche de sapin durant la fête municipale du Jour de l'An. • Les Floralies internationales de Montréal. • Le 1er septembre, une averse brutale et brève fait deux morts et des millions de dollars de dégâts à Montréal. • Francis Mankiewicz réalise *Les bons débarras* et Jean-Claude Labrecque, *L'affaire Coffin*. • Jean O'Neil publie *Cap-aux-oies*.

### POLITIQUE

Le 20 mai, le gouvernement demande à la population, par la voie d'un référendum, de lui accorder le mandat d'entreprendre avec le gouvernement fédéral des négociations devant mener à la souveraineté-association pour le Québec. Le taux de participation est d'environ 86 % !

### AMÉRIQUE DU NORD

Pierre Elliott Trudeau, libéral, redevient premier ministre du Canada. • Le républicain Ronald Reagan est élu président des États-Unis. • Les États-Unis rompent leurs relations diplomatiques avec l'Iran. • Éruption du mont St. Helens aux États-Unis : le volcan

### MONDE

Le tribunal Russel sur les violations des droits des Indiens des Amériques siège aux Pays-Bas. • En URSS, le dissident Andrei Sakharov est exilé à Gorki. • Marguerite Yourcenar devient la première femme élue à l'Académie française. • Naissance en Pologne du syndicat libre Solidarité. • En Yougoslavie, mort du maréchal Tito.

*Claude Ryan, chef du Parti libéral du Québec, et P. E. Trudeau, premier ministre du Canada, accompagnés de Solange Chaput-Rolland et de Thérèse Casgrain pendant la campagne référendaire de 1980.*

crache un panache de cendre dont les retombées traversent le continent en trois jours et font le tour du monde en 19 jours. • Assassinat à New York du musicien et chanteur anglais John Lennon.

### Le référendum

Le 15 novembre 1976, avec la promesse d'être un «bon gouvernement», de ramener la paix sociale et le progrès et de tenir un référendum sur la souveraineté-association, le Parti québécois, dirigé par René Lévesque, était porté au pouvoir. Au cours des années qui suivirent, grâce au dynamisme de ses politiques et aux moyens de persuasion dont il disposait comme gouvernement, il a cherché à augmenter l'appui populaire pour la souveraineté-association lors du référendum à venir.

Au printemps de 1980, le gouvernement du Québec fait connaître sa proposition d'une nouvelle entente avec le reste du Canada fondée sur le principe de l'égalité des peuples, entente qui permettrait au Québec d'acquérir le pouvoir exclusif de faire ses lois, de percevoir ses impôts et d'établir ses relations extérieures. Le gouvernement demande à la population, par la voie d'un référendum, de lui accorder le mandat d'entreprendre avec le gouvernement fédéral des négociations devant mener à la souveraineté-association pour le Québec. La bataille est chaude et polarise plus que jamais l'opinion. Le camp du «oui» mène une campagne plutôt défensive; celui du «non» reçoit un fort appui politique et financier du gouvernement fédéral, en particulier du premier ministre Pierre Elliott Trudeau qui promet un renouvellement du système fédéral.

Le 20 mai, plus de 85% des Québécois expriment leur choix et près de 60% d'entre eux répondent par la négative, ce qui oblige le Parti québécois à remiser son option souverainiste.

## 1981

### CULTURE ET SOCIÉTÉ

Le régime de l'aide sociale est désormais confié au ministère du Travail et de la Main-d'œuvre, plutôt qu'à celui des Affaires sociales. • À Montréal, le 4 janvier, il fait −35,4 °C ; c'est le record de froid de la décennie. • Le 6 mars, Jean Keable rend public le rapport de la Commission d'enquête sur les opérations policières faisant suite à la crise d'octobre. Il recommande de poursuivre devant les tribunaux les policiers qui se sont livrés à des activités illégales (effractions, incendies) de 1971 à 1973. • Le 31 mai, le Québécois Gilles Villeneuve remporte pour la première fois le Grand Prix de formule 1 au volant d'une Ferrari. • Le 2 novembre, mort de

### POLITIQUE

Le 13 avril, réélection du Parti québécois à l'Assemblée nationale. Le Parti québécois, avec 49,2 % des voix, obtient 80 sièges. Le Parti libéral, avec 46% des voix, remporte 42 sièges. • Le 11 juin, René Lévesque dépose à l'Assemblée nationale le rapport Paré sur l'accès du citoyen à l'information gouvernementale et sur la protection des renseignements personnels.

*Pierre Elliott Trudeau, premier ministre du Canada de 1968 à 1979, puis de 1980 à 1984.*

### AMÉRIQUE DU NORD

Au cours de l'été, le Canada connaît la pire saison de feux de forêts depuis le début de la compilation de statistiques sur le sujet, il y a 72 ans. • Le 8 octobre, en conférence de presse, le président du Sénat canadien, Jean Marchand, déclare que le recours à la loi des mesures de guerre équivalait à « mobiliser un canon pour tuer une mouche ». • Le 5 novembre, accord des neuf provinces anglophones canadiennes avec le gouvernement Trudeau pour rapatrier unilatéralement la constitution canadienne. La stratégie constitutionnelle du gouvernement Lévesque a échoué. • Le 2 décembre, le gouvernement fédéral rapatrie la constitution canadienne sans l'appui du Québec.

### MONDE

Mort de l'homme politique canadien d'origine russe David Lewis (né en 1909). • La compagnie américaine IBM met sur le marché son premier ordinateur domestique, l'IBM-PC. • Début d'une crise politique en Pologne. • Le 22 septembre, inauguration sur la ligne Paris-Lyon du train à grande vitesse (TGV) français, le train le plus rapide du monde. • Le 5 mai, Bobby Sands, militant de l'IRA incarcéré à la prison de Maze, près de Belfast, meurt après une grève de la faim de 66 jours. • Élection de François Mitterrand à la présidence de la République française. • Le 13 mai, place Saint-Pierre, à Rome, le pape Jean Paul II est grièvement blessé par un ressortissant turc âgé de

## 1981

Thérèse Casgrain, championne des droits des femmes. • Denys Arcand réalise *Le confort et l'indifférence*. • Louis Caron publie *Le canard de bois*. • Alice Poznanska Parizeau publie *Les lilas fleurissent à Varsovie*. • Mavis Gallant publie *Home Truths : Selected Canadian Stories*. • Luc Plamondon crée la Société professionnelle des auteurs et compositeurs du Québec. • Mort de l'écrivain Jovette Bernier (née en 1900).• Mort du poète John Glassco (né en 1909). • Le cinéaste Gilles Carle réalise *Les Plouffe*. • Création du premier vidéoclip québécois produit, réalisé et interprété par le comédien québécois Yves Jacques.

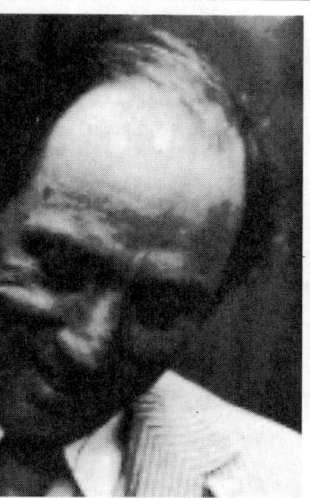

23 ans, Ali Agca. • Au Caire, le 6 octobre, le président égyptien Anouar el Sadate est assassiné par un commando au cours d'une revue militaire.

En février, période de réchauffement exceptionnel qui sera par la suite considéré, avec la présence des nombreux polluants atmosphériques, comme une des causes importantes de dépérissement des forêts feuillues au Québec. Du 14 au 28 février, le mercure se maintient à un maximum de 16 °C et à un minimum de 3 °C durant 12 jours consécutifs. La neige disparaît. La sève se met à couler dans les arbres. Les bourgeons se gonflent. Certains acériculteurs en profitent même pour entailler leurs érables et recueillir l'eau d'érable. Puis, arrive une période de froid intense. Sous l'effet du gel, les bourgeons éclatent. Vingt-cinq pour cent des pommiers du Québec meurent dans les deux années qui suivent. Pour expliquer le dépérissement des érables, on invoque aussi les épidémies d'insectes, les pluies acides ou encore l'effet de serre. À partir de 1978, le dépérissement s'amorce et atteint un point culminant en 1982.

Après le dépérissement des frênes noirs en 1927, des bouleaux jaunes (merisiers) et des bouleaux blancs à l'hiver de 1937, c'est l'un des trois épisodes graves de dépérissement d'espèces feuillues au XX$^e$ siècle.

## 1982

### CULTURE ET SOCIÉTÉ

Le 18 janvier, des rafales de 110 kilomètres/heure, des températures de −30 °C et de fortes chutes de neige paralysent Schefferville pendant plusieurs jours. Facteur extrême de refroidissement du vent. • Mort de l'écrivain Mgr Félix-Antoine Savard (né en 1895). • Mort du peintre René Richard (né en 1895). • Mort de l'ethnologue Robert-Lionel Séguin (né en 1920). • Le 17 avril, le temps doux et les fortes pluies causent les plus fortes crues en 42 ans dans les Cantons de l'Est et la Beauce. On estime les dégâts à quatre millions de dollars. • Mort du physiologiste Hans Selye (né en 1907). • Mort en Belgique du coureur automobile Gilles Villeneuve

### POLITIQUE

Le 9 décembre, Québec dépose un décret de 90 000 pages définissant les conditions de travail des 310 000 employés des secteurs publics et parapublics jusqu'au 31 décembre 1985. • En juin, des déficits élevés conduisent la Fédération des magasins Co-op, grossiste pour plus de 200 magasins Co-op et Cooprix à travers le Québec, à déposer son bilan. • Mise en service du barrage hydro-électrique LG-3. Nouvelle réorganisation administrative d'Hydro-Québec. • Le projet de loi 65 donnant accès aux

### AMÉRIQUE DU NORD

En mars, la plate-forme pétrolière Ocean Ranger coule au cours d'une tempête au large de Terre-Neuve, causant la mort de ses 84 occupants. • Le 17 avril, la reine Elizabeth II signe à Ottawa l'Acte de l'Amérique du Nord britannique, rapatrié de Londres et qui tient lieu de constitution canadienne. La signature officielle a lieu en l'absence du Québec, qui refuse de signer la nouvelle entente. • Le 18 mai, la société Bombardier obtient le plus gros contrat de l'histoire canadienne : une commande d'un milliard de dollars pour la construction de 825 voitures pour le métro de New York. • Le 2 novembre, Iron Ore du Canada annonce l'arrêt définitif de ses activités

### MONDE

Le 5 octobre, Laurie Skreslet, de Calgary, devient le premier alpiniste canadien à atteindre le sommet de l'Everest. • Le 31 octobre, canonisation à Rome de Marguerite Bourgeoys, la première sainte canadienne, fondatrice de la congrégation de Notre-Dame. • Béatification à Rome d'Eulalie Durocher, en religion, mère Marie-Rose, fondatrice de la congrégation des sœurs des Saints-Noms-de-Jésus-et-de-Marie. • Mort de l'écrivain français Georges Perec (né en 1936). • Mort de l'écrivain français Louis Aragon (né en 1897). • Mort du cinéaste allemand Rainer Werner Fassbinder (né en 1946). • En URSS, décès de Leonid Brejnev. Iouri Andropov le remplacera

## 1982

(né en 1950) dans des circonstances tragiques. • La pire émeute des annales pénitentiaires canadiennes ensanglante l'Institut Archambault de Sainte-Anne-des-Plaines. Trois gardiens et deux détenus sont tués. • Anne Hébert remporte le Prix Fémina avec *Les fous de Bassan*. • Roger Lemelin publie *Le crime d'Ovide Plouffe*. • Alphonse Piché publie *Dernier profil*. • Le cinéaste André Forcier réalise *Au clair de la lune*. • Frédéric Back reçoit l'Oscar du meilleur court métrage pour *Crac* ; il en recevra un deuxième en 1988 pour un court métrage, *L'homme qui plantait des arbres*. • Mort du pianiste torontois Glenn Gould (né en 1932).

documents des organismes publics et permettant la protection des renseignements touchant la personne est adopté à l'unanimité par l'Assemblée nationale. • Lancement du programme gouvernemental Corvée-Habitation, visant à la fois à relancer l'industrie de la construction et à faciliter l'accès à la propriété. • Le 11 décembre, l'Assemblée nationale adopte le projet de loi 105 qui impose des conventions collectives aux employés de l'État.

minières à Schefferville. • Un rapport commandé par le gouvernement fédéral (rapport Applebaum-Hébert) préconise le démantèlement de l'Office national du Film, dont l'essentiel de l'actif serait remis à l'industrie privée. • Le 27 septembre, dernière édition du quotidien acadien *L'Évangéline*.

à titre de premier secrétaire du Parti communiste. • Le 28 avril, la Grande-Bretagne impose le blocus naval et aérien des îles Malouines occupées par l'Argentine. • Le 30 mai, l'Espagne devient le 16e pays de l'OTAN. • Le 1er octobre, Helmut Kohl devient chancelier de la République fédérale allemande. • La population chinoise atteint pour la première fois le milliard de personnes.

## 1983

Les faibles précipitations de neige au cours de l'hiver 1982-1983 acculent les centres de ski à la faillite. • Le 7 juin, violent orage près de Québec accompagné de grêlons de la grosseur d'un pois et de rafales de vent de 100 kilomètres/heure, renversant des avions légers immobilisés au sol et abattant de gros arbres et des lignes à haute tension à Saint-Nicolas. • Nombreux feux de forêts au Québec au cours de l'été. • Gérald Godin publie *Sarzènes*. • Micheline Lanctôt réalise *Sonatine*. • Richard Boutet et Pascal Gélinas réalisent *La turlute des années dures*. • Les 13 et 14 novembre, important verglas qui plonge le Québec dans le noir ; à certains endroits, les pannes

*René Lévesque, premier ministre du Québec, et Pierre Marc Johnson qui lui succédera en 1985.*

Mort de l'essayiste et écrivain britannique d'origine hongroise Arthur Koestler (né en 1905). • Mort du peintre espagnol Juan Miró (né en 1893). • Mort du cinéaste espagnol Luis Buñuel (né en 1900). • Mort du dramaturge américain Tennessee

## 1983

durent plusieurs jours. • Le 13 décembre, tempête record de verglas sur tout le sud du Québec. Les lignes électriques tombent sous le poids de la glace, laissant 500 000 Montréalais sans électricité durant plus de 36 heures. Un déluge de 67 millimètres de pluie froide couvre le sol de gadoue, de glace et d'eau, ralentissant toute activité. •

Mort du poète Gatien Lapointe (né en 1931). • Mort de l'auteur dramatique et metteur en scène Émile Legault (né en 1906). • Mort à Québec de la romancière Gabrielle Roy (née en 1909). • Mort de l'écrivain Yves Thériault (né en 1915).

En mai, faillite technique de la fédération Pêcheurs Unis du Québec. Des coopératives régionales de pêcheurs, subventionnées par le Gouvernement du Québec, prennent la relève. • Le 21 juin, le gouvernement du Québec fait l'acquisition de la compagnie d'aviation Québécair. • La FTQ crée le Fonds de Solidarité, organisme chargé d'investir dans les entreprises pour maintenir ou créer de l'emploi. • Le 1er septembre, entrée en vigueur au Québec de la loi anti-briseurs de grève. • Le 26 septembre, Gérald Larose est élu à la présidence de la CSN. • Le 15 octobre, Robert Bourassa redevient chef du Parti libéral du Québec.

Le 2 juin, un incendie dans un avion d'Air Canada force ce dernier à atterrir en catastrophe à l'aéroport de Cincinnati ; 23 personnes perdent la vie. • La société japonaise Namco et la société américaine Midway lancent le jeu vidéo Pac Man.

Williams (né en 1911). • Mort du créateur de Tintin, le Belge Hergé, né Georges Rémy en 1907. • Le 12 avril, premier vol d'essai de la navette spatiale Columbia. • Le Polonais Lech Walesa reçoit le Prix Nobel de la Paix.

## 1984

### CULTURE ET SOCIÉTÉ

Le 8 mai, un forcené, le caporal Denis Lortie, entre à l'Assemblée nationale, et abat quatre personnes alors que tous les parlementaires sont absents. • Jacques Brault publie *Agonie*. • Jacques Poulin publie *Volkswagen Blues*. • Jean Papineau-Couture compose *Idée*, œuvre pour piano. • André Mélançon réalise *La guerre des tuques*. • Denis Arcand réalise *Le crime d'Ovide Plouffe*. • Léa Pool réalise *La femme de l'hôtel*. • Mort de l'écrivain Gilbert Larocque (né en 1943). • Mort de l'historien Maurice Séguin (né en 1918). • Une baisse considérable du niveau de l'eau dans la rivière Sainte-Anne et dans le fleuve Saint-Laurent au cours de cet hiver et de l'hiver 1985 entraîne une

### POLITIQUE

Le 27 mai, la centrale hydro-électrique LG-4 est inaugurée, ce qui marque la fin prochaine des travaux de la première phase du complexe La Grande à la baie de James. • Hydro-Québec et la Société générale de financement concluent des ententes qui permettent à la société française Péchiney de construire une aluminerie à Bécancour. • Le 9 septembre, le pape Jean-Paul II arrive à Québec dans le cadre d'une visite de dix jours au Canada. • En novembre, à la suite d'une lettre de René Lévesque aux membres de l'exécutif national du Parti québécois, dans laquelle il affirme que la souveraineté « n'a pas à être un enjeu de la prochaine élection », sept

### AMÉRIQUE DU NORD

Pierre Elliott Trudeau, premier ministre du Canada, démissionne. John Turner, libéral, lui succède. Il est défait à l'automne aux élections générales, alors que les conservateurs de Brian Mulroney remportent 212 des 282 sièges. • Le 15 mai, Jeanne Sauvé est assermentée comme première femme gouverneur-général du Canada. • Le 21 juin, le premier amendement de la nouvelle constitution canadienne, qui accorde de nouveaux droits aux autochtones, entre en vigueur. • Le 2 février, Pierre Elliot Trudeau quitte la vie politique. Le 4 septembre, le conservateur Brian Mulroney devient

### MONDE

La compagnie américaine Apple met sur le marché son ordinateur domestique Macintosh. • Mort du poète et peintre belge Henri Michaux (né en 1899). • Mort du réalisateur français François Truffaut (né en 1932). • Mort du réalisateur américain Joseph Losey (né en 1909). • En URSS, mort de Iouri Andropov. Constantin Oustinovitch Tchernenko lui succède comme premier secrétaire du Parti communiste, puis à la tête du Praesidium du Soviet Suprême.

## 1984

chute importante de la population de poulamon atlantique, espèce voisine de la morue. • Sylvie Bernier gagne une médaille d'or dans la catégorie plongeon de trois mètres aux Jeux olympiques d'été de Los Angeles. • Gaétan Boucher gagne deux médailles d'or en patinage de vitesse (1000 mètres et 1500 mètres) aux Jeux olympiques d'hiver de Sarajevo.

ministres du gouvernement Lévesque quittent le cabinet, voire, pour certains, le caucus et la vie politique.

premier ministre du Canada, avec 212 députés élus, dont 58 au Québec. • Le 5 octobre, Marc Garneau devient le premier Canadien à voyager dans l'espace. • Découverte sur l'île Beechy, dans les Territoires du Nord-Ouest, du corps presque parfaitement conservé de l'officier marinier John Torrington, membre de la dernière expédition de John Franklin, mort en 1846.

## 1985

### CULTURE ET SOCIÉTÉ

À Montréal, la plus forte tempête de neige de la décennie survient les 4 et 5 mars. • Arlette Cousture publie *Les filles de Caleb*. • Le cinéaste Jean Beaudin réalise *Le matou*, à partir du roman d'Yves Beauchemin. • Mort de l'historien Michel Brunet (né en 1917). • Mort de l'écrivain et médecin Jacques Ferron (né en 1922). • Mort de l'écrivain François Hertel, (né Rodolphe Dubé en 1905). • Mort de l'écrivain d'expression anglaise Frank Reginald Scott (né en 1899). • Mort du violoniste et compositeur Arthur Leblanc (né en 1906).

### POLITIQUE

Au Québec, élections générales le 2 décembre. Le Parti libéral, avec 55,9% des voix, obtient 99 sièges, alors que le Parti québécois, avec 38,6% des voix, remporte 23 sièges. • Le premier ministre René Lévesque démissionne en juin. Pierre Marc Johnson lui succède. • Politique d'aide aux femmes violentées pour lutter contre la réalité des femmes battues et celle des femmes victimes d'agressions sexuelles. • En juin, mise sur pied de la Commission d'enquête sur les services de santé et les services sociaux (Commission Rochon).

### AMÉRIQUE DU NORD

Scandale du thon avarié au Canada, qui oblige John Fraser, ministre fédéral des pêches, à démissionner. • Le 5 septembre, la Commission royale McDonald recommande le libre-échange avec les États-Unis. • Le 2 septembre, des chercheurs français découvrent l'épave du *Titanic* dans l'Atlantique Nord, à 900 kilomètres des côtes de Terre-Neuve. • La population canadienne s'élève à 25 millions d'habitants.

### MONDE

Mort du philosophe français Vladimir Yankélévitch (né en 1903). • Mort du peintre et écrivain français Jean Dubuffet (né en 1901). • Mort du peintre français d'origine russe Marc Chagall (né en 1887). • Mort de l'acteur et réalisateur américain Orson Welles (né en 1915). • En URSS, mort de Constantin Oustinovitch Tchernenko. En mars, Mikhaïl Gorbatchev devient secrétaire général du Parti communiste. En juin, Andrei Gromyko devient président du Praesidium du Soviet suprême. • Le 10 juillet, dans le port néo-zélandais d'Auckland, le bateau du mouvement écologiste Greenpeace est coulé. Un photographe d'origine portugaise est tué. Les soupçons se portent sur un couple français. • Le 19 septembre, un tremblement de terre fait au moins 7000 morts à Mexico.

## 1986

### CULTURE ET SOCIÉTÉ

Le Rassemblement des associations étudiantes universitaires (RAEU) se saborde. • Le 26 mai, en fin d'après-midi, chute de grêlons de la taille de balles de tennis sur la Rive sud de Montréal, causant des millions de dollars de dommages. • Le 7 septembre, entrée en ondes du réseau de télévision Quatre Saisons. • Cérald Godin publie *Soirs sans atout*. • Le cinéaste Denys Arcand réalise *Le déclin de l'empire américain*. • La cinéaste Léa Pool réalise *Anne Trister*. • Le cinéaste Yves Simoneau réalise *Les fous de bassan* d'après le roman d'Anne Hébert. • Le dramaturge René-Daniel Dubois présente *Being at Home With Claude*. • Mort du compositeur Serge

### POLITIQUE

Le 9 novembre, élection de Jean Doré comme maire de Montréal avec 67% du vote populaire. Le RCM (Rassemblement des citoyens de Montréal) accède au pouvoir. • Le 3 juillet, Québec devient la première ville nord-américaine inscrite sur la liste du patrimoine mondial de l'Unesco.

### AMÉRIQUE DU NORD

Le 28 janvier, à 11h38, la navette spatiale *Challenger* prend son envol à Cape Canaveral en Floride. Soixante-treize secondes plus tard, elle explose en plein ciel, tuant les sept astronautes à son bord, dont une femme. • Le 21 mai, début des pourparlers américano-canadiens sur le libre-échange. • Le 8 mai, quatre jours de fête marquent à Atlanta le centenaire de Coca-Cola.

### MONDE

Mort de l'écrivain français Simone de Beauvoir (née en 1908). • Mort du Roumain Mircea Eliade, historien des religions (né en 1907). • Mort de l'écrivain argentin Jorge Luis Borges (né en 1899). • Mort de l'écrivain français Jean Genet (né en 1910). • Mort du réalisateur américain Otto Preminger (né en 1906). • Le 26 avril, en Ukraine, un réacteur de la centrale nucléaire de Tchernobyl explose, provoquant une importante fuite de gaz radioactif. Durant trois jours, Moscou nie la nouvelle, soit jusqu'à ce que la Suède exige des explications après avoir détecté un nuage radioactif. L'Europe vit dans la crainte de la contamination en raison des vents. L'accident est

## 1986

Garant (né en 1929). • Mort du hockeyeur Jacques Plante (né en 1929).

---

---

---

sérieux. Avec le temps, il s'avérera que les personnes les plus vulnérables (enfants, vieillards, etc.) habitant dans la région immédiate, ont souffert des radiations. • En URSS, le XXVIIe Congrès du Parti communiste de l'Union soviétique porte au pouvoir Mikhaïl Gorbatchev et ses projets de réforme.

## 1987

### CULTURE ET SOCIÉTÉ

Le 23 janvier, une violente tempête de neige frappe tout le Québec. • Au printemps, crue à Sainte-Marie de Beauce. Des centaines de personnes sont évacuées. • Le 19 avril, la police trouve le corps du cinéaste Claude Jutra dans le fleuve Saint-Laurent, près de Québec. Atteint de la maladie d'Alzheimer, il avait disparu depuis plusieurs semaines. • Le 20 avril, record de chaleur pour la saison, au Québec. Le mercure atteint 27 °C à Dorval. • Le 17 décembre, la loi 90 reconnaît le statut juridique de l'artiste. • Le 13 juillet, le Québec vit sous une vague de chaleur ; le mercure monte jusqu'à 35 °C. Le 14 juillet, des orages déversent sur Montréal 103 mm de pluie en deux heures, paralysant la

### POLITIQUE

Le 13 mai, la société Alcan annonce la construction d'une nouvelle usine d'aluminium à Laterrière, au Saguenay. • Le 1er novembre, mort de René Lévesque (né en 1922), père de l'indépendance et l'une des figures de proue de la politique québécoise au cours des dernières décennies. • Le 18 décembre, dépôt du rapport de la

### AMÉRIQUE DU NORD

Le 30 avril, les premiers ministres des dix provinces et du Canada, réunis au lac Meech, centre de villégiature huppé situé dans l'Outaouais québécois, rédigent une entente de principe sur les cinq conditions posées par le Québec pour signer à son tour la loi constitutionnelle d'avril 1982 : reconnaissance du Québec à titre de société distincte,

*Des funérailles d'État particulièrement chargées d'émotions marquèrent le décès de René Lévesque.*

### MONDE

Le 10 mai, béatification à Rome du quatrième évêque de Saint-Hyacinthe, Mgr Louis-Zéphirin Moreau. • Mort de l'écrivain français Marguerite Yourcenar (née Crayencour, en Belgique, en 1903). • Mort du dramaturge français Jean Anouilh (né en 1910). • Mort du physicien belge Louis de Broglie (né en 1892). • En décembre, au sommet de

## 1987

circulation, causant la noyade d'un automobiliste sur le boulevard Décarie et d'importantes inondations. • Le 17 août, on enregistre la plus haute température de la décennie à Montréal, 33,9 °C. • Du 2 au 4 septembre, se tient à Québec le 2e sommet de la francophonie. • Le 6 octobre, une première médicale à Québec : une fillette de huit ans retrouve l'ouïe grâce à un implant cochléaire. • Fernand Seguin publie *La bombe et l'orchidée*. • Jean-Claude Lauzon réalise *Un zoo la nuit*.

Commission d'enquête sur les services de santé et les services sociaux (Commission Rochon). • À l'occasion du 150e anniversaire de la Rébellion de 1837, le synode des évêques québécois lève l'excommunication des « rebelles » faite à l'époque par Mgr Lartigue. Les restes de Jean-Olivier Chénier, mort à la tête d'un groupe de 200 Patriotes, sont transférés dans le cimetière catholique de Saint-Eustache. • La fusion de trois compagnies aériennes québécoises – Québécair, Québec-Aviation et Nordair – amène la création de la compagnie Inter-Canadien, filiale de Canadien International.

garantie d'un rôle accru en matière d'immigration, participation à la nomination des juges de la Cour suprême du Canada, limitation du pouvoir de dépenser du gouvernement fédéral et reconnaissance d'un droit de veto au Québec sur les modifications à la constitution. • Le 3 juin, Brian Mulroney et les dix premiers ministres des provinces canadiennes signent l'Accord du lac Meech. • Le 4 octobre, les négociateurs canadiens et américains en arrivent à une entente de principe sur un pacte de libre-échange entre les deux pays. • Première greffe cœur et poumon aux États-Unis. • Mort de l'artiste américain Andy Warhol. • Mort du cinéaste canadien Norman McLaren.

Washington, les présidents Reagan et Gorbatchev signent un traité prévoyant l'élimination des missiles à moyenne portée. • Le 11 mai, ouverture à Lyon du procès de Klaus Barbie, ancien chef de la Gestapo dans cette ville. Il s'agit du procès le plus important fait aux criminels nazis après celui de Nuremberg, en 1945-1946.

## 1988

*La décennie fut ponctuée de nombreuses rencontres fédérales-provincales.*

### AMÉRIQUE DU NORD

Le 31 mai, le Chambre des Communes adopte une loi interdisant à compter du 1er janvier 1989 la publicité sur le tabac. • Signature d'un accord commercial de libre-échange par le premier ministre canadien Brian Mulroney et le président des États-Unis George Bush. • Le 22 septembre, le Canada présente des excuses officielles aux Canadiens

### MONDE

Aux Jeux olympiques de Séoul, en Corée, la Canadienne Carolyn Waldo remporte deux médailles d'or en nage synchronisée et le sprinter canadien Ben Johnson, la médaille d'or aux 100 mètres, mais il sera par la suite disqualifié pour dopage. • Réélection de François Mitterand à la présidence de la République française. • Le 18 octobre, l'Allemagne de l'Est accepte de porter la responsabilité morale de l'holocauste et de payer des dédommagements aux familles des victimes pour l'extermination de six millions de Juifs.

## 1988

Le 22 juin, l'autoroute 20 entre Montréal et Québec, est baptisée autoroute Jean-Lesage en l'honneur de l'ancien premier ministre du Québec et père de la Révolution tranquille. • Le cinéaste Francis Mankiewicz réalise *Les portes tournantes*. • Mort du chansonnier Félix Leclerc (né en 1914), célèbre dans toute la francophonie. • Mort du violoneux Jean Carignan (né en 1914). • Mort du comédien et metteur en scène Jean Gascon (né en 1922). • Mort du journaliste scientifique Fernand Seguin (né en 1922). • Le 25 décembre, à Montréal, c'est le seul Noël de la décennie sans neige.

---

Le 6 janvier, Québec annonce la signature du plus important contrat d'exportation d'électricité de son histoire, soit pour une valeur de 17 milliards $, sur une période de 21 ans, à l'État de New York. • Le 17 avril, plus de 25 000 personnes défilent dans les rues de Montréal pour appuyer la cause du français au Québec. • Le 15 décembre, la Cour suprême du Canada déclare qu'en vertu de la Charte des droits et libertés le Québec ne peut interdire l'anglais comme langue d'affichage. • Le 30 décembre, incendie des locaux d'Alliance-Québec. L'événement mobilise les médias et enflamme les milieux nationalistes, tandis que l'enquête policière piétine.

d'origine japonaise qui furent internés durant la Seconde guerre mondiale. • Le 25 novembre, à 18 heures 40, violent tremblement de terre évalué à 6,2 à l'échelle de Richter et dont l'épicentre se trouve à une quarantaine de kilomètres au sud de Chicoutimi. Des vibrations sont ressenties jusqu'à Sept-Îles, au Québec, puis en Nouvelle-Angleterre, à New York et à Toronto. On ne compte aucun blessé. Au Québec, dégâts (murs lézardés) causés aux édifices publics pour une somme variant entre dix et vingt millions de dollars.

## 1989

### CULTURE ET SOCIÉTÉ

Le 6 mars, des records de froid sont enregistrés au Québec, alors que le mercure descend à −25 °C. • Au printemps, fondation de la Fédération des étudiants et étudiantes du Québec (FÉÉQ). • Au cours de l'été, le Canada connaît sa pire saison de feux de forêts depuis le début de la compilation de statistiques sur le sujet, il y a 80 ans. • Le 6 décembre, un forcené tue 14 étudiantes à l'École polytechnique de Montréal et en blesse 13 autres. Le tireur, Marc Lépine, 25 ans, retourne l'arme contre lui. Québec décrète un deuil national de trois jours.

### POLITIQUE

Le 25 septembre, le Parti libéral dirigé par Robert Bourassa est réélu avec 92 sièges et 49,9 % des voix, alors que le Parti québécois fait élire 29 députés avec 40,1 % des voix et le Parti Égalité, quatre députés, avec 3,6 % des voix. • Le 5 novembre, élection de Jean-Paul L'Allier comme maire de Québec sous la bannière du RP (Rassemblement populaire).

### AMÉRIQUE DU NORD

Le 7 juin, les Blue Jays de Toronto jouent leur premier match dans le Sky Dome, devant 45 000 personnes. • Le 30 juin, la Banque du Canada retire le billet d'un dollar pour le remplacer par une pièce de monnaie de même valeur. • Le 15 octobre, Wayne Gretzky devient le meilleur pointeur de l'histoire de la Ligue nationale de hockey en dépassant la marque de 1850 points établie par Gordie Howe.

### MONDE

Mort du dramaturge irlandais Samuel Beckett (né en 1906). • Mort du peintre espagnol Salvador Dali (né en 1904). • Le 15 avril, une bousculade dans les gradins du stade de soccer de Sheffield, en Angleterre, se solde par la mort de 95 personnes, écrasées contre les grilles métalliques bordant le terrain. • Les pays de l'Europe de l'Est délaissent massivement le régime communiste en faveur de la démocratie. • Vingt p. cent des dirigeants du Parti communiste de l'Union soviétique, au pouvoir dans 15 républiques d'URSS, sont battus lors de l'élection du nouveau Congrès des députés du peuple. Le mur de Berlin tombe le 9 novembre. • Le 5 octobre, le Prix Nobel de la Paix est décerné au

## 1989

- Décembre extrêmement froid. Selon Environnement Canada, les statistiques compilées par l'Université McGill depuis une centaine d'années ne font pas état d'un mois de décembre aussi froid dans le passé. • Jacques Poulin publie *Le vieux chagrin*. • Le cinéaste Denys Arcand réalise *Jésus de Montréal*. • Mort du sociologue Jean-Charles Falardeau (né en 1914). • Mort du peintre Alfred Pellan (né en 1906). • Mort de l'ethnologue Luc Lacourcière (né en 1910). • Mort du syndicaliste et homme politique Jean Marchand (né en 1918).

Dalaï Lama.

## 1990

### CULTURE ET SOCIÉTÉ

Le 25 juin, on évalue à plus de 250 000 personnes — certains disent 500 000 — la foule qui participe au défilé de la Saint-Jean, rue Sherbrooke, à Montréal. • En 1989, au Québec, le taux de natalité augmente pour la première fois depuis 15 ans. • Création de l'opéra *Nelligan* (paroles de Michel Tremblay et musique d'André Gagnon). • Le romancier Réjean Ducharme est le premier lauréat du grand Prix de littérature Gilles-Corbeil, décerné par la Fondation Émile-Nelligan et doté d'une bourse de 100 000 $. • Le 2 octobre, le gardien de but Patrick Roy devient le joueur de hockey le mieux payé de l'histoire du Canadien avec un contrat de trois ans qui lui vaudra plus d'un

### POLITIQUE

Le 29 juin, création de la commission Bélanger-Campeau chargée d'étudier l'avenir politique du Québec. • Le 11 juillet, à 5h30 du matin, la Sûreté du Québec envoie une centaine d'agents à Oka (Kanesatake) pour faire disparaître des barricades qui bloquent, depuis le 11 mars, l'accès à un terrain où la municipalité d'Oka projette d'agrandir un golf privé de neuf trous. Le caporal Marcel Lemay, 31 ans, meurt dans une fusillade entre policiers et Indiens Mohawks. Les Warriors s'emparent d'une pelleteuse mécanique et bloquent la route 344. Le siège commence. Par solidarité, les Mohawks de Kahnawake bloquent le pont Mercier et érigent des barricades sur la

### AMÉRIQUE DU NORD

Le 22 juin, l'Accord du lac Meech est mort. La Législature du Manitoba ajourne ses travaux sans même avoir débattu de la question et Terre-Neuve annule le vote qui devait permettre à ses députés de ratifier l'accord. À la suite de ce fiasco, le 26 juin, quatre députés québécois à Ottawa démissionnent de leur parti pour fonder le Bloc québécois. • Le 10 avril, la Chambre des Communes à Ottawa adopte la Loi sur la taxe sur les produits et services. • Le 14 septembre, Ottawa donne son aval au projet pétrolier Hibernia, au large de Terre-Neuve, projet évalué à cinq milliards de dollars.

### MONDE

La Namibie accède à l'indépendance. • Le 11 février, libération de Nelson Mandela après 27 ans de détention pour sa lutte contre l'apartheid. • Le 11 mars, au Chili, après 16 ans de dictature, le président Pinochet cède le pouvoir au président élu Patricio Aylwin. • Le 15 mai, une galerie japonaise achète *Le portrait du docteur Gachet*, de Vincent Van Gogh, pour plus de 82 millions de dollars. • Le 29 mai, élection de Boris Eltsine à la présidence de la Fédération de Russie. • Le 9 juin, Vaclav Havel remporte une victoire éclatante en Tchécoslovaquie. • Le 2 août, les troupes irakiennes envahissent le Koweït, et Bagdad annexe le pays à titre de 19e province. •

## 1990

million de dollars par année. • Mort de l'écrivain d'origine polonaise Alice Poznanska Parizeau (née en 1930). • Mort du chanteur Gerry Boulet. • Mort de Gérard Dion (né en 1912), professeur et pionnier des relations industrielles au Canada. • Mort du peintre Jean Paul Lemieux (né en 1904). • Mort du comédien et directeur de théâtre Jean Duceppe (né en 1923). • Mort du peintre autodidacte Arthur Villeneuve (né en 1910). • Mort de l'écrivain anglo-québécois Hugh McLennan (né en 1907).

route 132. Le 17 août, des soldats de l'armée canadienne, remplacent les policiers de la Sûreté du Québec aux barricades. Le 1er septembre, l'armée progresse vers les positions mohawks, démolit les barricades et cerne une trentaine de Warriors récalcitrants. Finalement, le 26 septembre, les Mohawks se rendent. Ces événements auront constitué ce qu'il est convenu d'appeler « la crise d'Oka », où certains auront vu un symbole du réveil autochtone.

Le 3 octobre, à minuit, les deux Allemagnes sont réunifiées après une séparation de 45 ans. • Le 19 novembre, les pays de l'OTAN et du Pacte de Varsovie mettent officiellement fin à la guerre froide, en signant un traité prévoyant la réduction des armes conventionnelles en Europe. • Mort du compositeur américain Aaron Copland (né en 1900).

## 1991

### CULTURE ET SOCIÉTÉ

En avril, inondations catastrophiques en Beauce. • À Povungnituk, Taamusi Qumak publie le premier dictionnaire de la langue inuit (appelée aussi inuktitut) du Nouveau-Québec. • Le 22 mai, en compagnie de l'Américain Mark Ritchie, l'alpiniste Yves Laforest plante le drapeau du Québec au sommet de l'Everest. • Mort à Montréal du biochimiste et leader indépendantiste Marcel Chaput (né en 1918). • Mort à Montréal de l'écrivain et poète Robert Choquette (né en 1905). • Mort du peintre et sculpteur Jean-Paul Mousseau (né en 1927).

### POLITIQUE

En septembre, trois juges féminins délibèrent sur une même cause en Cour d'appel du Québec. Il s'agit d'une première dans les annales judiciaires canadiennes, voire dans celles de l'ensemble des pays du Commonwealth. • Montréal dépose un premier plan d'urbanisme, 350 ans après sa fondation. • Publication du rapport Allaire, commandé par le Parti libéral du Québec et portant sur l'avenir politique du Québec après l'échec du lac Meech. Il recommande un important transfert des pouvoirs d'Ottawa à Québec.

### AMÉRIQUE DU NORD

Le 17 mai, le gouvernement canadien annonce des coupures de près d'un milliard de dollars dans ses dépenses militaires. • Mort à Toronto de l'essayiste canadien Herman Northrop Frye (né en 1912). • Le Canada reconnaît la souveraineté de l'Estonie, de la Lettonie, de la Lithuanie et de l'Ukraine.

### MONDE

Début de la Guerre du Golfe. Quarante jours plus tard, la guerre se termine avec la reddition de l'Irak aux mains des alliés américains. • Mort du musicien de jazz américain Miles Davis (né en 1926). • Mort du romancier anglais Graham Greene (né en 1904). • En juin, Boris Eltsine devient le premier premier ministre de la république de Russie élu au suffrage universel. Le 31 juillet, signature à Moscou par les présidents Mikhaïl Gorbatchev et George Bush du traité sur la réduction des armements nucléaires stratégiques (START). Le 19 août, en Russie, coup d'État des conservateurs, qui échoue, notamment, grâce à la résistance menée par Boris Eltsine. • En

## 1991

septembre, découverte sur un glacier, dans les Alpes autrichiennes, du corps très bien conservé d'un homme ayant vécu il y a 4000 ans. • Le 13 septembre, les communautés noire et blanche d'Afrique du Sud signent un accord de paix visant à mettre fin à toute violence raciale. • Le 30 septembre, l'armée haïtienne renverse le président Aristide, premier président élu dans l'histoire d'Haïti.

## 1992

### CULTURE ET SOCIÉTÉ

Le 16 mars, décès de l'écrivain et journaliste Roger Lemelin (né en 1919). • Le 16 mai, début des célébrations du 350e anniversaire de la fondation de Montréal. • La Montréalaise Julie Payette fait partie du nouveau groupe de quatre astronautes canadiens intégrés à l'équipe d'astronautes américains de Cape Canaveral. • Pour la première fois au Québec, et pour la sixième fois au Canada, une femme donne naissance à des quintuplés. Il s'agit de Lina Abi Khalil.

### POLITIQUE

Le 6 octobre, le gouvernement du Québec donne son aval à la nouvelle carte d'assurance-maladie avec photographie du détenteur. Le système sera mis en place graduellement.

### AMÉRIQUE DU NORD

Le 2 juillet, le gouvernement fédéral décrète un moratoire de deux ans sur la pêche à la morue au large des côtes. • La chambre des Communes d'Ottawa réhabilite le leader métis Louis Riel, pendu à Régina, en 1885. • Lors du référendum pan-canadien du 26 octobre, l'accord constitutionnel de Charlottetown survenu le 28 août est rejeté. Le NON l'emporte dans six provinces. • Louise Fréchette est la première femme à occuper le poste d'ambassadeur du Canada aux Nations-Unies.

### MONDE

En avril, Euro-Disney ouvre ses portes à Marne-la-Vallée, en banlieue de Paris. • Des émeutes raciales éclatent à Los Angeles à la suite de l'acquittement de quatre policiers blancs accusés d'avoir brutalisé un Noir. • Le 14 juin, le Sommet de la Terre tenu à Rio de Janeiro prend fin avec la signature d'une déclaration officielle en 27 points destinée à sauver la planète. • Le 20 septembre, timidement, à 51%, les Français disent oui au traité de Maastricht qui prévoit la création d'une nouvelle Europe politique et économique. • Le 7 octobre, à San Antonio, au Texas, le Canada, les États-Unis et le Mexique signent l'accord de libre-échange nord-américain. • Le 31

## 1992

octobre, le pape Jean-Paul II réhabilite Galilée condamné en 1633 par le tribunal de l'Inquisition pour avoir soutenu les théories de l'astronome polonais Nicolas Copernic sur la rotation de la Terre.

## 1993

### CULTURE ET SOCIÉTÉ

Au Québec, la loi 86 permet, à certaines conditions, l'utilisation de l'anglais dans l'affichage commercial. • En août, le journal *Le Devoir* cesse de paraître pendant deux jours à la suite de problèmes financiers. • Le joueur de hockey Patrick Roy signe un contrat de quatre ans et de 16 millions de dollars avec l'équipe du Canadien de Montréal.

• En décembre, le Comité international olympique accorde une médaille d'or à la nageuse Sylvie Fréchette en réparation d'une injustice commise en 1992 à Barcelone.

### POLITIQUE

Le 17 novembre, le ministre des Transports du Québec, Sam Elkas, après un appel d'offres, commande à une société privée une étude sur le financement privé de la construction, de l'entretien et de l'exploitation des routes. Un pas de plus est franchi vers la privatisation des autoroutes. • Le Québec assouplit les critères d'admission au réseau scolaire anglophone. • Daniel Johnson succède à Robert Bourassa à la tête du Parti libéral du Québec.

### AMÉRIQUE DU NORD

Le 25 juin, Kim Campbell, du Parti conservateur, devient officiellement premier ministre du Canada ; elle est la première femme à occuper ce poste. • Aux élections fédérales du 25 octobre, les libéraux de Jean Chrétien obtiennent une majorité de 178 députés ; le Bloc québécois, parti souverainiste dirigé par Lucien Bouchard, remporte 54 sièges au Québec. Dans l'Ouest canadien, 52 Réformistes sont élus. On comptera aussi au parlement canadien huit néo-démocrates et deux conservateurs. • En septembre, la Cour suprême du Canada se prononce contre le suicide assisté.

### MONDE

En janvier, les présidents Boris Eltsine et George Bush signent un nouveau traité sur la réduction des armements nucléaires stratégiques (START-2) qui entraîne la mise au rancart de près des deux tiers des armes nucléaires américaines et russes. • En mars, l'Afrique du Sud reconnaît pour la première fois avoir fabriqué six bombes nucléaires, mais elle précise qu'elle les a détruites en 1991. • Le 19 avril, après un siège de 51 jours, la police intervient au ranch de la secte des Davidiens à Waco, au Texas. En une heure, l'immeuble est complètement rasé par un incendie ; 86 personnes, dont le leader David Koresh, perdent la vie et neuf s'en tirent saines et sauves. • Le 15

octobre, le Prix Nobel de la Paix est décerné conjointement au leader noir Nelson Mandela et au président sud-africain Frederic de Klerk. Toni Morrisson est la première femme noire américaine à remporter le prix Nobel de littérature. • Des œuvres de Picasso et de Braque évaluées à 7 millions $ sont volées au Musée d'Amsterdam.

*Manifestation des travailleurs syndiqués contre la loi 102. Celle-ci instaurait un gel des salaires pour une période de deux ans.*

## 1994

### CULTURE ET SOCIÉTÉ

Janvier est le mois le plus froid depuis 50 ans, soit depuis le début de la compilation des données par Environnement Canada. On dit même qu'il s'agit du mois le plus froid depuis 1876. La température moyenne est de −18,6 °C. La demande d'électricité auprès d'Hydro-Québec atteint un sommet jamais égalé, soit 30 583 mégawatts. • Le 6 juin, le CRTC accorde une licence à Radio-Canada pour l'établissement d'un réseau d'information diffusant en permanence en langue française. Le groupe Astral pourra de son côté offrir une chaîne de télévision spécialisée dans les arts et les divertissements. • Le 2 juillet, plusieurs régions du Québec et de l'Ontario

### POLITIQUE

Élections générales au Québec le 12 septembre. Avec 44,7% des voix, le Parti québécois remporte 77 sièges, le Parti libéral, 47 sièges, avec 44,3% des voix, et le Parti de l'action démocratique, un seul siège. Le 6 décembre, Jacques Parizeau met en marche le processus référendaire en présentant son avant-projet de loi décrétant la souveraineté du Québec. Des commissions parlementaires itinérantes sont créées pour faire participer la population à la rédaction de cette loi. Par la suite, celle-ci sera votée par l'Assemblée nationale, avant d'être sanctionnée lors d'un référendum. La question posée sera : « Êtes-vous en faveur de la loi adoptée par l'Assem-

### AMÉRIQUE DU NORD

Le 8 février, les gouvernements du Québec et d'Ottawa unissent leurs efforts pour mettre fin à la contrebande de cigarettes et annoncent une baisse de 50% des taxes sur les produits du tabac. • Fermeture du Collège militaire de Saint-Jean. • L'ex-espion Mike Frost révèle que le Centre de sécurité des communications du gouvernement fédéral a pratiqué l'écoute électronique à l'endroit du Québec. • Les évêques du Canada réitèrent leur opposition à l'euthanasie.

### MONDE

En avril, mai et juin, de graves affrontements raciaux au Rwanda entre Hutus et Tutsis font entre 500 000 et 1 000 000 de morts. • Le 9 mai, Nelson Mandela, chef du Congrès national africain (ANC), devient le premier président noir d'Afrique du Sud. • Le 25 mai, des astronomes américains annoncent la découverte d'un gigantesque trou noir situé à 52 millions d'années-lumière de la Terre, dans la constellation de la Vierge. Sa masse est évaluée à trois milliards de soleils. • Le 6 juin, la Basse-Normandie fête le 50ᵉ anniversaire du débarquement allié en France, qui devait marquer la fin de la Seconde Guerre mondiale. • Le 17 juin, à Los Angeles,

subissent de violents orages. • Le 9 juillet, une tornade dévaste Saint-Charles-sur-Richelieu, village situé à soixante kilomètres de Montréal. Le 4 août, une tornade s'abat sur Aylmer, causant des dommages à une quarantaine d'habitations et faisant 15 blessés. • Pierre Bourque devient maire de Montréal.

blée nationale déclarant la souveraineté du Québec ? » • Lucien Bouchard, chef du Bloc québécois à Ottawa, est amputé de la jambe gauche à la suite d'une infection bactériologique. • Les autochtones affirment leur droit de se séparer d'un Québec indépendant.

*Le nouveau premier ministre, Jacques Parizeau est accueilli à l'Assemblée nationale.*

au terme d'une spectaculaire chasse à l'homme, une figure légendaire du football, O.J. Simpson, est arrêté par les policiers et accusé du meurtre de son ex-épouse et de l'ami de celle-ci. • Le 28 septembre, le traversier *Estonia* coule en pleine nuit dans la mer Baltique, au large de la Finlande. On compte plus de 900 morts. • Le 5 octobre, découverte de l'hécatombe survenue au sein de la secte de l'Ordre du temple solaire, tragédie qui fait cinq victimes au Québec et 48 en Suisse.

## 1995

### CULTURE ET SOCIÉTÉ

Juillet : le 16ᵉ Festival de jazz de Montréal se termine sur un franc succès. René Dupéré, auteur de la musique-thème du Cirque du Soleil, attire plus de 180 000 personnes, rue Sainte-Catherine. • Nombreux feux de forêts au cours de l'été. Le 20 août, 1020 incendies ont ravagé près de 185 000 hectares de forêts par rapport à une moyenne de 664 incendies au cours des cinq années précédentes et une superficie moyenne détruite de 80 890 hectares.

### POLITIQUE

Lucien Bouchard, chef du Bloc québécois, presse le premier ministre du Québec, Jacques Parizeau, d'intégrer au projet de souveraineté mis de l'avant par le Parti québécois une union économique et politique avec le Canada. Le PQ accepte le virage. • Le 30 octobre, le monde entier a les yeux sur le Québec où se déroule le second référendum sur la souveraineté. Après une campagne remplie d'émotions, partisans souverainistes et fédéralistes arrivent nez à nez. Les premiers recueillent 49,4% des suffrages exprimés, et les seconds, 50,6%. • Découverte, en juillet, de dizaines de milliers de plants de canabis sur la réserve indienne de Kanesatake. Une

### AMÉRIQUE DU NORD

Faisant suite au référendum québécois sur la souveraineté, le premier ministre du Canada, Jean Chrétien, promet des réformes constitutionnelles. En décembre, il fait adopter une motion sur la société distincte du Québec. • En septembre, Mᵉ Guy Bertrand entreprend des démarches juridiques pour déclarer inconstitutionnel le processus référendaire. • Ottawa annonce la privatisation du port de Montréal et de sept autres ports canadiens.

### MONDE

Le 6 août, Hiroshima commémore le 50ᵉ anniversaire de l'explosion de la bombe atomique qui a coûté la vie à plus de 100 000 personnes. Le 9 août, à Nagasaki, une autre bombe explosait, faisant 80 000 victimes. • Du 5 septembre 1995 au 27 janvier 1996, à l'encontre de l'opinion publique internationale, la France persiste à mener six expériences nucléaires souterraines dans l'atoll de Mururoa. • Le poète irlandais Seamus Heany reçoit le prix Nobel de littérature. • La monnaie européenne sera l'euro (et non l'écu).

## 1995

*Les projets de réforme de Lloyd Axworthy auront des effets sur le financement de l'éducation. Étudiants et professeurs se sont unis dans la protestation.*

entente entre la Sûreté du Québec et la police amérindienne permet de procéder à l'arrachage des plants. • En décembre, Jacques Parizeau quitte la vie politique après 30 ans d'activités.

# Index

## A

Académie canadienne-française, 242
Académie industrielle de Montréal, 163
Acte d'union, 158
Acte de l'Amérique du Nord britannique, 175
Acte de Québec, 123
Action socialiste pour l'indépendance du Québec, 274
Agniers, 54
Ahuntsic, 44
Albanel, Charles, 68
Alcan, 330
Alcooliques Anonymes, 225
Algonquins, 45, 48
Allan, Hugh, 170
Alliance-Québec, 308, 333
Amérindiens, 47, 48, 50, 63, 75, 78, 152, 305
Amherst, Jeffery, 111, 115
Amyot, Jacques, 264
André, frère, 196, 199
Angers, Auguste-Réal, 188
Aquin, François, 288
Aquin, Hubert, 284, 291, 308
Arcand, Denys, 319, 324, 328, 335
Archambault, Papin, 199-201, 221
Archbold, John, 169
Argenson, Pierre de Voyer d', 59
Asile Saint-Jean-de-Dieu, 179
Asselin, Olivar, 196, 202
Association canadienne-française pour l'avancement des sciences, 206
Association catholique de la Jeunesse canadienne-française, 196
Association nationale des étudiants du Québec, 304
Aubert de Gaspé, Philippe, 115, 156, 169
Aubigny, Claude de Boutroue d', 66
Auclair, Joseph, 164
Avaugour, Pierre Dubois d', 61, 62
Aylmer, Matthew Whitworth, 152

## B

Back, Frédéric, 321
Bagot, Charles, 159
Baie-Comeau, 228
Banque canadienne nationale, 207
Banque d'Hochelaga, 179, 203, 207
Banque de Montréal, 145
Banque du Canada, 225, 334
Barbeau, Marcel, 250
Barbeau, Raymond, 269
Barbeau, Victor, 242
Barreau de Québec, 162
Barrette, Antonio, 274, 275
Barrin, Rolland Michel, 105
Bas-Canada, 132, 149, 155, 156
Beauchemin, Charles-Odilon, 159
Beauchemin, Nérée, 217
Beauchemin, Yves, 326
Beaudin, Jean, 309, 326
Beaudoin, Pierre, 108
Beaudry, Prudent, 179
Beaugrand, Honoré, 181

Beauharnois (centrale), 220, 266
Beauharnois Mutual Fire Insurance, 164
Beauharnois, Charles de la Boische de, 95, 96
Beauharnois, François de, 83, 84
Beaulieu, Germain, 190
Bédard, Elzéar, 152, 153
Bégin, Jos D., 275
Bégin, M$^{gr}$ Louis-Nazaire, 193
Bégon de la Picardière, Michel, 86-90
Bellemare, Maurice, 275
Bellenger, Étienne, 30
Bernhardt, Sarah, 182, 203
Bernier, Jovette, 319
Bernier, Sylvie, 325
Bersimis, 260, 266
Bertrand, Jean-Jacques, 290
Bethune, Norman, 231
Bibliothèque de Québec, 125
Bibliothèque publique de Montréal, 134
Bigot, François, 106, 111
Bigras, Jean-Yves, 254, 257
Bizier, Richard, 291
Blais, Marie-Claire, 284
Blanchet, François, 145
Bloc populaire, 233, 239
Bloc québécois, 336, 342, 345, 346
Boisdon, Jacques, 55
Bolduc, la, 214, 215
Bombardier, Joseph-Armand, 219
Borden, Robert, 200, 203
Borduas, Paul-Émile, 232, 250, 251
Bouchard, Lucien, 342, 345, 346
Boucher, Gaétan, 325
Boucher, Pierre, 63
Boucherville, Charles Boucher de, 179, 188
Bouchette, Errol, 197
Bouchette, Joseph, 144
Boulet, Gerry, 337
Boullé, Hélène, 57

Bourassa, Henri, 198, 199
Bourassa, Robert, 294-296, 300, 323, 334, 342
Bourgault, Pierre, 282, 291
Bourgeoys, Marguerite, 57, 59, 66, 67, 254, 320
Bourget, Ignace, 176
Bourne, M$^{gr}$, 199
Bourque, Pierre, 345
Bourse de Montréal, 179
Brassard, André, 300
Brault, Jacques, 324
Brault, Michel, 280, 289, 303
Brébeuf, père Jean de, 48, 214
Briand, Jean-Olivier, 119
Brind'Amour, Yvette, 251
Brooke, Frances, 120
Brown, William, 118
Bruchési, M$^{gr}$ Paul, 192
Brunet, Michel, 326
Bureau d'aménagement de l'Est du Québec, 280

## C

Caisse de dépôt et de placement du Québec, 283, 284
Callières, Louis-Hector de, 81
Campbell, Clarence, 264
Canadien de Montréal, 238, 336, 342
Caouette, Réal, 271
Carle, Gilles, 284, 299, 319
Carleton, Guy, Lord Dorchester, 119, 121, 124, 128
Caron, Louis, 319
Cartier, Jacques, 16, 21, 23-26, 223
Casavant, Joseph, 156, 181
Casgrain, Henri-Raymond, 168
Casgrain, Thérèse, 319
Cathédrale anglicane, 135, 138
Cauchon, Joseph, 159

Centre de recherche industrielle du Québec, 292
Cercle du Livre de France, 252
Chabanel, Noël, 214
Chamberland, Paul, 284
Chambly, 75
Chambre de commerce de Montréal, 185
Champagne, Claude, 218, 282
Champigny, Jean Bochart, 75, 77, 81, 82
Champlain, Samuel de, 33, 35, 37, 46, 49, 57
Chapais (ville de), 314
Chapais, Thomas, 192, 198
Chapelle Notre-Dame-de-Bonsecours, 59
Chapleau, J.-Adolphe, 181
Chaput, Marcel, 276, 278, 338
Charbonneau, Jean, 190
Charbonneau, M$^{gr}$ Joseph, 234, 252, 254
Charbonneau, Yvon, 298
Charlevoix, Pierre-François-Xavier de, 92, 94, 104
Charte des droits et libertés, 333
Chartier, Émile, 196
Chartrand, Michel, 238
Château Frontenac, 189
Châteauguay (ville de), 143
Chauveau, Pierre-Joseph-Olivier, 161, 164, 175
Chauvin de Tonnetuit, Pierre de, 31
Chénier, Jean-Olivier, 331
Chevaliers du Travail, 183, 184, 193
Chiriaeff, Ludmilla, 265
Choquette, Robert, 207, 224, 230, 240, 338
Chrétien, Jean, 342, 346
Cirque du Soleil, 346
Citadelle de Québec, 147

Cliche, Robert, 302, 303
CLSC, 296
Club des ornithologues de Québec, 264
Colbert, Jean-Baptiste, 32, 61, 64, 65, 68, 70, 73
Colborne, John, 157
Collège de Chambly, 149
Collège de Joliette, 161
Collège de l'Assomption, 153
Collège de Lévis, 164
Collège de Montréal, 119
Collège de Sainte-Thérèse, 149
Collège des Jésuites de Québec, 49
Collège Garnier, 224
Collège Marguerite-Bourgeoys, 198
Collège militaire de Saint-Jean, 344
Collège Saint-Laurent, 163
Collège Saint-Raphaël, 119
Collège Sainte-Marie, 163
Colomb, Christophe, 16, 17
Comédie canadienne, 271
Commission Tremblay, 260
Communauté des habitants, 32, 54, 58, 60, 61, 63
Compagnie de Caen, 32, 41, 44, 45
Compagnie de Jésus en Nouvelle-France, 21, 44
Compagnie de la Baie d'Hudson, 67, 77, 90, 147, 149, 158
Compagnie de la colonie, 82, 84, 85
Compagnie de Rouen, 32, 60, 61
Compagnie des Cent-Associés, 32, 45, 48, 51, 54, 58, 61
Compagnie des Indes occidentales, 63, 64, 69, 85, 91
Compagnie des Marchands, 32, 38
Compagnie des Propriétaires de l'Aqueduc de Montréal, 136
Compagnie du Canada, 32, 39, 41
Compagnie du Nord, 79
Compagnie du Nord-Ouest, 136, 147

Compagnons de Saint-Laurent (Les), 228, 229, 258
Conan, Laure, 182, 184
Concile de Québec, 163
Confédérations des Travailleurs catholiques du Canada, 205
Congrégation Notre-Dame, 67, 75, 198
Conseil de l'agriculture, 176
Conseil de la vie française en Amérique, 265
Conseil de Marine, 89
Conseil de presse du Québec, 300
Conseil des arts et manufactures, 176
Conseil québécois de l'environnement, 292
Conseil souverain, 62, 64, 66, 70, 82, 101
Conseils régionaux de la santé et des services sociaux, 296
Constitution canadienne, 254, 318, 320, 330, 331, 340, 346
Corporation des instituteurs et institutrices du Québec, 244
Courcelle, Daniel de Rémy de, 64
Cousture, Arlette, 326
Couture, Jacques, 291
Couvent des Récollets, 138
Craig, James, 140, 141
Crèche d'Youville, 201
Crémazie, frères, 160
Crémazie, Octave, 161, 162
Cris, 304
Crise d'Octobre, 202, 295, 296
Cross, James Richard, 281, 295
CSN, 205, 283, 298, 323

# D

Dagenais, Pierre, 253
Dalhousie, George Ramesay, 147
Daniel, Antoine, 214
Dansereau, Pierre, 268

Daunais, Lionel, 226
David, Louis-Athanase, 206
David, madame Athanase, 222
De Chauvigny de la Peltrie, madame, 51
De la Dauversière, Jérôme le Royer, 51
De Saint-Augustin, Catherine, 61
Demers, Jérôme, 151
Demeulle, 73
Denonville, Jacques-René de Brisay, 69, 74
Des Groseilliers, Médard Chouart, 57, 59, 60, 67
Desbarat, Georges-Édouard, 176
Desbiens, Jean-Paul, 274
Desjardins, Alphonse, 194, 195
Desrochers, Alfred, 212
Dickens, Charles, 159
Dion, Gérard, 337
Dionne, Charles-Eusèbe, 183, 197
Donnaconna, 22
Dorchester, Lord, (voir Carleton), 129, 130
Doré, Jean, 328
Drapeau, Jean, 238, 265, 291, 294
Drummond, William, 191
Dubé, Marcel, 258, 261, 271
Dubois, René-Daniel, 328
Duceppe, Jean, 337
Ducharme, Réjean, 336
Duplessis, Maurice, 224, 226, 228, 232, 240, 242, 245, 251, 259, 260, 265, 266, 272
Dupuy, Claude-Thomas, 95, 96
Duquesne, Ange, 108
Durham, John George Lambton, 157
Durocher, Eulalie, 159, 320
Duvernay, Ludger, 154

# E

École catholique de service social, 234

École d'agriculture de Sainte-Anne-de-la-Pocatière, 169, 175
École d'architecture de Montréal, 197
École de droit de Montréal, 163
École de formation sociale, 221
École de médecine comparée et de science vétérinaire, 189
École de médecine de Québec, 160, 162, 165
École de médecine et de chirurgie de Montréal, 159
École des Beaux-Arts de Montréal, 206
École des hautes études commerciales, 198, 199
École littéraire de Montréal, 190
École normale Jacques-Cartier, 201
École polytechnique de Montréal, 178, 196, 334
École sociale populaire, 200
Éditions de l'Hexagone, 260
Éditions de l'Homme, 271
Éditions du Boréal Express, 278, 280
Éditions Fides, 228, 242
Éditions Hurtubise/HMH, 274
=Église de l'Enfant-Jésus, 76
Église Notre-Dame de Montréal, 149, 262
Église Notre-Dame de Québec, 54
Église Notre-Dame-de-la-Recouvrance, 48
Église Notre-Dame-des-Victoires, 77, 87
Église Unie du Canada, 207
Expos de Montréal, 292
Exposition universelle de Montréal, 278, 286-289

## F

Fédération des étudiants et étudiantes du Québec, 334
Fédération des travailleurs du Québec, 268, 302, 323
Fédération ouvrière mutuelle du Nord, 198
Ferron, Jacques, 271, 282, 326
Ferron, Madeleine, 303
Ferron, Marcelle, 250
Festival de jazz de Montréal, 346
Filion, Gérard, 238
Flynn, Edmund J., 191
Fontaine, Edmond, 219
Forcier, André, 321
Forges du Saint-Maurice, 99, 101, 102
Fort Carillon, 115
Fort Churchill,
Fort de Verchères,
Fort Niagara, 115
Fort Richelieu, 52
Fort Saint-Frédéric, 115
Fort Saint-Louis, 41, 49
Fort Sainte-Marie,
Fournier, Jules, 196, 200
Fréchette, Louis, 182, 186, 189
Fréchette, Sylvie, 342
Frères de l'Instruction chrétienne, 184
Frères de la Charité, 170
Frères des Écoles chrétiennes, 156
Frères hospitaliers, 81
Frères maristes, 184
Front de libération du Québec, 280, 281, 296
Frontenac, Louis de Buade de, 68, 76-79, 81
Frye, Herman Northrop, 338

## G

Gadbois, Charles-Émile, 229
Gagnon, André, 336
Gagnon, Ernest, 170
Galerie nationale du Canada, 182
Galt, Thomas, 310
Garant, Serge, 287

Garneau, François-Xavier, 97, 160, 161
Garneau, Hector de Saint-Denys, 229
Garneau, Marc, 325
Garnier, Charles, 214
Gascon, Jean, 256, 333
Gaudreault, Laure, 226
Gaulle, Charles de, 270, 288, 289
Gaultier, Jean-François, 105
Gauvreau, Claude, 250, 303
Gélinas, Gratien, 229, 261, 271, 272
Gérin-Lajoie, Antoine, 168, 170
Gérin-Lajoie, Marie, 200
Gesù (Théâtre du), 294
Gilmore, Thomas, 118
Giroux, Rose-Anna, 206
Glackemeyer, Frederick, 132
Godbout, Adélard, 226, 232, 242
Godbout, Jacques, 284, 289
Godin, Gérald, 289, 322, 328
Gouin, Jean-Lomer, 197
Gouin, Paul, 222, 238
Gould, Glenn, 321
Goulet, Charles, 226
Grandbois, Alain, 221, 282
Grands Ballets canadiens, 268
Gratton, Françoise, 282
Gravé du Pont, François, 31, 33
Grignon, Claude-Henri, 221, 226
Groulx, Georges, 282
Groulx, Gilles, 282, 307
Groulx, Lionel, 196, 202-205, 247, 254
Guerre de sept ans, 110
Guerre du Golfe, 338
Guèvremont, Germaine, 245, 246
Guilbault, Muriel, 250
Gury, Paul, 251, 254

# H

Haldimand, Frederick, 124, 125
Harvey, Jean-Charles, 223, 229
Haviland, 115

Head, Edmund Walker, 165
Hébert, Anne, 294, 321, 328
Hébert, Louis, 40, 41
Hémon, Louis, 201
Henripin, Jacques, 262
Héroux, Denis, 291
Hertel, François, 326
Hocquart, Gilles, 96-98, 100, 103
Houde, Camillien, 209, 212, 234
Hôpital général de Québec, 78, 90, 93, 98, 101
Hôpital général des Sœurs Grises, 176
Hospice de la Miséricorde, 164
Hospitalières de Saint-Joseph, 60
Hôtel-Dieu de Montréal, 52, 92, 167
Hôtel-Dieu de Québec, 51, 109
Hubert, M$^{gr}$ Jean-François, 129
Hudson, Henry, 36, 37
Huronie, 36, 39, 48, 55, 56
Hurons, 48, 51, 55, 135
Hurtubise, Claude, 274
Huston, James, 162
Hydro-Québec, 242, 248, 252, 254, 264, 274, 280, 286, 288, 320, 324, 344

# I

IBM, 318
Institut botanique de Montréal, 206
Institut canadien de Montréal, 160, 161, 176
Institut d'histoire de l'Amérique française, 247
Institut de cardiologie de Montréal, 262
Institut de microbiologie de Montréal, 230
Institut de neurologie de Montréal, 222
Inuit, 15, 232, 304
Iroquois, 45, 48, 52, 53, 55, 57, 58, 61, 64, 65, 69, 72, 75, 78

## J

Jacques, Yves, 319
Jardin botanique de Montréal, 226
Jean-Paul II, 311, 318, 324, 341
Jésuites, 37, 44, 46, 47, 49, 50, 54, 66-68, 86, 91, 95, 111, 118, 159, 163, 184, 220
Jeunes Messieurs Canadiens, 131
Jeunesse agricole catholique, 224
Jeunesse étudiante catholique, 218, 243
Jeunesse ouvrière catholique, 216, 233, 236
Jeunesses musicales du Canada, 253
Jeux Olympiques de Montréal, 306
Jobin, Raoul, 223
Jogues, Isaac, 214
Johnson, Daniel (fils), 342
Johnson, Daniel (père), 287, 289, 290
Johnson, Pierre Marc, 322, 326
Jolliet, Louis, 68
Jonquière, Jacques-Pierre de la, 106, 108
Julien, Henri, 156, 202
Jutra, Claude, 294, 330

## K

Keable, Jean, 318
Kirke, David, 46
Kirke, James, 46
Kirke, John, 46
Kirke, Lewis, 46
Kirke, Thomas, 46
Kirkland-Casgrain, Claire, 276

## L

La Barre, Joseph Antoine Le Febvre de, 73, 74
La Bolduc (Mary Travers, voir Bolduc), 214
La Corriveau, 117
La Lande, Jean de, 214
La Salle, Cavelier de, 67, 70, 73
La Vérendrye, Pierre Gaultier de Varennes et de, 97
Labelle, curé François-Xavier-Antoine, 178, 187
Laberge, Louis, 298
Labrecque, Jacques, 272
Labrecque, Jean-Claude, 316
Lachine (ville de), 76, 77
Lacolle, 155
Lacourcière, Luc, 242, 335
Ladies Prince of Wales Club, 168
Laflamme, abbé Joseph, 182
Lajeunesse, Emma (dite Albani), 178
Lalemant, Charles, 49
Lalemant, Gabriel, 214
Lalemant, Jérôme, 51
Lalonde, Jean, 214
Lalonde, Michèle, 303
Lambert, John, 139
Lambly, John, 140
Lamothe, Arthur, 278, 284, 292
Lanctôt, Jacques, 291
Lanctôt, Micheline, 322
Langevin, Gilbert, 310
Languirand, Jacques, 268
Lanouiller, Nicolas, 91, 92
Lapalme, Georges-Émile, 275
Lapointe, abbé, 198
Lapointe, Gatien, 323
Laporte, Pierre, 281, 295
Lartigue, M$^{gr}$ Jean-Jacques, 154, 155, 331
Larue-Langlois, Jacques, 291
Laurendeau, André, 218, 233, 238, 239, 280
Laurier, Wilfrid, 190, 191
Lauson, Jean de, 56
Lauzon, Jean-Claude, 331
Laval, François de, 60-62, 66, 69, 77, 82
Lavallée, Calixa, 182

Lavergne, Armand, 196, 198, 199
Laviolette, 48
Le Beau, C., 101
Le Caron, Joseph, 44
Le Jeune, Paul, 49
Leblanc, Arthur, 326
Lebœuf, Marguerite, 65
Leclerc, Félix, 240, 247, 265, 270, 333
Leduc, Fernand, 250
Lefebvre, Gilles, 253
Lefebvre, Jean Pierre, 300
Legault, Émile, 228, 256, 323
Léger, M$^{gr}$ Paul-Émile, 254, 260, 265
Lemelin, Roger, 242, 321, 340
Lemieux, Jean Paul, 337
Lesage, Jean, 274, 275, 284, 290, 333
Lévesque, Georges-Henri, 230
Lévesque, René, 266, 275, 279, 288, 290, 306, 307, 318, 322, 324, 326, 330
Lévis, François-Gaston de, 115, 119
Libre-échange, 165, 331, 332, 340
Ligue des bonnes mœurs, 205
Ligue des droits du français, 201, 203
Ligues du Sacré-Cœur, 184
Logan, William Edmond, 160
Loi des mesures de guerre, 201, 281, 318
Lord Dufferin, 177
Lord Durham, 157
Lord Gosford, 154, 155
Lortie, Marcel, 177
Lotbinière, Henri-Gustave Joly de, 181
Loto-Québec, 292
Loyalistes, 127
Loyola College, 201
Lozeau, Albert, 200
Lyman, John, 232

**M**
Macdonald College, 197

Macdonald, William C., 197
Macintosh, 324
Maheu, Pierre, 280
Maillet, Antonine, 297, 312
Maison de la douane, 153
Maison de la Providence, 75
Maison de la Trinité, 139
Maison du Bon-Pasteur, 163
Maison Saint-Gabriel, 66
Maisonneuve, Paul de Chomedey de, 37, 52, 57, 70
Malouin, Léa, 176
Mance, Jeanne, 52, 55, 68
Mankiewicz, Francis, 333
Marchand, Félix-Gabriel, 192
Marchand, Jean, 284, 285, 318, 335
Marie de l'Incarnation, 68, 70, 94
Marie-Victorin (frère), 204, 206, 224, 226
Marquette, Jacques, 68
Martin, Médéric, 201
Masse, Jules, 206
McEachran, Duncan, 171
McGee, Thomas d'Arcy, 175
McLane, David, 134
McLaren, Norman, 240
McLennan, Hugh, 245, 337
McTavish, Simon, 127
Meech, 330, 331, 336, 338
Meilleur, Jean-Baptiste, 159
Mélançon, André, 324
Mercier, Honoré, 185-188, 190
Mercure, Monique, 309
Mercure, Pierre, 287
Mère Marie-Anne, 163
Metcalfe, Charles, 159
Métis, 158, 176, 185
Mézy, Saffray de, 62
Milnes, 135
Minville, Esdras, 238
Mirabel (aéroport), 292, 304

Miron, Gaston, 294
Mistassini (abbaye de), 225
Mohawks, 336, 337
Molson (famille), 142
Molson, John, 128, 141
Monk, Charles Stanley, 168
Montagnais, 48, 187
Montcalm, Louis-Joseph de, 110, 111, 115
Montigny, Louvigny de, 190
Montmagny, Charles Huault de, 49, 51, 52, 54
Montpetit, Édouard, 199, 215
Montreal Ladies Club, 167
Montreal Medical Institution, 148, 151
Montreal Suffrage Association, 200
Montréal (ville de), 56, 57, 63, 153, 171, 185, 188, 201, 209, 214, 217, 246, 276, 288, 328, 340
Morgentaler, Henry, 290
Morin, Claude, 307
Morisset, Gérard, 222
Morrin, Joseph, 160
Mousseau, J.-Alfred, 183
Mousseau, Jean-Paul, 250, 338
Mouvement laïque de langue française, 274
Mouvement Souveraineté-Association, 288
Moyen, Jean, 178
Mulroney, Brian, 324, 331, 332
Murray, James, 111, 115, 117, 119
Musée d'art contemporain de Montréal, 282
Musée des Beaux-Arts de Montréal, 200
Musée du Québec, 206

## N

Narrache, Jean, 219
Natural History Society of Montreal, 150
Neilson, John, 139, 152

Nelligan, Émile, 181, 193, 336
Nelson, Robert, 155
Nevers, Edmond de, 191
Nouvelle Compagnie Théâtrale, 282
Nouvelle-France, 32, 37

## O

O'Neil, Jean, 316
Oblats de Marie-Immaculée, 144, 195
Odeltown, 155
Office de la langue française, 276
Office de planification et de développement du Québec, 292
Office des personnes handicapées du Québec, 311
Office franco-québécois pour la jeunesse, 290
Office national du film, 240, 261, 266
Oka, 336
Oratoire Saint-Joseph, 199
Orchestre symphonique de Montréal, 222
Orchestre symphonique de Québec, 195
Ordre du mérite agricole, 187
Ordre du temple solaire, 345
Ormeaux, Adam Dollard des, 61
Ouimet, Ernest, 197
Ouimet, Gédéon, 178

## P

Palomino, Mercédes, 251
Panet, Jean-Antoine, 132
Panet, Pierre-Louis, 137
Papineau, Louis-Joseph, 143, 144, 154
Papineau-Couture, Jean, 287, 324
Paré, Jean, 307
Parent, M$^{gr}$ Alphonse-Marie, 277
Parent, Simon-Napoléon, 194
Parizeau, Alice, 319, 337
Parizeau, Jacques, 344, 346, 347

Parti canadien ou patriote, 143, 144, 150, 154, 155
Parti conservateur, 192, 212, 233, 342
Parti de l'Action démocratique, 344
Parti de l'Union nationale, 224, 226, 242, 250, 259, 266, 275, 287
Parti Égalité, 334
Parti libéral, 185, 188, 192, 288, 294, 300, 302, 318, 323, 326, 334, 338, 342, 344
Parti québécois, 217, 225, 232, 242, 274, 275, 279, 284, 290, 295, 300, 306, 318, 324, 326, 334, 344, 346
Parti républicain du Québec, 279
Payette, Julie, 340
Pellan, Alfred, 335
Pelletier, Georges, 238
Pelletier, Gérard, 254, 284, 285
Pelletier, Gilles, 282
Pelletier, Wilfrid, 222, 274, 287
Penfield, Wilder Graves, 209
Pepin, Marcel, 298
Pères Eudistes, 188
Pères Franciscains, 188
Perrault, Joseph-François, 153
Perrault, Pierre, 280, 292
Phipps, William, 77
Plamondon, Luc, 307, 319
Plante, Jacques, 272, 329
Plessis, Joseph-Octave, 132, 138, 139
Pointe Bleue, 187
Poirier, Anne Claire, 303, 312
Poitevin, Jean-Marie, 238
Pontchartrain, 85
Pontiac, 117
Pool, Léa, 324, 328
Poulin, Jacques, 324, 335
Prescott, Robert, 134
Prévost, André, 288
Prévost, Georges, 142
Proclamation royale, 117

Provancher, Léon, 167, 169, 176
Provencher, Sébastien, 68
Prudhomme, J.-E., 236

## Q

Quatuor Alouette, 215
Quebec Emigrant Society, 146
Quebec Journeyman Society, 154
Quebec Literary and Historical Society, 150
Quebec Public Banking Society, 158
Quebec Ship Labourer's Benevolent Society, 166
Quebec Turf Club, 130
Québec (ville de), 40, 46, 54, 55, 61-65, 70, 73, 76, 82, 83, 103, 118, 129, 150, 151, 153, 155, 193, 198

## R

Radio-Canada (Société), 226, 230, 237, 258, 261, 266, 272, 344
Radio-Québec, 290, 304
Radisson, Pierre-Esprit, 59, 60, 63, 67, 87
Ramezay, Nicolas Roch de, 115
Rassemblement pour l'indépendance nationale, 276, 279, 280, 282, 283
Raudot, Antoine-Denis, 84
Raudot, Jacques, 84-86
Raymond, Maxime, 233, 239
RCM, 328
Récollets, 39, 42, 44, 46, 67, 143
Rédemptoristes, 181
Régie des alcools du Québec, 276
Renaud, Jean-Baptiste, 161
Reverd, Pierre-Victor, 108
Richard, Maurice, 238, 262, 264
Richard, René, 320
Richler, Mordecai, 272
Riel, Louis, 184-186, 340
Ringuet, 230

Riopelle, Jean-Paul, 250
Rioux, Marcelle, 292
Roberval, Jean-François de La Rocque de, 24
Rollet, Marie, 40-41
Romain, François, 140
Rose, Paul, 291
Ross, John James, 184
Roullois, Jacqueline, 75
Routhier, Adolphe-Basile, 182
Roux, Jean-Louis, 256
Roy, Gabrielle, 244, 254, 255, 265, 323
Roy, M$^{gr}$ Camille, 252
Roy, Raoul, 274
Rubenstein, Louis,
Russel (tribunal), 316

## S

Sablon, Jean, 214
Saint-Charles, 155
Saint-Denis, 155
Saint-Eustache, 155, 331
Saint-Jean-Baptiste (fête de la), 179, 290, 293, 336
Saint-Simon, Denys de, 68
Saint-Vallier, M$^{gr}$ Jean-Baptiste de La Croix de Chevrières, de, 76, 79, 82, 91
Sainte-Anne-de-la-Pocatière, 167, 168
Salaberry, Charles de, 143
Sauvé, Jeanne, 324
Sauvé, Paul, 272-274
Savard, Félix-Antoine, 229, 320
Scouts catholiques de la province de Québec, 222
Seguin, Fernand, 308, 331, 333
Séguin, Robert-Lionel, 320
Selye, Hans, 266, 320
Séminaire de Nicolet, 137, 142
Séminaire de Québec, 62, 95, 119, 142
Séminaire de Saint-Hyacinthe, 142, 187

Séminaire de Saint-Sulpice, 73
Service de l'Orientation des foyers, 244
Sewell, Jonathan, 130
Sherbrooke, John Coape, 144
Sillery (ville de), 75
Silva, Pierre de, 84
Société canadienne d'études littéraires et scientifiques, 159
Société canadienne d'histoire naturelle, 206
Société canadienne du cancer, 231
Société coopérative agricole des fromagers de Québec, 199
Société d'agriculture de Québec, 133, 146, 150
Société d'art contemporain, 232
Société d'assurance des caisses populaires, 242
Société d'énergie de la Baie James, 296
Société de développement de la Baie James, 296
Société de musique contemporaine de Québec, 287
Société de Notre-Dame de Montréal, 51
Société de récupération, d'exploitation et de développement forestiers, 292
Société de Saint-Vincent-de-Paul, 161, 162
Société du parler français au Canada, 200
Société générale de financement, 279
Société littéraire de Québec, 140
Société médicale de Québec, 150
Société pour l'encouragement des arts et des sciences au Canada, 150
Société pour vaincre la pollution, 294
Société québécoise d'exploration minière, 284
Société Saint-Jean-Baptiste de Québec, 159
Société Saint-Jean-Baptiste, 154

Sœurs de la charité de l'Hôpital général de Montréal, 100
Sœurs de Sainte-Anne, 163
Sœurs des Saints-Noms-de-Jésus-et-de-Marie, 159, 320
Sœurs Grises de la Charité de Québec, 162
Sœurs Grises, 100, 158, 162
Sorel, 52, 228
Soulard, Auguste, 159
Sparks, Alexander, 132
Steinberg, 222
Sulpiciens, 59, 119
Sydenham, Poulett Thomson, 157

## T

Taché, M$^{gr}$ Eugène-Étienne, 183, 185
Tadoussac, 45
Taillon, Louis-Olivier, 186, 189
Talon, Jean, 64-68
Taschereau, Louis-Alexandre, 205, 216, 217, 224, 226
Taschereau, M$^{gr}$ Elzéar-Alexandre, 184, 185
Tekakwitha, Kateri, 70-72
Témiscamingue, 183
Tessier, François-Xavier, 150
Théâtre du Nouveau Monde, 256
Théâtre du Rideau Vert, 251, 291
Théâtre Patagon, 137
Théâtre Royal, 149
Théâtre Saint-Denis, 223
Théâtre Thespian, 127
Thériault, Yves, 242, 271, 323
Thério, Adrien, 307
Thetford Mines, 180, 181
Tisseyre, Pierre, 252
Tocqueville, Alexis de, 152
Townshend, George, 115
Tracy, 64
Traité d'Utrecht, 88

Traité de Jay,
Traité de Paris, 117
Traité de Saint-Germain-en-Laye, 47
Trappistes d'Oka, 189
Tremblay, Michel, 291, 336
Trois-Rivières, 47, 48, 52, 54, 56, 63, 67, 76, 108, 143, 186, 191, 236, 272, 280
Trudeau, Pierre Elliott, 254, 284, 285, 290, 291, 302, 324

## U

UNESCO, 328
Ungava, 177, 200, 247
Union catholique des cultivateurs, 207
Union des Artistes, 258
Union des écrivains québécois, 308
Union des électeurs, 232
Union expérimentale des agriculteurs de Québec, 199
Union générale des étudiants du Québec, 282, 292
Université de Montréal, 180, 205, 209, 215, 248, 258
Université de Sherbrooke, 262
Université du Québec, 277, 290
Université Laval, 164, 165, 180, 198, 200, 206, 216, 230, 242, 247
Université McGill, 148, 151, 171, 196, 197, 219
Ursulines, 21, 51, 61, 94, 119, 183

## V

Vachon, Arcade, 206
Vallières, Pierre, 287, 296
Vattier, Georges, 209
Vaudreuil, Philippe de Rigaud de, 83, 84, 89, 90, 94
Vaudreuil, Pierre de Rigaud de Cavagnial, 109, 111, 115
Verchères, Madeleine de, 78

Verrier, Louis-Guillaume, 99, 101
Viel, 44
Viger, Jacques, 153
Vigneault, Gilles, 272, 285-287
Ville-Marie, 52, 60, 76
Villeneuve, Arthur, 337
Villeneuve, Gilles, 318, 320
Villeneuve, Rodrigue, 221, 244
Vogeli, Félix, 166
Von Iffland, Antoine, 147

**W**
Wagner, Claude, 284
Ward, 134
Wolfe, James, 115
Woolsey, John William, 145

**Y**
Young, John, 135
Youville, Marguerite d', 100, 121

# Sources des documents visuels

Archives nationales, 189
Archives nationales du Canada, 168, 204
Archives nationales du Québec à Québec, 33, 86, 96, 119, 154, 178, 182, 187, 193, 301
Archives publiques du Canada, 21, 78, 98, 102, 116, 121, 124, 126, 139, 145, 147, 180, 184, 190, 199, 212, 218, 224, 230, 232, 234, 246, 248, 252, 264, 272, 286
Archives de l'Université de Montréal, 215
Archives de la Ville de Montréal, 171, 250
Archives de la Ville de Québec, 162
Archives *Le Devoir* : 343, 345, 347
Bibliothèque des arts décoratifs de Paris, 28
Bibliothèque nationale de Paris, 22-23, 30, 36-37, 69, 85
Joe C. W. Armstrong Canadiana Collection, 32, 38-39, 42-43
Collection privée, 46
Cinémathèque québécoise, 222, 257, 260
Centrale des syndicats démocratiques, 298
Éditeur officiel du Québec, 216
Hydro-Québec, 220
Ministère des Affaires culturelles, 108
Musée des beaux-arts du Canada, 131
Musée canadien des civilisations, 192
Ministère des Communautés culturelles et de l'Immigration, 303
Muséum national d'histoire naturelle de Paris, 25, 45
Musée du Québec, 136, 138, 156
Metropolitan Toronto Library Board, 150
Parcs Canada, 67, 111, 169
Royal Ontario Museum, 115, 151
Union des producteurs agricoles, 310

**363**

# Table des matières

Quelques dates importantes avant 1534... ... 13

La Nouvelle-France – 1534-1760 ... 19

Un nouveau régime – 1760-1867 ... 113

Le Québec qui se construit – 1867-1929 ... 173

Le Québec moderne – 1929-1980 ... 211

Le Québec contemporain – 1980-1995 ... 315

# Parus dans la Bibliothèque québécoise

**Jean-Pierre April**
CHOCS BAROQUES

**Hubert Aquin**
JOURNAL 1948-1971

L'ANTIPHONAIRE

TROU DE MÉMOIRE

MÉLANGES LITTÉRAIRES I
*Profession : écrivain*

MÉLANGES LITTÉRAIRES II
*Comprendre dangereusement*

POINT DE FUITE

PROCHAIN ÉPISODE

**Bernard Assiniwi**
FAITES VOTRE VIN VOUS-MÊME

**Philippe Aubert de Gaspé fils**
L'INFLUENCE D'UN LIVRE

**Philippe Aubert de Gaspé**
LES ANCIENS CANADIENS

**Noël Audet**
QUAND LA VOILE FASEILLE

**Honoré Beaugrand**
LA CHASSE-GALERIE

**Arsène Bessette**
LE DÉBUTANT

**Marie-Claire Blais**
L'EXILÉ suivi de
LES VOYAGEURS SACRÉS

**Jean de Brébeuf**
ÉCRITS EN HURONIE

**Jacques Brossard**
LE MÉTAMORFAUX

**Nicole Brossard**
À TOUT REGARD

**Gaëtan Brulotte**
LE SURVEILLANT

**Arthur Buies**
ANTHOLOGIE

**André Carpentier**
L'AIGLE VOLERA À TRAVERS LE SOLEIL

RUE SAINT-DENIS

**Denys Chabot**
L'ELDORADO DANS LES GLACES

**Robert Charbonneau**
LA FRANCE ET NOUS

**Adrienne Choquette**
LAURE CLOUET

**Robert Choquette**
LE SORCIER D'ANTICOSTI

**Laure Conan**
ANGÉLINE DE MONTBRUN

**Jacques Cotnam**
POÈTES DU QUÉBEC

**Maurice Cusson**
DÉLINQUANTS POURQUOI?

**Léo-Paul Desrosiers**
LES ENGAGÉS DU GRAND PORTAGE

**Pierre DesRuisseaux**
DICTIONNAIRE
DES EXPRESSIONS QUÉBÉCOISES

**Georges Dor**
POÈMES ET CHANSONS
D'AMOUR ET D'AUTRE CHOSE

**Fernand Dumont**
LE LIEU DE L'HOMME

**Robert Élie**
LA FIN DES SONGES

**Jacques Ferron**
LA CHARRETTE

CONTES

**Madeleine Ferron**
CŒUR DE SUCRE

LE CHEMIN DES DAMES

**Jacques Folch-Ribas**
UNE AURORE BORÉALE

LA CHAIR DE PIERRE

**Jules Fournier**
MON ENCRIER

**Guy Frégault**
LA CIVILISATION
DE LA NOUVELLE-FRANCE
1713-1744

**Hector de Saint-Denys Garneau**
JOURNAL

REGARDS ET JEUX DANS L'ESPACE

**Jacques Garneau**
LA MORNIFLE

**François-Xavier Garneau**
HISTOIRE DU CANADA

**Antoine Gérin-Lajoie**
JEAN RIVARD, LE DÉFRICHEUR
suivi de JEAN RIVARD, ÉCONOMISTE

**Rodolphe Girard**
MARIE CALUMET

**André Giroux**
AU-DELÀ DES VISAGES

**Jean-Cléo Godin
et Laurent Mailhot**
THÉÂTRE QUÉBÉCOIS (2 tomes)

**François Gravel**
LA NOTE DE PASSAGE

**Alain Grandbois**
AVANT LE CHAOS

**Lionel Groulx**
NOTRE GRANDE AVENTURE

**Germaine Guèvremont**
LE SURVENANT

MARIE-DIDACE

**Pauline Harvey**
LA VILLE AUX GUEUX

ENCORE UNE PARTIE POUR BERRI

LE DEUXIÈME MONOPOLY
DES PRÉCIEUX

**Anne Hébert**
LE TORRENT

LE TEMPS SAUVAGE suivi de
LA MERCIÈRE ASSASSINÉE et de
LES INVITÉS AU PROCÈS

**Louis Hémon**
MARIA CHAPDELAINE

**Suzanne Jacob**
LA SURVIE

**Claude Jasmin**
LA SABLIÈRE - MARIO
UNE DUCHESSE À OGUNQUIT

**Patrice Lacombe**
LA TERRE PATERNELLE

**Risna Lasnier**
MÉMOIRE SANS JOURS

**Félix Leclerc**
ADAGIO

ALLEGRO

ANDANTE

LE CALEPIN D'UN FLÂNEUR

CENT CHANSONS

DIALOGUES D'HOMMES ET DE BÊTES

LE FOU DE L'ÎLE

LE HAMAC DANS LES VOILES

MOI, MES SOULIERS

PIEDS NUS DANS L'AUBE

LE P'TIT BONHEUR

SONNEZ LES MATINES

**Michel Lord**
ANTHOLOGIE DE LA SCIENCE-FICTION
QUÉBÉCOISE CONTEMPORAINE

**Hugh McLennan**
DEUX SOLITUDES

**Marshall McLuhan**
POUR COMPRENDRE LES MÉDIAS

**Antonine Maillet**
PÉLAGIE-LA-CHARRETTE
LA SAGOUINE
LES CORDES-DE-BOIS

**André Major**
L'HIVER AU CŒUR

**Gilles Marcotte**
UNE LITTÉRATURE QUI SE FAIT

**Guylaine Massoutre**
ITINÉRAIRES D'HUBERT AQUIN

**Émile Nelligan**
POÉSIES COMPLÈTES
Nouvelle édition refondue et révisée

**Francine Noël**
MARYSE

**Fernand Ouellette**
LES ACTES RETROUVÉS

**Madeleine Ouellette-Michalska**
LA MAISON TRESTLER
ou le 8ᵉ jour d'Amérique

**Jacques Poulin**
FAITES DE BEAUX RÊVES
LE CŒUR DE LA BALEINE BLEUE

**Marie Provost**
DES PLANTES QUI GUÉRISSENT

**Jean Royer**
INTRODUCTION À LA POÉSIE QUÉBÉCOISE

**Gabriel Sagard**
LE GRAND VOYAGE DU PAYS DES HURONS

**Fernande Saint-Martin**
LES FONDEMENTS TOPOLOGIQUES DE LA PEINTURE
STRUCTURES DE L'ESPACE PICTURAL

**Félix-Antoine Savard**
MENAUD, MAÎTRE DRAVEUR

**Jacques T.**
DE L'ALCOOLISME À LA PAIX
ET À LA SÉRÉNITÉ

**Jules-Paul Tardivel**
POUR LA PATRIE

**Yves Thériault**
ANTOINE ET SA MONTAGNE

L'APPELANTE

ASHINI

CONTES POUR UN HOMME SEUL

L'ÎLE INTROUVABLE

KESTEN

MOI, PIERRE HUNEAU

LE VENDEUR D'ÉTOILES

**Michel Tremblay**
CONTES
POUR BUVEURS ATTARDÉS

DES NOUVELLES D'ÉDOUARD

LA DUCHESSE ET LE ROTURIER

LE PREMIER QUARTIER DE LA LUNE

**Pierre Turgeon**
FAIRE SA MORT
COMME FAIRE L'AMOUR

LA PREMIÈRE PERSONNE

UN, DEUX, TROIS

**Pierre Vadeboncoeur**
LA LIGNE DU RISQUE

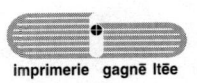

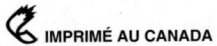